Manuel Vázquez Montalbán

Cuentos
Nouvelles

Langues pour tous

Collection dirigée par Jean-Pierre Berman, Michel Marcheteau et Michel Savio

ESPAGNOL

- ❏ Pour être opérationnel rapidement :
  - **L'espagnol tout de suite !** (CD)
  - **L'espagnol tout de suite ! Série Mains Libres (100 % audio)** (CD)
- ❏ Pour s'initier avec un « tout en un » :
  - **40 leçons pour parler espagnol** (CD)
- ❏ Pour connaître l'environnement :
  - **L'espagnol au quotidien** (CD)
- ❏ Pour mieux comprendre :
  - **Se perfectionner en espagnol** (CD)
- ❏ Pour évaluer et améliorer votre niveau :
  - **200 tests**
- ❏ Pour aborder la langue spécialisée :
  - **L'espagnol économique et commercial** (20 dossiers)
  - **La correspondance commerciale espagnole**
  - **Dictionnaire économique, commercial et financier**
  - **L'espagnol au téléphone tout de suite !** (CD)
  - **L'espagnol en réunion tout de suite !** (CD)
  - **Le CV en espagnol tout de suite !**
- ❏ Pour s'aider d'ouvrages de référence :
  - **Grammaire espagnole pour tous**
  - **Vocabulaire de l'espagnol**
  - **Civilisation espagnole**
  - **Correspondance pratique**
- ❏ Pour prendre contact avec des œuvres en version originale :
  - **Série bilingue :**

Cervantès (M. de) : • Don Quichotte de la Manche **Borges (Jorge Luis) :** • Histoire universelle de l'infamie **Nouvelles espagnoles contemporaines :**	**Nouvelles hispano-américaines :** • Vol. I - Des Andes aux Caraïbes • Vol. II - Rêves et Réalités **M. V. Montalbán** • Vu des toits • Contes
❏ **Série Monolingue** **Zoé Valdès** • Cuentos de la Habana	**Julio Cortázar** • Cambio de Luces Segunda Vez

(CD) = Existence d'un coffret : Livre + CD.
Attention : Les CD ne peuvent être vendus séparément du livre.
➤ Le livre seul est disponible.

Autres langues disponibles dans les séries de la collection **Langues pour tous** :
ALLEMAND - ANGLAIS - AMÉRICAIN - ARABE - CHINOIS - FRANÇAIS - GREC - HÉBREU - ITALIEN - JAPONAIS
LATIN - NÉERLANDAIS - OCCITAN - POLONAIS - PORTUGAIS - RUSSE - TCHÈQUE - TURC - VIETNAMIEN

Montalban Vázquez Montalbán

Cuentos

Nouvelles

Présentation, traduction et notes

par

José G.-Marrón
*Professeur au
Lycée Paul Doumer (Le Perreux)*

*Avec mes remerciements
à
Mireille, ma femme
et à
Christian Regnier*

Le traducteur :

José G.-Marrón

Pour la photo p. 166 nous tenons à remercier Toni Solans (Grupo'7)

Le Code de la propriété intellectuelle n'autorisant aux termes de l'article L. 122-5 (2e et 3e a), d'une part, que les « copies ou reproductions strictement réservées à l'usage privé du copiste et non destinées à une utilisation collective » et, d'autre part, que les analyses et les courtes citations dans un but d'exemple ou d'illustration, « toute représentation ou reproduction intégrale ou partielle faite sans le consentement de l'auteur ou de ses ayants droit ou ayants cause est illicite » (art. L. 122-4).
Cette représentation ou reproduction, par quelque procédé que ce soit, constituerait donc une contrefaçon sanctionnée par les articles L. 335-2 et suivants du Code de la propriété intellectuelle.

© Heirs of Manuel Vázquez Montalbán, 1994

© 2007 – Langues pour tous – Pocket,
département d'Univers Poche
2009 pour cette présente édition
ISBN : 978-2-266-17148-9

Sommaire

■ Abréviations..6

■ Comment utiliser la série « Bilingue »................7

■ Biographie de Manuel Vázquez Montalbán........8

Cuentos de : <u>El pequeño hermano</u>
Nouvelles de : <u>Le petit Frère</u>

- **La soledad acompañada del pavo asado**
  La solitude accommodée à la dinde rôtie........11

- **El Exhibicionista**
  L'exhibitionniste..37

- **Tal como éramos**
  Ces années-là 67

- **El coleccionista**
  Le collectionneur...109

■ **Le petit monde de Carvalho**.....................162
■ **La série Carvalho** 168
■ **Annexes** 169
■ **Index** 189

Abréviations

adj. :	adjectif	Litt. :	littéralement
Am. Lat. :	Amérique Latine	m. à m. :	mot à mot
ant. :	antonyme	p. ex. :	par exemple
arg. :	argotique	péj. :	péjoratif
cf. :	voir	pl. :	pluriel
compl. :	complément	prés. :	présent
euph. :	euphémisme	sing. :	singulier
fam. :	familier	subj. :	subjonctif
imp. :	imparfait	syn. :	synonyme
ind. :	indicatif	tr. :	transitif
inf. :	infinitif	tjrs. :	toujours
intr. :	intransitif	v. :	verbe
j. de m. :	jeu de mots	vulg. :	vulgaire

ø :   élision (manque un mot)
§ :   paragraphe
≠ :   différent (le contraire de)
® :   marque déposée

Comment utiliser la série « Bilingue »

Cet ouvrage de la série « Bilingue » permet aux lecteurs :
• d'avoir accès aux versions originales de textes célèbres, et d'en apprécier, dans les détails, la forme et le fond ;
• d'améliorer leur connaissance de l'espagnol, en particulier dans le domaine du vocabulaire dont l'acquisition est facilitée par l'intérêt même du récit, et le fait que mots et expressions apparaissent en situation dans un contexte, ce qui aide à bien cerner leur sens.

Cette série constitue donc une véritable méthode d'auto-enseignement, dont le contenu est le suivant :
• page de gauche, le texte espagnol ;
• page de droite, la traduction française ;
• bas des pages de gauche et de droite, une série de notes explicatives (vocabulaire, grammaire, rappels historiques, civilisation, etc.).

Les notes de bas de page aident le lecteur à distinguer les mots et expressions idiomatiques d'un usage courant aujourd'hui, et qu'il lui faut mémoriser, de ce qui peut être trop exclusivement lié aux événements et à l'art de l'auteur. Les annexes à la fin de l'ouvrage sont des aides précieuses pour la compréhension du récit.

Il est conseillé au lecteur de lire d'abord l'espagnol, de se reporter aux notes et de ne passer qu'ensuite à la traduction ; sauf, bien entendu, s'il éprouve de trop grandes difficultés à suivre le récit dans ses détails, auquel cas il lui faut se concentrer davantage sur la traduction, pour revenir finalement au texte espagnol, en s'assurant bien qu'il en a maintenant maîtrisé le sens.

Biographie

Manuel Vázquez Montalbán est né le 27 juillet 1939 à Barcelone. Il est décédé le 18 juillet 2003 à Bangkok (Thaïlande). Personnage complexe, il se définissait lui-même comme « journaliste, poète, romancier, essayiste, préfacier, humoriste, gastronome, critique et *culé* (partisan du Barça) ».

Il était diplômé de Philosophie, Lettres et Journalisme.

Dans sa jeunesse il est présent dans toutes les luttes contre le régime franquiste, militant dans des groupes estudiantins comme le **Frente de Liberación Popular**[1], puis dans le **PSUC** (Parti Socialiste Unifié de Catalogne) d'inspiration communiste. Ces activités le menèrent en 1962 devant un conseil de guerre qui le condamna à trois ans de prison. A sa sortie il fut engagé par la revue **Triunfo**, publication d'opposition tolérée. De cette époque datent des articles très savoureux, humoristiques, politiquement *incorrects* mais pleins de mordant dans lesquels il critique ouvertement le régime. Ils furent réunis dans *Crónica sentimental de España*[2] ou *Escritos subnormales*. Par la suite il collabora à des publications très diverses comme *Por favor, Mundo Obrero, Hermano Lobo, Interviú, El País, La Vanguardia*, etc.

Œuvres

Il est passé maître dans tous les genres littéraires, mais son préféré était la poésie. Il est même cité dans l'anthologie poétique de Joseph Maria Cestellet (ouvrage de référence de l'époque) comme étant l'un des neuf du groupe *novísimos*. Son premier livre de poèmes s'intitule *Una educación sentimental* (1967) ; il y critique la société avec ironie et sens ludique. Par la suite toute son œuvre poétique fut réunie dans *Memoria y deseo* (1986).

Ses écrits ont toujours eu comme dénominateur commun un certain désenchantement dû à la société postmoderniste qui transforme tous les codes. L'ordre établi est critiqué de façon systématique mais nostalgique et ironique à la fois. Et toujours érudit ! A ses débuts il est très influencé par le surréalisme et l'écriture héritée du théâtre de l'absurde. Carvalho est justement né pendant cette période, d'où le côté noir et nihiliste du

---

[1] Coalition de différentes tendances estudiantines. Voir aussi **Annexes**.
[2] Les noms des ouvrages et les références de ce chapitre sont ceux des publications espagnoles. Certains de ces livres sont parus en France sous des titres et avec des succès divers. Le but de cet ouvrage est aussi de vous inciter à consommer du Montalbán dans le texte…

Biographie

personnage. Par la suite, l'œuvre de Montalbán, véritable *animal à plume* et touche à tout, pourrait se définir par son hétérogénéité aussi bien dans sa thématique que dans son style. Écrivain boulimique et prolifique, ce tout-terrain de l'écriture fut surnommé dans la profession *la machine à écrire et à penser*.

Il débute dans le genre du roman avec *Recordando a Dardé* (1969). Par ailleurs il a écrit toute sorte de textes dont certains totalement expérimentaux, voire inclassables, comme *Cuestiones marxistas* ou *Happy end* (1974).

Il fut aussi un essayiste remarquable : *Informe sobre la Información* (1963) est toujours considéré comme l'un des meilleurs livres sur le journalisme espagnol. Dans *El pianista* (1985) ou dans *Galíndez* (1990) il fait une critique acide du rôle de l'artiste dans la société actuelle. Parmi d'autres essais citons *Diccionario del franquismo* (1977), *Mis almuerzos con gente inquietante* (1984), *Un polaco en la corte del rey Juan Carlos* (1996), *Y Dios entró en La Habana* (1998).

Certains romans, comme *Los mares del sur, La soledad del manager,* ou *El laberinto griego,* par exemple ont été adaptés au cinéma. A noter aussi une série télé désormais *culte* interprétée par Juanjo Puigcorbé (*Carvalho*) et Jean Benguigui (*Biscuter*). C'est avec cette série qu'il s'est fait une réputation d'écrivain populaire. Il créa son personnage Carvalho pour une série d'une vingtaine de romans policiers dont sont tirées les quatre nouvelles de ce recueil. Avec cette saga policière Montalbán voulait bâtir une sorte de « Comédie Humaine » de l'Espagne de la transition. Carvalho apparaît timidement pour la première fois dans *Yo maté a Kennedy* en 1972, mais c'est dans *Tatuaje* (1974) qu'il prit toute sa dimension. « Carvalho, je lui dois de l'argent et de la reconnaissance publique. Il y a des gens qui me parlent de lui alors qu'ils n'ont jamais lu mes ouvrages », disait Montalbán.

Parmi ses romans plus récents il faut citer, outre la série Carvalho[3], *Autobiografía del general Franco* (1992) et *El estrangulador* (1994), *El señor de los bonsáis* (1999), *Lisboa, espías y héroes* (2001) et *Erec y Erenice* (2002).

Les œuvres de Montalbán ont été traduites dans plus de 20 langues. Il est à l'heure actuelle dans le peloton de tête des écrivains espagnols avec une dimension internationale. Il se situe parmi les plus grands créateurs de l'histoire de l'écriture

---

[3] Voir page 168

Biographie

en langue espagnole (et catalane car il a su imposer sa langue maternelle dans les différentes publications…)

Prix

Son œuvre a reçu plusieurs prix dont les plus importants sont le Premio de Poesía Vizcaya (1969), le Prix Planeta 1979 pour le roman *Los mares del sur*, le Grand Prix de Littérature Policière Etranger à Paris (1981) pour *Los mares del sur*, le prix International de la critique (Deutscher Kritiker Preis) en Allemagne en 1986 pour *Asesinato en el Comité Central*, le prix Recalmare à Palerme en 1989 pour *Asesinato en el comité central*, le Premio Ciudad de Barcelona pour *El delantero centro fue asesinado al atardecer*, le Prix du roman policier (Allemagne) en 1989 pour *El balneario*. En 1991 il obtint le Prix National de littérature et le Prix Europa avec *Galíndez*. En 1995 le Prix National des Lettres espagnoles. En 1997 le Prix Giorgio Fini pour l'ensemble de son œuvre (de même que le Premio Grinzane Cavour en 2001) et pour la création du son personnage Carvalho. Il fut même proposé vers la fin de sa vie pour le Prix Nobel de Littérature…

En sa mémoire est décerné tous les ans depuis 2004 le Prix International de Journalisme Vázquez Montalbán.

Le gastronome

Montalbán est aussi un gastronome émérite. Cet aspect est présent dans tous ses romans[4] où des passages entiers sont consacrés à des recettes (c'est d'ailleurs le prétexte de la première nouvelle de notre recueil) comme par exemple celle de la fideuá[5] dans *Los pájaros de Bangkok*. Dans *Contra los gourmets* il décrit tous les aliments de toutes les cuisines du monde dans une intention critique mais aussi didactique. C'est une bonne initiation au monde de la cuisine et de la diététique. Citons deux autres ouvrages gastronomiques de Montalbán *Cocina catalana* et *Recetas inmorales*.

Il mourut à 64 ans d'un arrêt cardiaque durant une escale dans la salle d'attente de l'aéroport de Bangkok. Il revenait en Espagne après une série de conférences en Australie et en Nouvelle Zélande sur le thème « Le rôle de la littérature et des écrivains dans la construction de la cité démocratique ».

---

[4] Le numéro 15 de la série Carvalho s'intitule « Las recetas de Carvalho ».
[5] Sorte de paella faite avec des gros vermicelles appelés **fideos**.

La soledad acompañada del pavo asado
(Cuento de Navidad)

La solitude accommodée à la dinde rôtie
(Conte de Noël)

Se dio cuenta[1] de que se acercaba Navidad a causa de un anuncio[2] asomado como un buitre iluminado y amable sobre las destrucciones y las construcciones de la ciudad en tránsito desde la nada a la más absoluta Olimpiada[3]. *Un día al año merecen ser felices.* Era una campaña[4] de solidaridad con los pobres que también habían llegado tarde a la III Revolución Industrial[5], a pesar de[6] los esfuerzos del gobierno para que tomaran el tren de alta velocidad en marcha (TAV)[7]. Navidad. Le vino a la boca un regusto[8] de aceitunas rellenas y champán[9] Gramona, un champán que por misteriosos caminos llegaba a su infancia, con una calidad discordante con la sabiduría y la capacidad adquisitiva[10] champañera[9] de los años cuarenta o tal vez[11] no era tan misterioso el camino[12]: el lote de empresa que su padre recibía[13] de Carol Prat Hermanos, el almacén[14] de utensilios de laboratorio donde el viejo[15] cumplía los preceptos bíblicos[16] sobre el trabajo, mozo de cargas[17] y descargas, en la imposibilidad de seguir siendo funcionario de una República[18] vencida. Las aceitunas rellenas aparecían como un lujo del espíritu, compradas a granel[19] en la tienda de salazones de la calle, donde el señor Joan repartía cucuruchos de papel de estraza o envoltorios del mismo papel para rectángulos de bacalao remojado, pedazos del alma blanca recuperada de aquellos misteriosos peces que parecían de cartón, colgados de los techos de azulejo de la morgue salada.

---

1. **darse cuenta** : *se rendre compte*. Le verbe **dar** est très fréquemment utilisé dans des expressions. **Dar la luz** : *allumer la lumière* ; **dar a conocer** : *faire connaître* ; **dar clase** : *faire cours*.
2. **anuncio** : *publicité* ; le mot **publicidad** s'utilise le plus souvent pour parler de la *publicité* en général (**mi hermano trabaja en la publicidad** : *mon frère travaille dans la publicité*). **Anuncio** désigne plutôt la réalité publicitaire : *un encart* (presse), *un spot* (télé), etc.
3. voir annexes **Olimpiadas**.
4. voir annexes **concienciación**.
5. voir annexes **III Révolution Industrielle**.
6. **a pesar de** : *malgré*. Syn. : **pese a**.
7. voir annexes **AVE**.
8. **regusto** : *un goût, une impression* (cf. *madeleine* de Proust).
9. Voir annexes **Cava**.
10. **capacidad adquisitiva** : litt. « *capacité d'achat* ». **Adquirir** : *acquérir*.
11. **tal vez** : *peut-être*. Syn. : **quizá, quizás, a lo mejor, acaso**, etc.

Il se rendit compte que Noël approchait à cause d'une publicité perchée comme un gentil vautour lumineux au-dessus des destructions et des reconstructions de la ville en devenir passant du néant aux Jeux Olympiques les plus absolus. *Ils méritent d'être heureux un jour par an.* Il s'agissait d'une campagne de solidarité avec les pauvres, arrivés de surcroit en retard pour la IIIe Révolution Industrielle, malgré les efforts du gouvernement pour leur faire prendre en marche le train à grande vitesse (TGV). Noël. Il lui vint en bouche le souvenir d'un goût d'olives farcies et de champagne Gramona, champagne qui remontait à son enfance par les voies mystérieuses et qui était d'une qualité en désaccord avec le bon sens et le pouvoir d'achat en matière de champagne des années quarante – ou alors ce n'était pas des voies si mystérieuses que ça – le cadeau d'entreprise que son père recevait de Carol Prats Hermanos, le magasin de matériel de laboratoire où son paternel, devenu manutentionnaire chargeant et déchargeant puisque dans l'impossibilité de continuer son travail de fonctionnaire d'une République vaincue, obéissait aux préceptes bibliques concernant le travail. Les olives farcies semblaient un fantasme de luxe ; on les achetait en vrac dans le magasin de salaisons du quartier, où monsieur Joan distribuait des cornets de papier d'emballage gris ou des paquets du même papier destinés à contenir des rectangles de morue dessalée, morceaux d'âme blanche tirés de ces mystérieux poissons qui, accrochés aux plafonds carrelés de leur morgue salée, semblaient être faits en carton.

---

12. mot à mot *le chemin n'était pas si mystérieux que ça* (notez que, comme très couramment en espagnol, le sujet est derrière le verbe.
13. Voir annexes **cesta de Navidad**.
14. **almacén** : mot d'origine arabe (المخزن) signifiant *dépôt* ou *entrepôt*. Ici **almacén** signifie plutôt *établissement*, *magasin*, mais il peut signifier *entrepôt*, *réserve*, *hangar*, *local*, etc. S'utilise au pluriel (**grandes almacenes**) pour désigner les *grands magasins*.
15. **viejo** : *vieux*. Ici mot gentil ou péjoratif (selon le ton) pour parler de son *père*. Plus utilisé en Amérique Latine.
16. *Tu mangeras ton pain à la sueur de ton front* (Genèse 3,19).
17. **mozo de carga** : litt. *garçon qui charge* ; c'est un peu l'idée du *fort* ou du *déménageur*. Ici, on peut traduire par *manutentionnaire*.
18. Voir annexes **República** et *Le petit monde...* p. 162.
19. **a granel** : *en vrac*. Mot d'origine catalane signifiant littéralement *en grain*. Ant. : **envasado**.

El bacalao servía para las atascaburras[1], un plato de Nochebuena que su abuela se había traído[2] de Cartagena[3], llegado allí por una invertida emigración[4] del bacalao seco, por los caminos de la Mancha hacia el mar, y al día siguiente las aceitunas rellenas iniciaban un menú mestizo en el que la *escudella i carn d'olla*[5] de la tierra de Promisión[6] les catalanizaba por la vía entonces más segura para las ideologizaciones, el paladar, a veinticinco años de distancia[7] de la aparición del sexo como la distancia más corta que podía llevar de la comunión diaria a Mao Tse Tung o Louis Althusser[8]. Y a partir de un momento impreciso en su memoria apareció el pavo asado como un espectáculo barroco iluminado por la efervescencia dorada del champán Gramona[9], champán que él entonces tomaba escasamente y a disgusto de que no fuera el Canals Nubiola, pregonado por la radio en una cuña[10] insistente y seductora:

> *Ara ve Nadal*
> *matarem el gall*
> *i a la tia Pepa*
> *li donarem un tall*[11].

Se pasó una mano interior por los [12] se quedó ante[13] la evidencia de que Navidad se acercaba y carecía[14] de elementos para el ritual de hacer felices a los demás[15], aunque sólo fuera por un día.

---

1. Voir annexes **Atascaburras**.
2. **traer** traduit l'idée *d'emmener, apporter*, etc. (déplacement vers l'endroit où se trouve le locuteur). Pour le mouvement en sens inverse (depuis l'endroit où se trouve le locuteur) on utilise **llevar**.
3. Voir annexes **Cartagena**.
4. Le mot **emigración** est ici une allusion à tous les immigrés venus d'Andalousie, de La Mancha etc., vers la riche région de Catalogne, moteur de l'Espagne industrielle depuis deux siècles.
5. Voir annexes **Escudella i carn d'olla**.
6. Encore une allusion à la Terre Promise qu'était la Catalogne pour les Espagnols des régions pauvres du sud de l'Espagne qui y immigraient. Paradoxalement, si les immigrés se sont intégrés, la région, elle, s'est un peu métissée. Un exemple est la célèbre **rumba** (rythme andalou par excellence) ''acclimatée'' par le chanteur Peret (nom typiquement catalan).
7. La rapidité avec laquelle l'Espagne est passée d'une nation en retard sur tous les plans à un pays moderne et riche est surprenante.

La morue servait à préparer les *gave-ânesses*, un plat de réveillon de Noël que sa grand-mère avait ramené de Carthagène et qui était arrivé là en suivant le sens inverse de la migration de la morue séchée, par les chemins de la Manche jusqu'à la mer ; et le lendemain les olives farcies commençaient un menu métissé où *l'escudella i carn d'olla*, de la Terre Promise, les catalanisait de la manière la plus sûre pour l'époque de parvenir à l'assimilation, c'est-à-dire, le goût, vingt-cinq ans avant que le sexe n'apparaisse comme la distance la plus courte susceptible de vous faire passer de la communion quotidienne à Mao Tsé-toung ou à Louis Althusser. Et, à partir d'un moment imprécis dans sa mémoire, apparut la dinde rôtie, spectacle baroque éclairé par la couleur pétillante du champagne Gramona, champagne qu'il consommait alors rarement et en regrettant que ce ne fût pas du Canals Nubiola, vanté à la radio par une réclame répétitive et alléchante :

> *Ara ve Nadal*
> *matarem el gall*
> *i a la tia Pepa*
> *li donarem un tall.*

Il passa une main intérieure devant les yeux cachés de son cerveau et, en la retirant, Carvalho prit conscience d'une évidence : Noël approchait et il manquait d'éléments pour le rituel consistant à rendre heureux son prochain, ne fût-ce qu'un jour.

---

8. **Louis Althuser** : « structuraliste » marxiste. Dans les années dont parle Montalbán il fut très à la mode dans des milieux **progres** (*intellos de gauche*) avec Marcuse et Teilhard de Chardin.
9. Voir annexes **Gramona.**
10. **cuña** : *cale* ou *coin* (pour fendre le bois). Ici il signifie *publicité, jingle, spot.* Les publicités à la radio se nomment ainsi car elles « s'insèrent » entre deux programmes comme un coin de bois.
11. Littéralement *Maintenant arrive Noël ; nous tuerons le coq et nous en donnerons un morceau à tatie Joséphine.* **Pepe** et **Pepa** sont les diminutifs de **José** (*Joseph*) et **Josefina** (*Joséphine*). Publicité réelle ?
12. Le personnage principal donc dans cette nouvelle est Carvalho lui-même. Voir annexe spéciale **le petit monde de Carvalho** en fin d'ouvrage.
13. **ante** : *devant.* Syn. : **delante de**. Notez la construction sans préposition : **Estamos ante la casa** (**Estamos delante de la casa**) : *nous sommes devant la maison.*
14. **carecer** : *manquer, être à court de, ne pas avoir* (faux ami). Il est de la famille des mots français tels que *carence* et *carentiel.*
15. **los demás** : *les autres, autrui, le prochain.*

Charo[1] se había marchado[2] a[3] Andorra a regentar un hotel, definitivamente cansada de las ausencias corporales y telefónicas de un Carvalho desganado de sí mismo[4] y por extensión de todo lo que le ratificara su identidad. Allí[5] estaría atendiendo[6] un hotel, acurrucada entre las montañas nevadas, friolera y sola o tal vez había encontrado a otro fugitivo, como ella, refugiado en uno de los *cul de sac*[7] de Europa, del mundo.
– Biscuter[8], ¿qué planes tienes para el día de Navidad?
Le notó embarazado en el rumiar y en la respuesta.
– No se preocupe[9] por mí, jefe. Tengo un compromiso[10].
Biscuter tenía un compromiso. Eso sí era un misterio. ¿Qué barco había llegado a su isla? ¿Qué pasajero o pasajera había desembarcado? Tenía por norma no preguntarle a Biscuter por su vida privada pero desde el supuesto de que carecía de ella, cuando le descubría pequeños territorios de historia personal instranferida[11], Carvalho se sorprendía, tal vez desde el egoísmo de suponer que Biscuter no tenía otro sentido que el que le daba la convivencia mutua en aquel despacho que necesitaba una mano[12] de pintura y esperanza.
– ¿Y usted qué hará, jefe?
– Visitaré una meca gastronómica nueva o le pediré a Antonio que me haga en La Odisea un menú de Navidades Negras, por ejemplo esa lasagna genial que hace tiñendo la pasta con tinta de sepia y rellenándola[13] como morcilla de España interior.

---

1. Voir **Le petit monde de Carvalho**.
2. **marcharse** : *s'en aller, partir*.
3. Avec les verbes indiquant un déplacement, la préposition **a** indique toujours la destination : en français on dit *aller à Madrid, en Italie, au Portugal, dans la chambre, sur la côte ou chez Jean* ; en espagnol on dira **ir a Madrid, a Italia, a Portugal, a la habitación, a la costa o a casa de Juan**.
4. **sí mismo** : litt. *soi-même*.
5. **allí** : *là-bas*. L'action de la narration se trouve à Barcelone. D'où l'adverbe de lieu **allí** qui indique la grande distance jusqu'à Andorre. (**aquí** : *ici* ; **ahí** : *là* ; **allí** ou **allá** : *là-bas*).
6. **atender** : faux ami exprimant l'idée de *s'occuper* (dans son travail surtout). **Atender a un cliente** : *s'occuper d'un client* (vendre).
7. l'espagnol regorge de ce type de mots provenant du français appelés *gallicismes* (**galicismos**). Ils n'ont pas tous comme origine l'époque de l'occupation napoléonienne (1808-1814).

Charo était partie en Andorre prendre la gérance d'un hôtel, manifestement lassée des absences charnelles et téléphoniques d'un Carvalho fatigué de lui-même et, partant de tout ce qui pouvait étayer sa propre identité. Là-bas, elle devait sans doute s'occuper d'un hôtel, blottie entre les montagnes enneigées, frileuse et seule, ou peut-être avait-elle rencontré un autre fugitif comme elle, réfugié dans l'un des *culs-de-sac* de l'Europe et du monde.
– Biscuter, quels sont tes projets pour le jour de Noël ?
Il remarqua son embarras à sa façon de grommeler et de répondre.
– Ne vous faites pas d'mouron pour moi, chef. J'ai quelque chose de prévu.
Biscuter avait quelque chose de prévu. Ça, oui, c'était un vrai mystère. Quel navire avait donc accosté son île ? Quel passager, ou quelle passagère, en avait débarqué ? Il s'était fixé comme principe de ne jamais questionner Biscuter sur sa vie privée, mais puisqu'il supposait qu'il n'en avait pas, lorsqu'il lui découvrait de petites parcelles d'histoire personnelle secrète, Carvalho était surpris, probablement parce que dans son égoïsme il supposait que Biscuter n'avait d'autre but dans la vie que celui découlant de leur vie en commun dans ce bureau qui avait besoin d'une bonne couche de peinture et d'espoir.
– Et vous, chef qu'est-ce que vous allez faire ?
– J'irai visiter une nouvelle Mecque gastronomique, ou bien j'irai à *La Odisea* demander à Antonio de me préparer un menu de Noël Noir ; par exemple ces lasagnes géniales qu'il prépare en colorant la pâte à l'encre de seiche et qu'il farcit comme le boudin de l'Espagne du centre.

Ils sont parfois un peu modifiés comme **bricolaje**, **chantaje**, mais aussi **viandas** (*mets*, venant de *viande*) et **edecán** (contraction de « *aide de camp* »).
8. **Biscuter** : voir **Le petit monde de Carvalho**.
9. **preocuparse** : verbe très usuel, plutôt de la langue orale exprimant l'inquiétude, la crainte. **No te preocupes** : *ne t'en fais pas*.
10. **compromiso** : *engagement, embarras*. Ici signifie tout simplement « j'ai déjà ma soirée prise », « j'ai quelque chose de prévu ».
11. **intransferida** : litt. *non transférée*, donc *secrète*. **Biscuter** est une énigme pour son patron Carvalho.
13. **una mano** : ici *une couche*. **Una mano de cal** ou **de barniz** : *une couche de chaux* ou *de vernis*.
14. **rellenar**, *farcir* (cuisine) ; **calamares rellenos** : *calamars farcis* ; *remplir* (un imprimé). **Rellene este formulario** : *remplissez ce formulaire*.

— La rehostia¹, jefe. Lo que no piense el Antonio². ¿Qué es eso de Navidades Negras, jefe?
— Lo contrario de Navidades Blancas³.

Pero cuando se cernieron⁴ las fiestas inevitables, Antonio Ferrer había trasladado La Odisea⁵ a un castillo de Orriols en Gerona⁶, y la obsesión por cómo cumplir el expediente⁷ de la liturgia de la felicidad cebada⁸ se alternaba con la angustia por no saber estar a la bajura de su circunstancia⁹. Entre comer¹⁰ fuera de casa y refugiarse en ella acompañado de una botella de Knockando Gran Reserva¹¹ y un bocadillo de mejillones en escabeche de lata¹², quedaba el recurso de cocinar para sí mismo, como una Babette que naufraga en una isla desierta¹³. Rechazó la propuesta de Fuster de sumarse¹⁴ a un festín familiar en su pueblo, Villores, temeroso¹⁵ de ir de puntillas, como un intruso en el ritual añejo de una familia grande y antigua abocada a los recuerdos digestivos, a esas melancolías húmedas que suceden a las sociedades absolutas, y por todo ello se empujó a sí mismo a meterse en el mercado de la Boquería a comprar mecánicamente un menú mestizo que le dictaba implacable la memoria: aceitunas rellenas, bacalao remojado, ñoras¹⁶, un pavo, jamón, salchichas, ciruelas confitadas, orejones, piñones, desguace de una receta que tenía completa en algún rincón del cerebro.

---

1. **la rehostia** : normalement le juron est **¡la hostia!**. A l'origine c'est un blasphème qui évoque *l'hostie*. Ici l'usage de la syllabe « **re** » tend à doubler ce juron et insiste sur l'étonnement de Biscuter.
2. tournure elliptique du langage parlé. Double négation. La phrase entière pourrait être : **no existe nada que no piense Antonio** *(il n'y a rien que Antonio ne pense pas)*. L'article devant le prénom est très usuel dans les milieux populaires.
3. **Navidades Blancas**. Probable allusion au célèbre film musical de Michael Curtiz (*White Christmas*, 1954). Carvalho veut probablement nous dire qu'il déteste ces bons sentiments typiques de la période de Noël. La phrase suivante semble le confirmer.
4. **cerner** : *planer, menacer*. **Los aviones se ciernen sobre la ciudad** : *les avions volent, menaçants, sur la ville*.
5. Voir annexes **La Odisea**.
6. Aujourd'hui **Girona**. La toponymie espagnole a été révolutionnée avec la création des **Autonomías** (*Parlements autonomes régionaux*) qui ont rebaptisé les villes, les villages, les régions et les rues avec d'autres noms plus authentiques. Notons, comme ici, que le nom de la province est souvent le même que celui de sa capitale.

– La vache, chef ! Il en a dans le crâne, l'Antonio. C'est quoi ce truc du Noël Noir, chef ?
– Le contraire du Noël Blanc.
Mais lorsque planèrent, menaçantes, les inéluctables fêtes, Antonio Ferrer avait déménagé *La Odisea* dans un château à Orriols, dans la province de Gérone, et l'obsession qu'il avait de la manière de tenir son rôle dans la liturgie du bonheur gavé alternait avec l'angoisse de ne pas savoir être au niveau de la bassesse des circonstances. Entre dîner dehors et se retrancher à la maison avec une bouteille de Knockando Master Réserve et un sandwich aux moules de conserve à l'escabèche, il y avait la solution de se préparer à manger pour soi-même, comme une Babette naufragée sur une île déserte. Il déclina l'invitation de Fuster de se joindre à un festin familial dans son village de Villores, craignant d'arriver sur la pointe des pieds tel un intrus dans l'ancestral rituel d'une grande et ancienne famille, acculée aux souvenirs digestifs, à ces mélancolies humides qui font suite aux satiétés absolues, c'est pourquoi il se força à entrer dans le marché de la Boquería pour acheter, comme un automate, de quoi faire un repas métissé que lui dictait sa mémoire inflexible : olives farcies, morue dessalée, poivrons secs, dinde, jambon, saucisses, prunes confites, abricots secs, pignons, lambeaux d'une recette dont il conservait la totalité dans quelque recoin de son cerveau.

---

7. **expediente** : *dossier*. Littéralement *accomplir (réaliser) ce qu'il y a dans le dossier.* Il y a une idée d'obligation. *« on ne peut y échapper »*.
8. **cebar** : *gaver*. Allusion à toute la nourriture ingurgitée à Noël ?
9. j. de m. **estar a la altura de las circunstancias** : *être à la hauteur des circonstances*. Ici l'auteur a essayé de dire le contraire : *être en <u>dessous</u> des circonstances*. L'antonyme de **bajura** est **elevación**.
10. **comer** : *manger*. Ici *dîner* : il s'agit du dîner de **Nochebuena** (cf. annexes).
11. Voir annexes **Knockando Gran Reserva**.
12. des moules en boîte utilisées pour faire un sandwich. L'*escabèche* (**escabeche**) est une marinade à base de vinaigre visant à la conservation des aliments ; souvent des poissons.
13. Probable allusion au film *Le Festin de Babette*, film danois de Gabriel Axel (1987) où le personnage principal, une grande cuisinière (*chef*), se réfugie au Danemark pour fuir la Commune de Paris.
14. **sumarse** m. à m. *s'additionner*. **Sumar** : *additionner*.
15. **temer** : *craindre*. **Temeroso** : *craintif*.
16. **ñoras** : petits poivrons ronds et secs originaires de la région de Murcie. S'utilisent comme condiment dans les plats à base de riz, mais aussi dans tout autre plat pour en relever le goût.

Luego recurrió a turronería[1] del pastelero chocolatero escultor Capdevila, comprobó que le quedaban algunas botellas de Gramona Brut Nature en su bodega excavada bajo[2] el jardín de Vallvidrera[3]. Decidió no hacer la *escudella i carn d'olla* porque cualquier *pot au feu* está reñido con la desolación de la comida sin compañía[4]. Contemplaba una y otra vez todas aquellas naturalezas muertas[5] en el nicho del frigorífico, como si[6] repasara[7] los ahorros[8] de la nostalgia y acariciara con la mirada los materiales de una construcción rigurosamente conmemorativa. Pero en la trastienda[9] de su conciencia, la evidencia de que se había roto la familia artificial que había acumulado recogiéndola de los containers humanos de Barcelona, le enfrentaba a una premonición de su propia muerte. Charo en Andorra humillada y ofendida[10], Bromuro[11] muerto y Biscuter con su "compromiso". ¿De qué compromiso se trataba? Tenía tantas ganas de saberlo como[12] de no saberlo, pero era evidente que Biscuter preparaba algo especial para la fiesta[13] y que ese algo especial se parecía[14] mucho a una *escudella i carn d'olla*, a juzgar por los descubrimientos de carnes, butifarras[15] y garbanzos que Carvalho hiciera en la nevera[16] situada en la cocinilla adlátere[17] a su despacho[18] y al minúsculo dormitorio de su ayudante.

---

1. Allusion au **turrón**, confiserie typique de Noël, cousine du *nougat*.
2. **bajo** : *sous*. Syn. : **debajo de**.
3. **Vallvidrera** : Quartier de la banlieue de Barcelone, situé sur les hauteurs, aujourd'hui moins enclavé, où réside Carvalho.
4. Carvalho, fin gastronome et cordon bleu, pense que les plats de la famille du pot-au-feu sont des plats conviviaux qui doivent se partager.
5. **naturalezas muertas** : m. à m. *natures mortes*. C'est comme si contempler un réfrigérateur avec ses victuailles était semblable à la vision d'un tableau représentant des animaux morts.
6. **como si** : tournure très usuelle nécessitant l'imparfait du subjonctif. **Como si fuera domingo** : *comme si c'était dimanche*.
7. **repasar** : *revoir, réviser*. S'emploie pour les élèves qui *révisent leurs cours* (**repasar las clases**) ou pour les comptables qui *revoient leurs comptes* (**repasar las cuentas**).
8. **los ahorros** : *les économies* (*l'épargne*). **Una caja de ahorros** : *une caisse d'épargne*. **Ahorrar** : *faire des économies*.
9. **trastienda** : *arrière boutique*. **Tras** est une préposition bien curieuse car elle s'emploie aussi bien pour rendre l'idée de *après* que *derrière*. **Tras la cena** : *après le dîner* ; **tras la iglesia** : *derrière l'église*. S'utilise aussi comme préfixe pour exposer comme ici l'idée de *derrière* ou *arrière*. **Trasaltar** : *l'arrière de l'autel* (église) ; **traspatio** : *arrière-cour* (derrière la cour principale).

Il eut ensuite recours aux desserts de Noël du pâtissier-chocolatier-sculpteur Capdevila, il vérifia qu'il avait encore quelques bouteilles de Gramona Brut Nature dans sa cave creusée sous le jardin de Vallvidrera. Il se résolut à ne pas préparer *l'escudella i carn d'olla* parce qu'un *pot-au-feu* quel qu'il soit, est incompatible avec la désolation d'un repas solitaire. Il contemplait encore et encore toutes ces natures mortes dans leur niche du réfrigérateur, comme s'il recomptait les économies en nostalgie et caressait du regard les matériaux d'une bâtisse strictement commémorative. Mais dans l'arrière-boutique de sa lucidité, l'évidence que s'était brisée la famille artificielle qu'il avait récupérée dans les poubelles humaines de Barcelone, le mettait face à une prémonition de sa propre mort. Charo en Andorre, humiliée et peinée, Bromure mort et Biscuter qui avait « quelque chose de prévu ». Qu'avait-il donc de prévu ? Il avait tout autant envie de le savoir que de ne pas le savoir, mais, il était clair que Biscuter préparait quelque chose de spécial pour le réveillon et ce quelque chose de spécial ressemblait bougrement à une *escudella i carn d'olla*, à en juger par ce que Carvalho découvrit comme viandes, saucisses catalanes et pois chiches dans le réfrigérateur de la petite cuisine attenante à son bureau et au minuscule recoin où dormait son assistant.

---

10. **Charo** est sensée avoir fui récemment la ville de Barcelone pour échapper à l'éternelle déception de sa liaison avec **Carvalho**.
11. Voir **Le petit monde de Carvalho.**
12. le comparatif d'égalité se construit avec **como. Tiene tantos hijos como yo** : *il a autant d'enfants que moi.*
13. **la fiesta** ici est une allusion à la **fête** qui suit le dîner de la **Nochebuena** *(veille de Noël),* durant laquelle les enfants chantent des **villancicos** *(chants de Noël)* devant la *crèche* (**nacimiento**) installée dans les maisons. La tradition tend néanmoins à disparaître…
14. **parecerse** : *ressembler.* **Se parece a mi padre** : *il ressemble à mon père.* Syn. : **asemejar.**
15. **la butifarra** est la *saucisse catalane* par excellence. Elle est faite à base de viande hachée de porc agrémentée de poivre et autres condiments selon les terroirs et les fabricants. Elle est tellement représentative de la Catalogne que les non Catalans utilisent le mot **butifarra** pour désigner (péjorativement) les Catalans. La réciproque (mot péjoratif pour désigner les non Catalans) est **charnego.**
16. **la nevera** : *le réfrigérateur.* Littéralement **nevera** pourrait signifier quelque chose comme *machine à neige* (**la nieve** : *la neige*).
17. **adlátere** (du latin : *a latere*). Mot très peu usité indiquant plutôt une personne subordonnée à une autre (comme Biscuter vis-à-vis de Carvalho), dont il reste inséparable.
18. **despacho** : *bureau.* Désigne plutôt la pièce où l'on travaille.

21

Una mañana se apostó tras la estatua dedicada a Pitarra[1], desde[2] la que podía contemplar la entrada al caserón[3] donde estaba ubicado[4] su propio despacho y aguardó[5] la salida de Biscuter, para seguirle a lo largo de una serie de compras normativas por los pequeños establecimientos del barrio, y luego el regreso[6] a la madriguera[7] con las bolsas de plástico colgándole de los bracillos[8] y la lengua entre los dientes como para fijarse la dirección de la ascensión o la altura exacta de los escalones. Repitió la vigilancia a otras horas y finalmente Biscuter le abrió un itinerario inesperado que se adentraba en el Barrio Chino[9], más acumulador de suciedad y sordidez que nunca, como si quisiera justificar a los bulldozers regeneradores que abrían los caminos de la modernidad a través de las brechas de las casas derribadas[10]. Biscuter se metió[11] en una escalera concordante con las irreparables corrosiones de una fachada de trescientos años mal llevados[12] y desapareció durante media hora, para salir con el paso alegre caminando a saltitos por las aceras hechas añicos[13], sorteando cuerpos puteros, sidáticos, pirados[14], policiacos, o simplemente deshabitados que ocupan obstinadamente los precarios andenes como si hubieran sido implacablemente apeados[15] para siempre desde un tren en su último recorrido. Carvalho dejó que Biscuter se escapara con su extraño gozo y se metió en el portal[16], aunque dudó ante las tinieblas sólidas de la escalera antes de remontarla en busca de alguna señal que relacionara aquel entorno[17] con su ayudante.

---

1. **Frederic Soler** (1839-1895), poète et dramaturge catalan, le plus important de la période romantique. Il signait ses œuvres satiriques du pseudonyme **Serafí Pitarra**. Sa statue se situe sur la Rambla de Santa Mónica (ou se trouve le bureau de Carvalho), devant le Théâtre, place du même nom.
2. **desde** : *depuis* (temps et lieu). **Desde el lunes** : *depuis lundi* ; **desde la casa** : *depuis la maison*. Ici **desde** traduit le sens français de *d'où*. **Una colina desde la que se domina la ciudad** : *une colline d'où l'on domine la ville*.
3. **caserón** : augmentatif de **casa** désignant une *grande maison* un peu délabrée, à moitié abandonnée ou en mauvais état.
4. **ubicar** : *situer* ; **la ubicación** : *la situation, le site* (d'une ville, par exemple). **Una tienda ubicada en el centro** : *un magasin situé dans le centre*.
5. **aguardar** : *attendre*. Syn. : **esperar**.
6. **el regreso** : *le retour*. Faux ami. Syn. : **la vuelta**. **No tengo billete de regreso (de vuelta)** : *je n'ai pas de billet de retour*.

Un matin il se posta derrière la statue à la gloire de Pitarra, d'où il pouvait voir l'entrée de la vieille bâtisse où se situait son propre bureau, et il attendit la sortie de Biscuter, qu'il fila ensuite au long d'une série d'achats traditionnels dans les petites boutiques du quartier, puis le retour à son repère, les sacs en plastique pendant au bout de ses bras courtauds et la langue entre les dents comme pour ne pas perdre de vue la direction de l'ascension ou la hauteur exacte des marches à monter. Il renouvela sa surveillance à d'autres heures et finalement Biscuter lui fraya un parcours surprenant qui s'engageait dans le Barrio Chino, plus que jamais sordide et couvert de saleté, comme s'il voulait trouver une justification aux bulldozers régénérateurs qui ouvraient les chemins de la modernité à travers les brèches des immeubles démolis. Biscuter s'engouffra dans un escalier qui ne détonait pas à côté de l'inévitable décrépitude d'une façade qui portait mal ses trois cents ans, et disparut une demi-heure durant, pour ressortir le pas alerte, sautillant sur les trottoirs en miettes, zigzaguant entre des corps putassiers, sidatiques, camés, policiers, ou tout simplement déconnectés, qui occupent imperturbablement des trottoirs étriqués, comme débarqués sans ménagement et pour toujours d'un train effectuant son dernier voyage. Carvalho laissa Biscuter aller, absorbé dans son étrange extase, et pénétra à son tour dans l'entrée de l'immeuble, bien qu'avant de le gravir à la recherche d'un signe reliant ce cadre à son assistant, il hésita devant les perpétuelles ténèbres de l'escalier.

---

7. **madriguera** : *tanière* (petits animaux) ou *repaire* (bandits).
8. **Biscuter** étant de petite taille on imagine bien ses petits bras.
9. Voir annexes **Barrio Chino**.
10. Allusion au *grand lifting* urbanistique qui a précédé les J. O. de 92.
11. **meterse** : litt. *se mettre, entrer*. **Meterse en la cama** : *entrer dans son lit*.
12. **mal llevados** : contraire de **bien llevados**, expression qui se dirait pour une femme par exemple qui ne fait pas son âge. **Tiene 50 años bien llevados** : *elle a 50 ans mais elle ne les fait pas*.
13. **añicos** : petits morceaux résultant de quelque chose qui se casse. **Hacer añicos** : *mettre en morceaux, réduire en miettes*.
14. **pirado**, dans le langage familier signifie *loufoque* ; ici ce mot semble pouvoir signifier même l'idée de *drogué* ou *en manque*.
15. **apearse** : *mettre pied à terre*. Il y a ici une idée de geste subi, d'où l'idée de *débarquer* (passif). **Apeadero** : halte ferroviaire.
16. **portal** : *porte cochère, porte d'immeuble* ; désigne aussi le *hall* des immeubles modernes.
17. **entorno** : litt. : *entourage, environnement, cadre*.

Las mismas puertas viejas encerrando la nada[1] y casi nadie le fueron motivando hasta que llegó a la que impedía el acceso al terrado[2], y cuando descendía se topó con[3] un muchacho pordiosero[4] con los ojos dilatados[5] que aún abrió más al distinguirle en la penumbra, antes de volver sobre sus pasos[6] y bajar los escalones de tres en tres[7], adivinando una extranjería peligrosa en aquel intruso vestido gracias a las correctas rebajas[8] de El Corte Inglés[9]. Llamó[10] a una puerta y nadie respondió, llamó a otra[11] y una anciana pálida y gorda se quedó estupefacta cuando le preguntó por[12] Biscuter. Luego volvió la cabeza y preguntó en dirección a unos cuerpos confusos sentados y ensombrados.
– ¿Alguno de vosotros se llamaba, se llama o conoce a Biscuter?
Uno de los cuerpos se puso en movimiento simplemente para alzar la cabeza y mirar en dirección de la gorda y de Carvalho. Fue una señal pretexto para que[13] él rodeara el corpachón de la mujer y se metiera en una habitación con los cristales rotos remendados[14] por tiras de papel engomado, en la que un muestrario de cinco o seis viejos permanecía refugiado en el territorio singular y propicio de cinco sillas que habían sido de anea[15]. El que había alzado la cabeza[16] la había vuelto a[17] bajar para ignorar la existencia de Carvalho y no le miró cuando le preguntó si conocía a Biscuter.

---

1. On imagine très bien ces portes d'immeubles non entretenus depuis des décennies dans ce quartier populaire jadis insalubre.
2. **terrado** : *terrasse* supérieure d'un immeuble. Syn. : **azotea**.
3. **toparse con** : *rencontrer* par hasard (*nez à nez*). Il y a presque l'idée d'un choc physique. Syn. : **hallar**, **tropezarse con**. **Ayer me tropecé con Juan** : *Hier je suis tombé sur Juan*.
4. si le mot **pordiosero** signifie *mendiant*, ici Montalbán veut nous faire comprendre qu'il s'agit de quelqu'un *en guenilles*.
5. à cause de la drogue ? Le **Barrio Chino** n'en manque pas…
6. **volver sobre sus pasos** : *revenir sur ses pas, tourner les talons*.
7. **de tres en tres** : m. à m. *trois par trois*. **Fumar cigarrillos de dos en dos** : *fumer les cigarettes deux par deux*.
8. **las rebajas** : *les soldes*. Syn. : **el descuento**.
9. **El Corte Inglés** : litt. : « *La coupe anglaise* ». C'est en Espagne le seul *grand* de la distribution qui soit espagnol. Il est né dans les années 30 de la volonté de César Areces, developpé ensuite par son neveu Ramón Areces à partir d'une petite boutique de vêtements pour enfants. Sous l'enseigne **Hipercor**, il rivalise avec le français *Carrefour*.
10. **llamar** selon le contexte signifie *appeler, téléphoner, frapper*, etc.

Les mêmes vieilles portes fermées sur le néant et quasiment personne le rassurèrent, jusqu'à ce qu'il arrive à celle qui barrait l'accès à la terrasse supérieure et, alors qu'il redescendait, il tomba nez à nez avec un jeune mendiant aux yeux dilatés qu'il écarquilla encore davantage lorsqu'il le découvrit dans la pénombre, avant de tourner les talons et dévaler les escaliers à toutes jambes, devinant chez cet intrus habillé des soldes acceptables du *Corte Inglés* une présence étrange et dangereuse. Il frappa à une porte mais personne ne répondit ; il frappa à une autre et une vieille femme pâle et grosse resta bouche bée lorsqu'il prononça le nom de Biscuter. Puis, tournant la tête, il demanda en direction de vagues corps assis dans l'ombre.
– Est-ce que quelqu'un parmi vous s'appelait, s'appelle ou connaît Biscuter ?
Un des corps commença à bouger, seulement pour lever les yeux et regarder vers la grosse et Carvalho. Ce signal fut le prétexte pour contourner l'énorme corps de la femme et entrer dans une pièce aux vitres cassées, rafistolées avec des bandes de papier collant, où un échantillonnage de cinq ou six vieillards s'était réfugié sur ce territoire insolite et avantageux fait de cinq chaises qui furent jadis paillées. Celui qui avait levé les yeux les avait rebaissés ignorant ainsi l'existence de Carvalho et il ne le regarda pas lorsqu'il lui demanda s'il connaissait Biscuter.

---

11. **otra** : *une autre*. Observez la construction sans article. L'espagnol n'en a pas besoin car il s'accorde. **Otro** : *un autre* ; **otra** : *une autre*.
12. **preguntar por** : *demander des nouvelles de* ; *poser des questions au sujet de*. **Si preguntan por mí, diga que no estoy** : *si on me demande, dites que je ne suis pas là*.
13. **para que**. Construction nécessitant le subjonctif. La phrase principale étant au passé (**fue**) il faut accorder avec l'imparfait du subjonctif (**rodeara, se metiera**). C'est ce que l'on appelle la concordance des temps. **Te lo digo para que vengas** (*je te le dis pour que tu viennes*) : **Te lo dije para que vinieras** (*je te l'ai dit pour que tu « vinsses »*). Structure obsolète en français mais bien en usage dans l'espagnol du XXIe siècle.
14. **remendar** : verbe signifiant *réparer ;* idée de rajouter un morceau manquant. Il s'utilise surtout pour les tissus (**remendar un pantalón** : *rapiécer un pantalon*) ou les chaussures. On trouve d'ailleurs le métier de **zapatero remendón** (*cordonnier*).
15. **la anea** : *le roseau* utilisé pour faire l'assise des chaises en paille typiques de tout le pourtour méditerranéen.
16. **alzar la cabeza**, litt. : *lever la tête* (ici *lever les yeux*).
17. le préfixe *re* français (idée d'une action qui recommence) se rend en espagnol par le verbe **volver** : **volver a cerrar** : *refermer*.

– Es que soy su jefe y tengo una urgencia. He de[1] encontrarlo[2] y me había dicho que quizá se acercaría hasta aquí para verle[2].

El viejo levantó la cabeza y los ojos de Carvalho se quedaron en los suyos, pequeños de un verde sucio de botella de trapería[3], unos ojos que él ya había visto pero no sabía dónde ni cuándo[4].

– Acaba de marcharse[5]. Es mi amigo.
– ¿Vive usted aquí?

El hombre asintió[6] y trató de[7] encontrar algo en los bolsillos de una chaqueta de pana[8] tan vieja que ya no tenía marcados los bordones, se había convertido en puro calvero de terciopelo[8].

– Esto es una pensión.

Dijo la gorda a su espalda. El viejo había conseguido[9] sacar[10] del bolsillo una pipa en la que sólo la vejez conseguía competir con la cualidad de la suciedad. La manoseaba[11], vacía, pero finalmente se decidió a hurgar[12] otra vez en las profundidades de sus bolsillos, para sacar de allí tres colillas que deshizo sobre la palma de una mano enorme.

– Fuma, fuma. Que[13] un día vas a reventar de la bronquitis.

El viejo siguió implacable su operación, llenó la cazoleta de la pipa y otra vez removió el fondo de su bolsillo pozo[14] para extraer otra vez un objeto que refulgió como un relámpago de recuerdo ante la mirada de Carvalho.

1. **he de** : *je dois*. Syn. : **tengo que**. Pour exprimer l'obligation **tener que** est plus habituel que **haber de**.
2. **encontrarlo, verle**. Dans les deux cas il s'agit d'un complément d'objet direct, mais l'auteur s'est permis d'utiliser les deux formes admises (**lo** et **le**). En principe le véritable COD (accusatif) est **lo** pour le masculin et **la** pour le féminin (*le* et *la* en français), laissant **le** pour le complément indirect (datif) sans distinction de genre (*lui* en français). Dans la pratique, l'Académie espagnole prescrit d'utiliser pour le masculin, **le** pour les personnes (ou êtres animés ou symboles, comme le soleil etc.) et **lo** pour les objets. C'est l'origine de bien des controverses et des fautes (**leísmo** et **laísmo**). Notons que les écrivains latino-américains préfèrent laisser la forme **le** uniquement pour le COI.
3. m. à m. : *bouteille de marchand de chiffons* (**trapos**), *friperie*.
4. notez l'accent orthographique même en cas d'interrogation indirecte.
5. **acabar de + inf.** : *venir de + inf.* **Acaba de llamarme** : *il vient de m'appeler*. **Marcharse** : *s'en aller, partir*.
6. **asentir** : *acquiescer, donner son accord*.
7. **tratar de** : *essayer de, tenter de, chercher à*. **Trato de explicarte** : *j'essaye de t'expliquer*.

– C'est que, je suis son patron et j'ai une urgence. Il faut que je le trouve et il m'avait dit qu'il viendrait peut-être par ici pour vous voir.
Le vieillard leva les yeux et ceux de Carvalho fixèrent les siens, petits, d'un vert sale de bouteille de chiffonnier, des yeux qu'il avait déjà vus mais sans savoir ni où ni quand.
– Il vient de partir. C'est mon ami.
– Vous habitez là ?
L'homme fit oui de la tête puis chercha quelque chose dans les poches d'une veste de velours côtelé, tellement vieille qu'il n'y avait plus de côtes ; c'était devenu une véritable clairière de velours.
– C'est une pension, ici.
Dit la grosse derrière lui. Le vieux avait réussi à sortir de sa poche une pipe où seule la vieillesse parvenait à faire concurrence à la qualité de la crasse. Vide, il la tripotait, pour finalement se résoudre à fouiller plus encore dans les profondeurs de ses poches, dont il sortit trois mégots qu'il étripa sur la paume de son énorme main.
– C'est ça, fume. Un jour tu vas crever d'une bronchite.
Le vieux, imperturbable, continua son geste ; il bourra le fourneau de sa pipe et farfouilla à nouveau dans les tréfonds de sa poche pour en extraire encore un objet et l'éclair d'un souvenir jaillit sous les yeux de Carvalho.

---

8. **pana** : *velours de coton* : **terciopelo** : *velours de soie*.
9. **conseguir** : *parvenir, réussir à*. **No he conseguido saber su nombre** : *je n'ai pas réussi à connaître son nom*.
10. **sacar** (v. tr.) : *sortir*. Il se différencie de **salir** (v. intr.) dans la mesure où dans **salir** il y a une activité « volontaire » (**salir a pasear** : *sortir se promener*) et « involontaire » dans **sacar** (**sacar al perro** : *sortir le chien*). Dans ce cas-ci le chien ne sort pas, il <u>se fait sortir</u> par son maître. **Sacar la cartera** : *sortir le portefeuille*.
11. le verbe **manosear** indique que l'on a quelque chose dans les mains que l'on touche beaucoup au point d'arriver à l'abimer, à le détériorer par l'usure : *user, palper, tripoter*.
12. **hurgar** dans son acception figurée désigne une activité répétée (*fouiller, farfouiller*). **Hurgar la tierra** : *fouiller la terre*.
13. la conjonction **que** sert ici à introduire une explication (cf. *car* en français). S'utilise fréquemment après un ordre ou un conseil : **no corras, que te vas a cansar** : *ne cours pas (car) tu vas te fatiguer*.
14. **bolsillo pozo** : m. à m. *poche puits*. Le génie de l'auteur consiste ici à télescoper deux mots dont la proximité évoque la profondeur insondable de ces poches qui semblent descendre si bas qu'on les dirait profondes comme un puits.

Era un mechero[1] hecho con un pedazo de tubería de cobre y Carvalho volvió a verlo treinta años atrás, en las manos del barbero de la cárcel de Lérida[2], acercándose llameante a aquellos ojillos de verde sucio, encendiendo una y otra vez[3] la pipa inclinada para pronunciar la llama tangencial, pausas continuas en el afeitado parsimonioso e[4] inquietante para los reclusos que observaban las manos del barbero asesino con la misma desconfianza[5] con que le miraban los ojos opacos.
– Y los demás a joderse[6] con el humo.
La patrona había conseguido ser miembro de algo: del club de inquisidores de los fumadores de tabaco[7]. Pero el recuperado barbero carcelario[8] no le hizo caso y encendió su manjar[9] de colillas desde una satisfacción total. Carvalho sacó un estuche de cigarros y le tendió un habano[10] Rey del Mundo[11]. El viejo lo cogió al vuelo, lo olió[12], se animaron sus ojos de culo de botella[13].
– Me lo fumaré en la pipa.
Carvalho regresó al despacho reconstruyendo los pedazos de historia del barbero que iba separando del puzzle desordenado de su estancia en la cárcel de Lérida, donde había conocido a Biscuter, después del encuentro de Bromuro en la Modelo de Barcelona[14].

---

1. **mechero** : *briquet*. Il s'agit d'un *porte-mèche* (signification exacte du mot **mechero**), cylindrique bricolé et qui s'enflamme avec l'étincelle de la pierre à briquet. On imagine ce genre de petits bricolages passe-temps en prison ou à l'armée.
2. Allusion au passé de Carvalho qui fréquenta les prisons franquistes pour activité politique, côtoyant du coup les prisonniers de droit commun comme Biscuter, origine de leur relation. A noter que là aussi le personnage Carvalho et l'auteur Montalbán se confondent car celui-ci connut aussi les geôles franquistes pour « activités subversives ».
3. **una y otra vez** : *encore et encore*.
4. la conjonction **y** devient **e** devant un mot commençant par la lettre **i** (même si le mot commence par un **h**). **España e Italia** (*L'Espagne et l'Italie*) ; **aguja e hilo** (*une aiguille et du fil*).
5. **la desconfianza** : *la méfiance* ; **desconfiar** : *se méfier*. On imagine très bien la méfiance des compagnons de cellule d'un prisonnier condamné pour meurtre lorsque celui-ci arbore une paire ciseaux pour couper les cheveux ou un rasoir aiguisé…
6. **a joderse**. Le verbe **joder** est l'équivalent du français *baiser* (*copuler*, *niquer*). Il est parfois absent des dictionnaires. Il est vulgaire et ordurier et peut avoir la valeur de *gêner* (**me está jodiendo la mañana** : *il est en train de me ficher la matinée en l'air*) ou de *détruire* (**me ha jodido el coche** : *il m'a bousillé la voiture*). La préposition **a** indique une *invitation* implicite à aller (**ir a**).

C'était un briquet fabriqué dans un bout de tuyau de cuivre et Carvalho le revit trente ans auparavant, dans les mains du barbier de la prison de Lérida, sa flamme s'approchant de ces petits yeux d'un vert crasseux, allumant encore et encore sa pipe penchée de façon à pouvoir prononcer la flamme tangentielle ; c'étaient des arrêts répétés dans le rasage parcimonieux et inquiétant pour les prisonniers qui observaient les mains du barbier assassin avec la même méfiance qu'ils scrutaient ses yeux insondables.

– Et les autres qu'ils aillent se faire foutre pour la fumée.

La patronne avait enfin réussi à être membre de quelque chose : le club des inquisiteurs de la ligue anti-tabac. Mais le barbier de la prison retrouvé n'y prêta pas attention et alluma son festin de mégots avec une satisfaction totale. Carvalho sortit un étui à cigares et lui tendit un havane *Rey del Mundo*. Le vieux le prit au vol, le huma, et ses yeux couleur cul de bouteille s'animèrent.

– Je me le fumerai dans ma pipe.

Carvalho retourna à son bureau tout en reconstituant les morceaux de l'histoire du barbier en les séparant du puzzle incohérent de son propre séjour à la prison de Lérida, où il avait fait connaissance de Biscuter, après sa rencontre avec Bromure à la Modelo de Barcelone.

---

7. Litt. *Les inquisiteurs de ceux qui fument du tabac*. Ce sont ceux qui *poursuivent* les fumeurs. Certains fumeurs ressentent une intolérance dans l'interdiction de fumer dans les lieux publics.
8. Carvalho vient donc de retrouver un ancien compagnon de cellule.
9. **manjar** désigne un repas exquis (*mets*), un *festin*.
10. **habano** : havane. Syn. : **cigarro** : cigare. Mot d'origine maya (*siyar* ou *zicar*). On dit plutôt couramment **puro**, adjectif signifiant *authentique*.
11. **Rey del Mundo** : l'une des marques le plus appréciées par les amateurs de cigares de la Havane. La fabrique fut fondée en 1848 par Antonio Allones. A noter que **Carvalho** ne fume que des cigares.
12. **oler** : *sentir, humer*. Le verbe **oler** est un verbe qui diphtongue. Comme la diphtongue tombe sur la première syllabe on ajoute un **h** devant : **huelo, hueles, huele, olemos, oléis, huelen**. On retrouve le même phénomène dans les mots **hueco** ou **hueso**.
13. la couleur verte des yeux de ce personnage est toujours décrite de façon très péjorative par Montalbán : **ojillos de verde sucio, de botella de trapería, ojos opacos, de culo de botella** (cf. plus haut).
14. prison *panoptique* (permettant au surveillant d'avoir une vue sur chaque détenu dans sa cellule) construite en 1901 selon des critères très modernes pour l'époque et visant à la réinsertion des détenus. C'est hélas une prison de sinistre mémoire, où fut exécuté au garrot le dernier prisonnier politique, Salvador Puig Antich, le 2 mars 1974.

El barbero era un asesino que llevaba la ropa carcelaria como si fuera un hábito[1] y jamás hablaba de la causa de su encierro[2], aunque pertenecía a la sabiduría común interiorizada de aquella[3] cárcel de asesinos, depravados sexuales, estafadores locales y cuatro jóvenes subversivos[4], saciados con veinte duros de marxismo[5] y las enormes cantidades de asco[6] que provocaba la mediocre y cruel fealdad[7] del franquismo. El barbero estaba haciendo el servicio militar y se metió[8] en una serrería a robar algo con que enriquecer[9] su existencia de recluta[10] ex inclusero[11] e hijo de puta. El encargado del almacén salió del duermevela y recibió un tablonazo[12] en la cabeza que lo dejó medio muerto. Sólo medio muerto. El asaltante creyó que lo estaba del todo[13] y lo enterró en el serrín, como los gatos domésticos ocultan su mierda, ignorante de que el médico forense llegaría días después a la conclusión de que el guardián había muerto asfixiado.
– Biscuter, he visto al barbero.
Biscuter estaba molesto y aliviado[14].
– ¿Es tu compromiso de Navidad?
– Sí, jefe. Me lo encontré en la plaza Real. Estaba tomando el sol, fumaba en su pipa, la pipa de siempre, se le[15] apagaba, se le apagaba como siempre…
Miraba, miraba como siempre pero no a sus asustados clientes, sino, quizá la escena de su desgracia, cuando mató dos veces creyendo que sólo lo había hecho una, reflexionando sobre la única vez que había sido el dueño de su destino, un pésimo dueño de su destino.

---

1. **hábito** : *habit* (religieux). *Comme s'il était entré en religion.*
2. **encierro** : *enfermement, incarcération.* Ce mot désigne aussi la procédure d'*enfermement* des taureaux pour les corridas qui se faisait à l'aube pour ne pas déranger les habitants, devenue prétexte à prouver son courage en courant devant les taureaux, comme à Pampelune durant les fêtes de **San Fermín** (du 7 au 14 juillet).
3. l'emploi du démonstratif **aquella** éloigne la scène dans le temps.
4. le mélange de détenus de toute sorte est bien rendu ici.
5. L'auteur semble dire que l'engagement politique antisystème chez certains jeunes démarrait assez facilement. Des livres circulaient sous le manteau. L'engagement plus profond, comme celui de Montalbán lui-même, était moins courant à cause de la peur…
6. **asco** : *dégoût.* **Asqueroso** : *dégoutant.* **Asquear** : *dégoûter.*
7. **fealdad** : *laideur.* **Feo** : *laid.* **Afear** : *enlaidir.*

Le barbier était un assassin qui portait l'habit de prisonnier comme s'il s'était agi d'un uniforme ; il n'évoquait jamais le motif de son incarcération, bien que celui-ci fît partie de la connaissance commune non explicite de cette prison d'assassins, de délinquants sexuels, d'escrocs de petite envergure et d'une poignée de jeunes subversifs rassasiés d'un marxisme de quatre sous et surtout d'énormes quantités d'écœurement provoqué par la laide et cruelle médiocrité du franquisme. Le barbier effectuait son service militaire lorsqu'il était entré dans une scierie pour voler de quoi améliorer son quotidien de troufion, d'ex-enfant trouvé et de fils de pute. Le responsable du local sortit de son demi-sommeil et reçut sur le crâne un coup de planche qui le laissa à moitié mort. A moitié seulement. Son assaillant crut qu'il était tout à fait mort et l'enterra dans la sciure, tout comme les chats domestiques font pour cacher leurs crottes, ne sachant pas que, quelques jours après, le légiste arriverait à la conclusion que le garde était mort asphyxié.
– Biscuter, j'ai vu le barbier.
Biscuter était vexé et soulagé.
– C'était ça ce que tu avais prévu pour Noël ?
– Oui, chef. Je suis tombé sur lui plaza Real. Il prenait le soleil, fumait sa pipe, sa pipe de toujours, qui s'éteignait, qui comme toujours s'éteignait…
Il regardait ; il regardait comme toujours, non pas ses clients effrayés, mais peut-être la scène de son infortune, lorsqu'il tua à deux reprises alors qu'il croyait ne l'avoir fait qu'une seule fois, méditant sur la seule fois où il avait été maître de son destin, un piètre maître de son destin.

---

8. ici le verbe **meterse** évoque l'idée de *s'introduire*, entrer par effraction. **¡Se metió en mi casa!** : *Il est rentré chez moi !*
9. **algo con que + infinitif** : expression équivalant à *quelque chose qui servirait à*. **Comprar algo con que pasar el rato en el tren** : *acheter quelque chose qui fasse passer le temps dans le train*.
10. le **recluta** est le soldat qui n'a pas encore fini ses classes.
11. La **inclusa** était un établissement qui recueillait les enfants abandonnés. Il était sous l'invocation de la **Virgen de la Inclusa**, vierge d'origine flamande venant de l'*Ile de l'Ecluse* en Hollande.
12. le suffixe **azo** indique l'idée de *coup de*. **Un cabezazo** : *un coup de tête* ; **un rodillazo** : *un coup de genou*.
13. m. à m. *qu'il l'était totalement* (sous entendu *mort*).
14. **aliviado** : *soulagé* ; **el alivio** : *le soulagement* ; **aliviar** : *soulager*.
15. datif d'intérêt. Très fréquent en espagnol. **Se me ha muerto mi padre** : *Mon père est mort*. En rajoutant **me** le locuteur tend à s'impliquer davantage dans ce qui se passe. On dirait qu'il n'y a que lui qui a de la peine. Dans le français parlé du sud de la France on dit *la pomme, je me la mange* (**me como la manzana**).

Era la mañana del día veinticuatro de diciembre y en la olla de aluminio[1] de la relavada[2] vajilla de Biscuter empezaban a cocer las carnes fundamentales del cocido[3]. Llegaba ese momento en que el hueso de jamón empieza a dominar antes de llegar al consenso de los olores y a la propuesta del aroma final del plato más ambientador que existe[4].
– Biscuter. Termina tu escudella y te la subes a Vallvidrera. Yo pongo[5] mis atascaburras, es un recuerdo personal y si no os gustan las dejáis… pero luego prepararé un pavo relleno. Turrones. Champán… bueno ahora se llama cava. Gramona Brut Nature[6].
– ¿Y el barbero?
– Ven con el barbero.
Las atascaburras a la cartagenera[7], y sobre todo a la manera de la abuela de Carvalho se hacen cociendo patatas, bacalao, ajos y ñoras. Se machaca luego en el mortero, con más o menos ajo según la naturaleza más o menos celtibérica del paladar implicado y se liga un engrudo[8] con aceite y limón que ha de quedar como un puré rojizo, de sabor ácido y agresivo, con el *bouquet* final del bacalao ensimismado[9]. En cuanto[10] al pavo, deshuesado y bien limpio[11], recibe una farsa[12] de salchichas, pedacitos de jamón, de ciruela y orejones escaldados, trufa, castañas cocidas, piñones, sal, pimienta, canela, perejil, vino rancio y luego se asa en una cazuela lubricado con manteca de cerdo y aromatizado con más canela, laurel, orégano, vino rancio y algo de agua para que la salsa sea luego suficiente y exactamente[13] untuosa.

1. **olla de aluminio** : marmite en aluminium. Remarquez la préposition **de** dans ce type de constructions. **Molino de viento** (*molin à vent*), **máquina de escribir** (*machine à écrire*), etc.
2. **relavada** : *lavée et relavée*. Biscuter est très méticuleux.
3. **cocido** : mot générique du *pot-au-feu*. C'est aussi le nom du plat le plus populaire à base de légumes et viandes (porc, volaille) qui se mange en trois parties nommées **vuelcos** : d'abord le bouillon, puis les légumes (féculents et légumes secs), puis la viande à la fin.
4. **Montalbán**, épicurien, fin gastronome et cordon bleu, a publié les recettes de cuisine de Carvalho. Il aime à émailler ses romans de conseils culinaires et de références à ses plaisirs (tabac, alcool, etc.).
5. Ici le verbe **poner** est utilisé pour donner l'idée de ce que l'on apporte lors d'un repas où chacun vient avec un plat. **Tú pones el vino y yo pondré el pan** : *tu apporteras le vin et moi le pain*.
6. Voir annexes **Cava**.

C'était le matin du vingt-quatre décembre et dans la marmite en aluminium de la vaisselle super astiquée de Biscuter débutait la cuisson des viandes de base du pot-au-feu. On approchait de ce moment où l'os de jambon commence à imposer son arôme avant d'atteindre cette synthèse d'odeurs et cette offrande du fumet définitif de ce plat le plus convivial du monde.
– Biscuter. Finis ton *escudella* et monte la à Vallvidrera. Moi, je ferai mon bourre-ânesses, c'est un souvenir personnel ; et si vous n'aimez pas ça vous le laissez… mais ensuite je préparerai une dinde farcie. Tourons. Champagne… enfin, maintenant on dit *cava*. Du Gramona Brut Nature.
– Et le barbier ?
– Amène ton barbier.
Les bourre-ânesses à la carthagénoise, et surtout comme le faisait la grand-mère de Carvalho, se préparent en faisant cuire des pommes de terre, de la morue, de l'ail et des poivrons secs. On pile le tout dans un mortier, avec plus ou moins d'ail suivant la nature plus ou moins celtibérique du palais concerné et on monte avec de l'huile et du citron une masse épaisse jusqu'à ce qu'on obtienne une sorte de purée rougeâtre au goût acide et fort, toute imprégnée du bouquet final de la morue dessalée. Quant à la dinde, désossée et bien nettoyée, elle a droit à une farce faite de saucisses, de jambon en petits dés, de prunes et d'abricots secs ébouillantés, de truffes, de marrons cuits à l'eau, de pignons, de sel, de poivre, de cannelle, de persil, de vin vieux et on fait rôtir le tout dans une cocotte graissée au saindoux et en plus aromatisée de cannelle, laurier, origan, vin vieux et on ajoute un peu d'eau pour que la sauce ait au final l'onctuosité suffisante et requise.

---

7. Voir annexes **Atascaburras** et **Cartagena.**
8. **engrudo** : masse épaisse obtenue surtout à base de farine. Se dit aussi de la *colle* comme celle utilisée pour coller les affiches.
9. **el ensimismamiento** définit l'attitude du *repli sur soi*, de rester soi même, de *se recueillir* dans ses pensées. Ce mot pose des problèmes de traduction. La morue est-elle redevenue ce qu'elle était en la dessalant ?
10. **En cuanto a** : *quant à, pour ce qui est de, en ce qui concerne.*
11. **limpio** : *propre.* Ici *nettoyé* (sans plumes, etc.).
12. **farsa** : néologisme emprunté au français pour *farce* (**relleno**).
13. Quand deux adverbes se suivent, seul le deuxième porte le suffixe **mente** : **hablar lenta y simplemente** : *parler lentement et simplement.* **Castigar justa pero duramente** : *punir justement mais durement.*

El barbero tomó dos bocaditos de atascaburras, pellizcó[1] con el tenedor la farsa y masticó apenas jirones[2] del muslo que Carvalho le puso en el plato[3] como huésped[4] principal de la casa. Entre bocado y bocado, trago y trago[5], encendía la pipa que había llenado con las bolitas de tabaco que extraía de una caja de *Sobranie Reserve Blend. Blended by hand from the very finest Virginia tobaccos hithertho reserved exclusively for the directors of Sobranie Ltd. Scottish Mixture. No. 3 made in England, 50 g Net Weight*[6], que Carvalho le había regalado[7]. Calzaba[8] el barbero[9] las zapatillas de felpa[10] obsequio de Biscuter y brindó[11] con cava secundando la propuesta de Biscuter. Pero a Carvalho le pareció que estaba sin estar[12] aunque algo parecido a[13] una sonrisa quedaba en la retaguardia[14] de su mirada verde sucia, encerrada todavía en una serrería, posiblemente enterrada en el serrín[15]. Biscuter se echó a llorar[16] silenciosamente cuando terminaron entre él y Carvalho la tercera botella de cava. Carvalho necesitó, además, que sus compañeros de banquete se marcharan, y ya en compañía de todos los muertos que solo él recordaba, buscara el mejor desahogo para las digestiones enquistadas del banquete de amor y de muerte del día de Navidad. Un llanto a solas, seco, sonoro y un sueño reparador, como un caldo obtenido de todas las substancias de la memoria.

---

1. **pellizcar** : *pincer* (avec les doigts), *prendre un peu de quelque chose* (comme ici). **Un pellizco** : *un pincement, une pincée*.
2. le mot **jirón** s'utilise surtout pour les vêtements avec l'idée de *haillons, loques, hardes*. **Un abrigo hecho jirones** : *un manteau en guenilles*.
3. la coutume espagnole à table est de servir les convives. La plupart du temps la maîtresse de maison sert tout le monde en commençant par le père ou, le cas échéant, par les invités comme c'est le cas ici.
4. la langue espagnole courante fait la différence entre les deux sens du mot français *hôte*. On emploie **huésped** pour désigner *l'hôte qui est reçu* (*l'invité, le convive*) et le mot **anfitrión** désigne *l'hôte qui reçoit*, le *maître de maison*.
5. **el trago** : *la gorgée*. Du verbe **tragar** : *avaler*. **Beber dos tragos de vino** : *boire deux gorgées de vin*.

Le barbier avala deux bouchées de bourre-ânesses, gratta un peu de farce du bout de sa fourchette et mâchonna à peine quelques lambeaux de la cuisse que Carvalho lui avait lui-même servi dans son assiette en tant qu'invité d'honneur de la soirée. Entre bouchée et bouchée, gorgée et gorgée, il allumait sa pipe qu'il avait remplie de boules de tabac qu'il sortait d'une boîte de *Sobranie Réserve Blend*. *Blended by hand from the very finest Virginia tobaccos hitherto reserved exclusively for the directors of Sobranie Ltd. Scottish Mixture. No. 3 made in England, 50 g Net Weight*, que Carvalho lui avait offerte. Le barbier avait enfilé les chaussons de feutre, cadeau de Biscuter, et trinqua avec le *cava* pour répondre à la proposition de Biscuter. Mais Carvalho le trouva à la fois présent et absent bien que quelque chose qui ressemblait à un sourire restât à l'arrière-plan de son regard vert sale, toujours prisonnier d'une scierie, peut-être même enfoui sous un tas de sciure. Biscuter se mit à pleurer en silence lorsqu'ils finirent, lui et Carvalho la troisième bouteille de *cava*. Carvalho ressentit de plus le besoin que ses compagnons de festin s'en aillent, pour qu'enfin, en compagnie de tous les morts dont il était le seul à se souvenir, il trouve le soulagement le plus parfait aux digestions enkystées du festin d'amour et de mort du jour de Noël. Un sanglot solitaire, sec et bruyant, puis un sommeil réparateur, comme un bouillon extrait de toutes les substances de sa mémoire.

---

6. Encore une fois le côté épicurien de **Carvalho** (qui cache aussi les choix personnels de **Montalbán**) nous fait presque la publicité d'une marque bien précise de tabac.
7. **regalar** : *offrir*. **Un regalo** : *un cadeau*. Syn. : **obsequio.**
8. **calzar** : *chausser*. **El calzado** : *la chaussure* (en général).
9. Le sujet est après le verbe ; typique de la syntaxe espagnole.
10. **zapatillas de felpa** : *chaussons de feutre* (*charentaises*).
11. **brindar** : *trinquer, porter un toast*. Le verbe **brindar** peut avoir aussi la valeur d'*offrir* ou proposer dans les phrases du type *il m'offre la possibilité* (**me brinda la ocasión**). **Un brindis** : *un toast*.
12. **estar sin estar** : *être là sans y être*. Se dit lorsqu'on est *absent, dans la lune*.
13. **parecido a** : *ressemblant à, qui ressemble*. **Vi a una mujer parecida a tu prima** : *j'ai vu une femme qui ressemble à ta cousine*.
14. **retaguardia** désigne en fait l'*arrière-garde* d'une armée.
15. souvenir de son malheureux épisode dans la scierie.
16. **echarse a llorar** : *se mettre à pleurer*. **Echarse a reír** : *se mettre à rire*. **Echarse a ganar dinero** : *se mettre à gagner de l'argent*.

El exhibicionista

L'exhibitionniste

Aquella[1] mujer tenía entre los treinta años y un día[2] y los cuarenta años y una noche. Sobre todo la noche, la noche le pesaba en las ojeras de luto lento, como su caminar[3] de cuerpo presuntamente poderoso, presuntamente porque casi lo oculta con una gabardina de protagonista de película francesa años treinta, un puerto, bruma, Jean Gabin con el ala del sombrero[4] caída sobre los ojos. También podría ser la gabardina de la triste heroína de Milord[5], en el supuesto caso de que la protagonista de la canción de la Piaf fuera una *trottoir*[6] con gabardina. Carvalho siempre la había imaginado[7] así y se dejó ganar por la recién llegada[8], le entregó su cansancio de día inútil, sumado[9] a otros días inútiles, destinados a perseguir maridos infieles; pero ya no a la antigua usanza, aquellas persecuciones condicionadas por el amor y los celos[10], la posesión y el miedo a perder el sentido del destino[11].
– Ahora las mujeres persiguen a los maridos por si[12] se contagian de sida o para adelantarse[13] con su abogado en la tramitación del divorcio, casi siempre con el propósito de quedarse el chalet[14], el miserable chalet de la quinta o sexta línea del mar[15].
Pero la mujer pertenece a otras coordenadas culturales y sólo le interesa saber.
– ¿Habla usted francés?
Carvalho canta:
– *Auprès de ma blonde.*
Il fait bon, fait bon...

---

1. **aquella mujer** : *cette femme-là*. Le démonstratif **aquel** indique un éloignement dans le temps ou dans l'espace. S'utilise aussi pour les contes ou dans la Bible. **En aquel tiempo** : *En ce temps-là*.
2. En Espagne, les condamnations lourdes d'emprisonnement sont toujours énoncées ainsi, en ajoutant **y un día** (*et un jour*). Montalbán veut-il nous donner à penser que la femme était condamnée à vivre ?
3. L'infinitif précédé d'un article ou d'un possessif comme ici a valeur de substantif : **El viaje** (*le voyage*) peut se dire aussi **el viajar**. **El leer** : *la lecture*.
4. Le *chapeau* pourrait ressembler à un oiseau avec des *ailes* dépliées.
5. *Milord* Paroles de G. Moustaki, musique de M. Monnot, 1959.
6. Métonymie. Le *trottoir* renvoie au métier de la prostituée qui est évoquée dans la chanson. L'espagnol est une langue qui utilise beaucoup de gallicismes (mots ou expressions venant du français) comme *boutade*, *cherchez la femme*, *ménage à trois*, *cul de sac*, etc.

Cette femme-là avait entre trente ans et un jour et quarante ans et une nuit. La nuit, surtout la nuit, plombait ses cernes de deuil lent, ainsi que la démarche de ce corps sans doute robuste, imaginé seulement car elle le cache pratiquement sous une gabardine de héros de film français des années trente, un port, la brume, Jean Gabin, le bord du chapeau rabaissé sur les yeux. Ce pourrait être aussi la gabardine de la triste héroïne de Milord, dans le cas où le personnage de la chanson de Piaf serait une fille du trottoir en gabardine. Carvalho l'avait toujours imaginée ainsi et il se laissa pénétrer de la présence de la nouvelle venue, lui offrit la lassitude d'une journée inutile qui s'ajoutait à d'autres journées inutiles consacrées à pourchasser des maris infidèles; mais ce n'était plus des filatures à la mode ancienne, commandées par l'amour et la jalousie, la possession et la peur de perdre le sens du destin.
– De nos jours les femmes font surveiller leurs maris au cas où ils attraperaient le sida ou pour prendre de l'avance avec leur avocat dans la procédure du divorce, presque toujours dans l'intention de conserver la villa, cette villa minable éloignée de cinq ou six pâtés de maisons de la plage.
Mais la femme est régie par d'autres cheminements culturels et la seule chose qui l'intéresse, c'est de savoir.
– Vous parlez français ?
Carvalho chante:
– *Auprès de ma blonde,*
il fait bon, fait bon...

---

7. **siempre la había imaginado** : *(il) l'avait toujours imaginée.* L'espagnol s'interdit de séparer l'auxiliaire et le participe : **lo he visto bien** : *je l'ai bien vu* ; **no me ha dicho nada** : *il ne m'a rien dit.*
8. **recién** + participe. **Recién**, apocope de **recientemente,** s'emploie devant les participes dans des expressions du genre **recién nacido** (*nouveau né*), **recién casados** (*jeunes mariés*), **recién pintado** (*peinture fraîche*, peint *récemment :* ne pas s'asseoir !)
9. **sumar** : *additionner.* **La suma** : *l'addition.*
10. **los celos** (tjrs. au pl.): *la jalousie* (amoureuse). **La envidia** : *la jalousie* (l'envie).
11. **destino** signifie *destin* mais aussi *destination.* Méfiez-vous !
12. **por si** : *au cas-où.* Il se construit avec l'indicatif. **Te lo digo por si quieres ir**: *je te le dis au cas-où tu voudrais y aller.*
13. **adelantarse** : *devancer, doubler, prendre les devants, s'avancer.* **Prefiero adelantarme en mi trabajo** : *je préfère m'avancer dans mon travail.*
14. le mot **chalet** (ou **chalé**), emprunté au français, désigne toujours une maison moderne avec jardin.
15. dans les brochures touristiques ou les locations de vacances on indique ainsi la situation de l'hôtel ou l'appartement par rapport à la mer. **Primera línea de mar** désigne un hôtel situé sur le *front de mer.*

Ella queda divertida y convencida y, a partir de ese momento de complicidad lingüística[1], emplea sus mejores labios[2] para contarle una historia que nace en el parque de Luxembourg al pie de una estatua de Pierre Mendès France[3].
– ¿Le suena[4] el nombre?
– Forma parte de la mitología política de mi quinta[5]. Fue uno de los pocos estadistas de izquierda que supieron despertar esperanzas entre el De Gaulle de 1945 y el De Gaulle de 1958[6].
La mujer le dedicó un segundo[7] de admiración, la misma admiración que despierta cualquier concursante televisivo capaz de decir, en treinta segundos, quince capitales asiáticas o el nombre de todos los maridos de Elizabeth Taylor[8].
– Yo salía de un restaurante de Montparnasse, acalorada por la comida, el vino, la alegría de un almuerzo[9] entre compañeros de trabajo. Despedíamos[10] a un buen amigo que partía para una sucursal de ultramar. Me fui sola por las calles que descienden hacia una de las entradas del parque de Luxembourg y, de pronto, me hallé[11] ante la estatua Pierre Mendès France. Una pequeña estatua, pero muy digna, muy pulcra[12]... como sin duda era el señor Mendès France. Pero Pierre no estaba solo. A su lado había un hombre, con los pies firmes sobre el césped, con los brazos cruzados sobre su gabardina, cubierto con un sombrero de fieltro beige y una sonrisa de éxtasis en el rostro, los ojos casi cerrados... como si estuviera gozando muy profundamente por algo que se estaba contando a sí mismo, o recordando.

---

1. le tréma est très rare en espagnol. On ne le trouve que dans les diphtongues **güe** et **güi** pour ne pas les confondre avec **gue** et **gui**. **Cigüeña, antigüedad, pingüino**, mais **guerra** et **guitarra**.
2. **labios** : *lèvres*. Ici il s'agit de son expression et sa mimique.
3. Visite virtuelle de cette statue sur le site http://www.mendes-france.fr/autour-de-pmf/visite-de-la-statue-de-pmf-dans-le-jardin-du-luxembourg-paris/ Est-ce l'attitude de PMF en gabardine, les mains dans les poches, qui a fait penser à Montalbán à un exhibitionniste ?
4. le verbe **sonar** ici signifie *évoquer, être familier*. **Ese libro me suena** : *ce livre me dit quelque chose*. **¿Te suena?** *Ça ne te dit rien ?*
5. La **quinta** était la *classe* à laquelle appartenait chaque recrue (**quinto** ou **recluta**) pour *faire l'armée* (**hacer la mili**). Les gens d'une même **quinta** sont donc tous de la même *génération*.
6. PMF rejoignit De Gaulle en 1942 à Londres et participa au Gouvernement Provisoire de 1945, puis à bien d'autres gouvernements.

Désormais amusée et rassurée par ce moment de complicité linguistique, elle lui raconte avec une moue séduisante sur les lèvres, une histoire qui débute au jardin du Luxembourg, près de la statue de Pierre Mendès France.
– Ce nom vous dit quelque chose ?
– Il fait partie de la mythologie politique de ma génération. De tous les hommes politiques de gauche il a été l'un des rares à avoir su éveiller de l'espoir entre le de Gaulle de 1945 et le de Gaulle de 1958.
La femme lui accorda un instant d'admiration, la même admiration que l'on accorde à n'importe quel participant d'un jeu télévisé capable d'énumérer en trente secondes quinze capitales d'Asie ou le nom de tous les époux d'Elizabeth Taylor.
– Je sortais d'un restaurant de Montparnasse, échauffée par le repas, le vin, le plaisir d'un déjeuner entre collègues de travail. Nous fêtions le départ d'un bon ami muté dans une filiale d'outre-mer. Je suis repartie seule par les rues qui redescendent vers l'une des entrées du jardin du Luxembourg et, soudain, me retrouvais devant la statue de Pierre Mendès France. Une statue petite, mais très digne, très raffinée ... comme devait l'être certainement monsieur Mendès France. Mais Pierre n'était pas seul. À son côté, se tenait un homme, les pieds solidement posés sur la pelouse, les bras croisés devant sa gabardine, coiffé d'un feutre beige, les yeux mi-clos et un sourire d'extase aux lèvres,... comme s'il était en train de jouir intensément de quelque chose qu'il se racontait à lui-même, ou dont il se souvenait.

Il fut l'un des artisans de la décolonisation. Il n'accepta jamais la façon dont De Gaulle arriva au pouvoir en 1958, lui refusant son investiture.
7. **un segundo** : *une seconde*. **Un minuto** : *une minute* (notez le masculin en espagnol).
8. Allusion à un célèbre programme de la télévision espagnole de l'époque (**Un, dos, tres, responda otra vez**) où la sélection des candidats se faisait en récitant le plus grand nombre de noms d'une catégorie donnée (animaux de la ferme, personnages historiques, etc.).
9. le mot **almuerzo** s'emploie indistinctement pour désigner le déjeuner ou ce repas que les Espagnols prennent vers 11 h pour patienter jusqu'au déjeuner de 15 h. **Almorzar :** *déjeuner* (verbe).
10. **despedir** : *dire au-revoir, faire ses adieux*. Peut s'employer dans le sens de *congédier, renvoyer* (employé). **La despedida** : *les adieux*.
11. **hallarse**, *se trouver*. Moins usuel que le synonyme **encontrarse.**
12. **pulcra** : *soignée, belle, délicate*. S'emploie aussi pour la parole de quelqu'un (délicate). C'est peut-être ce que Montalbán avait en tête.
13. la statue et l'exhibitionniste se ressemblent. Sacré Montalbán !

Me hizo gracia[1] aquella expresión y la situación del hombre que parecía montar guardia al pie de la estatua... Hasta que de pronto, sus brazos se separaron y con ellos los faldones de la gabardina y ante mí apareció su desnudez de cincuentón[2] algo gordo, con el estómago caído sobre el abdomen y… en fin.
– En fin.
– Lo normal[3] hubiera sido desviar la mirada[4]. Marcharme. O sacar un revólver que no llevaba[5] y dispararle[6]. Pero no hice nada de eso. Era tal la expresión radiante de su cara que permanecí allí, hasta que pude romper el hechizo y salí corriendo[7], como una colegiala asaltada por un exhibicionista en la puerta de su colegio. Tampoco fue una escena del todo[8] neutra. Yo notaba una angustia interior espesa, como una miel oscura, cada vez más maloliente[9]... Cuando no pude soportar aquel olor interior, el olor de lo que estaba viendo, supongo, eché a correr y no me detuve[10] hasta que el cansancio ablandó mis piernas. Fue entonces cuando[11] me di cuenta del daño que me había hecho el espectáculo. Estaba histérica[12] y me puse a gritar como una loca, allí en el centro del parque, sin saber dar explicaciones a la gente que acudía[13] en mi ayuda. Luego, ya en mi casa o en mi trabajo, cada vez que recordaba la situación tenía ganas de gritar, hasta que pude controlar el recuerdo, controlarme a mí misma, lo suficiente para volver a Luxembourg al encuentro del exhibicionista.

1. **hacer gracia** : *trouver sympathique, drôle*. **No me hace gracia** : *je ne trouve pas ça drôle*. **Tener gracia** : *être sympathique, drôle*.
2. Le suffixe **ón** peut être un augmentatif (**un hombrón** : *un homme de grande taille*) ou, comme ici, être péjoratif, voire exprimer un excès (**un narigón** : *un homme au gros nez*).
3. *Ce qui est normal* (dans ces cas là). **Lo**, devant un adjectif le transforme en nom abstrait : **lo difícil** (*la difficulté*). **Lo bueno** : *ce qui est bon* (le bon côté).
4. **la mirada** : *le regard*. **Mirar** : *regarder*.
5. **llevar :** *porter, emporter, emmener*, etc., sans l'idée de venir ici (auquel cas on emploie **traer**). S'utilise pour les vêtements (**llevar sombrero** : *porter un chapeau*) ou comme ici pour indiquer porter sur soi : **no llevo dinero** : (*je n'ai pas d'argent sur moi*).
6. **disparar** : *tirer un coup* (projectile). **Disparar un revólver** : *tirer un coup de revolver*. **Disparar un penalti** : *tirer un penalty*.
7. **salir corriendo** : *partir en courant*. **Salir llorando**: *partir en pleurant*.

J'ai trouvé drôles l'expression et l'allure de cet homme qui semblait monter la garde au pied de la statue... Quand soudain, ses bras se sont écartés et avec eux les pans de sa gabardine, et qu'apparut devant moi sa nudité de quinquagénaire quelque peu grassouillet, l'estomac retombant sur l'abdomen et... voilà.
– Voilà.
– Pour bien faire j'aurais dû détourner les yeux. M'en aller. Ou sortir un revolver que je n'avais pas sur moi et tirer sur lui. Mais je n'ai rien fait de tout cela. L'expression de son visage était tellement radieuse que je suis restée là ; et enfin quand je fus capable de briser le sortilège, je suis partie en courant, comme une écolière agressée par un exhibitionniste à la porte de son école. La scène n'avait pas été tout à fait neutre non plus. Je ressentais une lourde angoisse intérieure, comme un miel obscur de plus en plus malodorant... Quand je n'ai plus été capable de supporter cette odeur intérieure, l'odeur de ce que je voyais, je suppose, je me suis mise à courir sans m'arrêter jusqu'à ce que mes jambes mollissent de fatigue. C'est alors que je me suis rendu compte du mal que cette scène m'avait fait. Devenue hystérique, je me suis mise à hurler comme une folle, au beau milieu du jardin, incapable de donner la moindre explication à tous ceux qui venaient à mon secours. Plus tard, chez moi ou au travail, à chaque fois que je me souvenais de cet épisode, j'avais envie de hurler, jusqu'à ce que je réussisse à contrôler mon souvenir, à me contrôler suffisamment moi-même pour retourner au Luxembourg à la rencontre de l'exhibitionniste.

---

8. **del todo** : *tout à fait*. **No soy del todo sincera** : *je ne suis pas tout à fait sincère*.
9. N'oublions pas que Montalbán a débuté dans le monde littéraire sous l'étiquette *poète proche du surréalisme*. Certaines libertés de style ou de sens sont à mettre sur le compte de ses écrits précédents.
10. **detenerse** : *s'arrêter*. Se conjugue comme **tener**. Syn. : **pararse**.
11. **fue entonces cuando**... : *C'est alors que*... Dans la structure c'est ... que, moins usuelle en espagnol, le *que* français se rend par **donde** s'il s'agit d'une idée le lieu, **como** (manière) ou **cuando** (temps), etc. **Así es como me gusta la carne** : *c'est ainsi que j'aime la viande*. **Aquí es donde viví** : *c'est ici que j'ai habité*. Notez l'inversion initiale.
12. Ce verbe **estar,** si difficile à utiliser, ayant cette valeur de résultat, va jusqu'à l'acception *devenir*. **Estaba loco de contento** : *il est devenu fou de joie*.
13. le verbe **acudir** ne signifie pas *accourir*. Il est proche du verbe **ir** avec l'idée de *converger*, de *venir de toutes parts*. **Los turistas que acuden a Madrid** : *les touristes qui viennent à Madrid*.

Así lo hice[1]. Uno, dos, tres días. Una, dos, tres semanas. Algunos conocían sus andanzas[2] por el Parque y me contaron que Luxembourg era su escenario[3] preferido, pero no el único. Fui a todos los parques de París, analicé todas las posibilidades, variaciones, todo cuanto pudiera[4] meterme en la lógica secreta del exhibicionista. Comprendí que no podía vivir en paz conmigo[5] misma hasta encontrarle.
– Me gustaría saber qué pinta[6] un detective privado como yo en una historia de parque y exhibicionista. En París.
Carvalho ha escuchado el relato con la paciencia de un psiquiatra[7], esa paciencia especial que los mejores psiquiatras reservan para los fugitivos de exhibicionistas de parque, esos excelentes exhibicionistas, casi profesionales, que más parecen encarnaciones de estatuas[8].
– En seguida[9] llego a usted[10]. Todo conduce a pensar[11] que el exhibicionista está en Barcelona, donde al parecer[12] le espera una temporada[13] de trabajo.
– ¿Viene en viaje de exhibición?
– No, profesional, pero mi información es muy vaga[14]. Parte[15] de un comentario que le hizo a un *clochard* en la plaza de los Vosgos[16]. Desconozco su nombre[17]. Sus intenciones. Sé que debía trasladarse a Barcelona por cuestiones profesionales, pero ni siquiera[18] sé cuál es su profesión.

---

1. M. à m. *et c'est ainsi que je le fis.*
2. **andanza** : action de parcourir un lieu au hasard ; notion de *chance*, voire de *vicissitudes* ou *péripéties, d'aventures* même. **Me ha contado todas sus andanzas durante la guerra** : *il m'a raconté toutes ses aventures pendant la guerre.*
3. **el escenario** : *la scène* (de théâtre), *le cadre* (d'une action). **Madrid es el escenario de la novela**. *Madrid sert de cadre au roman.*
4. **todo cuanto pudiera** : *tout ce qui pourrait* (pouvait).
5. Après une préposition on utilise **mí** (*moi*), **ti** (*toi*) et **sí** (*soi*) mais avec la préposition **con** ces pronoms prennent la forme composée **conmigo** : *avec moi* ; **contigo** : *avec toi* et **consigo** : *avec soi.*
6. **pintar** ici est utilisé d'une façon familière pour indiquer qu'on n'est pas à sa place. **Tú no pintas nada aquí** : *tu n'es pas à ta place ici* (tu n'es pas à ta place).
7. tous les mots de cette famille peuvent s'écrire indistinctement avec ou sans **p** initial. **Psiquiatra** ou **siquiatra** (*psychiatre*); **psicoanálisis** ou **sicoanálisis** (*psychanalyse*); **psicólogo** ou **sicólogo** (*psychologue*).
8. **más parecen** : *ressemblent plutôt.*

Et je l'ai fait. Un, deux, trois jours. Une, deux, trois semaines. Certains connaissaient ses allées et venues dans le jardin et m'ont dit que le Luxembourg était son théâtre de prédilection, mais pas le seul. J'ai parcouru tous les jardins de Paris, analysé toutes les possibilités, les alternatives, tout ce qui pouvait me faire pénétrer dans la logique secrète de l'exhibitionniste. Je compris que je ne pourrais pas vivre en paix avec moi-même tant que je ne l'aurai pas retrouvé.
– J'aimerais savoir ce qu'un privé comme moi vient faire dans cette histoire de jardin public et d'exhibitionniste. À Paris.
Carvalho écouta le récit avec l'attention d'un psychiatre, cette attention particulière que les meilleurs psychiatres réservent à ceux qui fuient les exhibitionnistes des jardins, ces extraordinaires exhibitionnistes, presque des professionnels, qui évoquent plutôt des statues de chair.
– J'en viens à vous. Tout me porte à croire que l'exhibitionniste se trouve à Barcelone, où, semble-t-il, l'attend du travail pour une saison.
– Il vient en voyage d'exhibition ?
– Non, professionnel, cependant mes renseignements sont très vagues. Ils reposent sur une confidence qu'il a faite à un *clochard* place des Vosges. J'ignore son nom. Ses intentions. Je sais qu'il devait se déplacer à Barcelone pour des raisons professionnelles, mais je ne sais même pas quelle est sa profession.

---

9. **en seguida** (ou **enseguida**) : *tout de suite*. Syn. : **al instante, inmediatamente.**
10. *J'en arrive à vous* (à votre cas). *J'en viens à vous.*
11. *Tout porte à croire.* Syn. : **Todo nos lleva a pensar.**
12. **al parecer** : *paraît-il.*
13. **una temporada** : *une saison.* S'emploie pour un laps de temps avec une unité d'action. **La temporada turística** : *la saison touristique.* Par contre on dit **estaciones** pour les *saisons* de l'année. **Las cuatro estaciones** : *les quatre saisons.*
14. **vaga** : *vague* Syn. : **imprecisa, incierta.** Le mot **vago** utilisé comme un nom signifie *vagabond* ou *fainéant* selon les contextes. **Un alumno muy vago** : *un élève très paresseux.* **Hacer el vago** : *fainéanter.*
15. Ici **partir** est utilisé dans le sens français de *partir* (avoir comme point de départ). Normalement **partir** signifie *diviser, couper, partager* (**partir el pastel** : *couper – diviser- le gâteau*). Il peut s'utiliser dans un sens plus trivial comme, par exemple, *casser la figure* (**partir la cara**).
16. **Los Vosgos** : *Les Vosges.* La toponymie française se décline aussi en espagnol. On dit **Burdeos** pour *Bordeaux*, **el Ródano** et **el Loira** pour *le Rhône et la Loire* et **Estrasburgo** pour *Strasbourg*, par exemple.
17. Ici *le nom* en général. **Nombre** peut aussi désigner le *prénom.*
18. **ni siquiera**: *même pas, pas même.*

Carvalho despliega un plano de Barcelona sobre la mesa desordenada de su despacho[1] y puntea[2] desganadamente[3] todas las plazas[4], espacios verdes, parques, encrucijadas de calles donde un exhibicionista puede sentirse a sus anchas[5].
— Los barceloneses[6] nos quejamos[7] de la falta de espacios libres de nuestra ciudad, pero hay los suficientes como para que buscar a su exhibicionista sea cuestión de meses. Si no recurrimos a[8] la policía.
— No. Nada de[9] policía.
— ¿Tenía un aspecto de hombre cultivado?
— Podría serlo. En sus gestos había cierta delicadeza.
— La delicadeza de gestos no tiene por qué ser cultural, puede ser heredada, genética y deberse a una cierta fragilidad en las articulaciones. Pero si es un exhibicionista culto tal vez aproveche su estancia en Barcelona para exhibirse en lugares que le hayan descrito los escritores franceses.
— ¿Son muy diversos?
— No, casi todos los escritores franceses se han especializado en el Barrio Chino barcelonés, desde Carcó[10] a Mandiargues[11], pasando por Genet[12], que fue realmente quien mejor vivió ese barrio, porque lo vivió como ladrón y homosexual. Pero dudo que un exhibicionista opere en el barrio chino. Allí[13] la gente está acostumbrada a todo y un exhibicionista sería considerado como un loco o como una redundancia[14].
— Tiene usted una gran cultura sobre[15] la literatura francesa.

---

1. **el despacho** désigne *le bureau* (d'une personne) ou la table de travail. **El despacho del director** : *le bureau du directeur*. Pour parler des bureaux (d'une administration) on préfère le mot **oficinas**. **Las oficinas del ministerio** : *les bureaux du ministère*.
2. **puntear** s'emploie normalement pour *tracer une ligne en pointillé* ou pour *cocher* sur une liste. Ici Montalbán l'emploie sans doute dans le sens de *cocher avec un crayon*.
3. **desganadamente (sin gana)** : *sans enthousiasme, sans entrain*.
4. beaucoup de **plazas** en Espagne sont, comme la Place d'Italie à Paris, par exemple, dotées en son milieu d'une aire jardinée qui sert de square d'agrément. Les enfants y jouent, les personnes âgées prennent l'air et discutent. C'est le côté agréable de l'Espagne même si la pollution rode autour car les voitures tournent autour de la **plaza**.
5. **estar a sus anchas** : *se sentir à l'aise*. **Me siento a mis anchas en esta habitación**: *dans cette chambre je me sens à l'aise*.

Carvalho despliega un plano de Barcelona sobre la mesa desordenada de su despacho[1] y puntea[2] desganadamente[3] todas las plazas[4], espacios verdes, parques, encrucijadas de calles donde un exhibicionista puede sentirse a sus anchas[5].
— Los barceloneses[6] nos quejamos[7] de la falta de espacios libres de nuestra ciudad, pero hay los suficientes como para que buscar a su exhibicionista sea cuestión de meses. Si no recurrimos a[8] la policía.
— No. Nada de[9] policía.
— ¿Tenía un aspecto de hombre cultivado?
— Podría serlo. En sus gestos había cierta delicadeza.
— La delicadeza de gestos no tiene por qué ser cultural, puede ser heredada, genética y deberse a una cierta fragilidad en las articulaciones. Pero si es un exhibicionista culto tal vez aproveche su estancia en Barcelona para exhibirse en lugares que le hayan descrito los escritores franceses.
— ¿Son muy diversos?
— No, casi todos los escritores franceses se han especializado en el Barrio Chino barcelonés, desde Carcó[10] a Mandiargues[11], pasando por Genet[12], que fue realmente quien mejor vivió ese barrio, porque lo vivió como ladrón y homosexual. Pero dudo que un exhibicionista opere en el barrio chino. Allí[13] la gente está acostumbrada a todo y un exhibicionista sería considerado como un loco o como una redundancia[14].
— Tiene usted una gran cultura sobre[15] la literatura francesa.

---

1. **el despacho** désigne *le bureau* (d'une personne) ou la table de travail. **El despacho del director** : *le bureau du directeur*. Pour parler des bureaux (d'une administration) on préfère le mot **oficinas**. **Las oficinas del ministerio** : *les bureaux du ministère*.
2. **puntear** s'emploie normalement pour *tracer une ligne en pointillé* ou pour *cocher* sur une liste. Ici Montalbán l'emploie sans doute dans le sens de *cocher avec un crayon*.
3. **desganadamente (sin gana)** : *sans enthousiasme, sans entrain*.
4. beaucoup de **plazas** en Espagne sont, comme la Place d'Italie à Paris, par exemple, dotées en son milieu d'une aire jardinée qui sert de square d'agrément. Les enfants y jouent, les personnes âgées prennent l'air et discutent. C'est le côté agréable de l'Espagne même si la pollution rode autour car les voitures tournent autour de la **plaza**.
5. **estar a sus anchas** : *se sentir à l'aise*. **Me siento a mis anchas en esta habitación**: *dans cette chambre je me sens à l'aise*.

Et je l'ai fait. Un, deux, trois jours. Une, deux, trois semaines. Certains connaissaient ses allées et venues dans le jardin et m'ont dit que le Luxembourg était son théâtre de prédilection, mais pas le seul. J'ai parcouru tous les jardins de Paris, analysé toutes les possibilités, les alternatives, tout ce qui pouvait me faire pénétrer dans la logique secrète de l'exhibitionniste. Je compris que je ne pourrais pas vivre en paix avec moi-même tant que je ne l'aurai pas retrouvé.
– J'aimerais savoir ce qu'un privé comme moi vient faire dans cette histoire de jardin public et d'exhibitionniste. À Paris.
Carvalho écouta le récit avec l'attention d'un psychiatre, cette attention particulière que les meilleurs psychiatres réservent à ceux qui fuient les exhibitionnistes des jardins, ces extraordinaires exhibitionnistes, presque des professionnels, qui évoquent plutôt des statues de chair.
– J'en viens à vous. Tout me porte à croire que l'exhibitionniste se trouve à Barcelone, où, semble-t-il, l'attend du travail pour une saison.
– Il vient en voyage d'exhibition ?
– Non, professionnel, cependant mes renseignements sont très vagues. Ils reposent sur une confidence qu'il a faite à un *clochard* place des Vosges. J'ignore son nom. Ses intentions. Je sais qu'il devait se déplacer à Barcelone pour des raisons professionnelles, mais je ne sais même pas quelle est sa profession.

---

9. **en seguida** (ou **enseguida**) : *tout de suite*. Syn. : **al instante, inmediatamente.**
10. *J'en arrive à vous* (à votre cas). *J'en viens à vous.*
11. *Tout porte à croire.* Syn. : **Todo nos lleva a pensar.**
12. **al parecer** : *paraît-il.*
13. **una temporada** : *une saison.* S'emploie pour un laps de temps avec une unité d'action. **La temporada turística** : *la saison touristique.* Par contre on dit **estaciones** pour les *saisons* de l'année. **Las cuatro estaciones** : *les quatre saisons.*
14. **vaga** : *vague* Syn. : **imprecisa, incierta.** Le mot **vago** utilisé comme un nom signifie *vagabond* ou *fainéant* selon les contextes. **Un alumno muy vago** : *un élève très paresseux.* **Hacer el vago** : *fainéanter.*
15. Ici **partir** est utilisé dans le sens français de *partir* (avoir comme point de départ). Normalement **partir** signifie *diviser, couper, partager* (**partir el pastel** : *couper – diviser- le gâteau*). Il peut s'utiliser dans un sens plus trivial comme, par exemple, *casser la figure* (**partir la cara**).
16. **Los Vosgos** : *Les Vosges.* La toponymie française se décline aussi en espagnol. On dit **Burdeos** pour *Bordeaux,* **el Ródano** et **el Loira** pour *le Rhône et la Loire* et **Estrasburgo** pour *Strasbourg,* par exemple.
17. Ici *le nom* en général. **Nombre** peut aussi désigner le *prénom.*
18. **ni siquiera**: *même pas, pas même.*

– Je brûle d'habitude tous les livres que je peux, mais avant il a bien fallu que je sache ce qu'ils racontaient. Lorsque je me suis rendu compte qu'ils ne m'avaient pas appris à vivre, j'ai décidé de les brûler, un par un, ou deux par deux dans mes moments d'angoisse, quand je pense qu'il ne me reste plus beaucoup d'années à vivre alors que chaque année on publie des millions de livres.

Carvalho ignora l'ombre de doute qui avait renforcé la pénombre des yeux puissants de la femme et il se concentra sur l'élaboration d'un itinéraire pour rechercher l'exhibitionniste béat. Et son projet, tracé au crayon sur le plan orthogonal de Barcelone, céda le pas les jours suivants à un inlassable va-et-vient au cours duquel la femme le trainait, obnubilée par l'idée de parvenir le plus tôt possible à l'objet confus de son désir. Ils commencèrent par la place San Felipe Neri, dans le quartier gothique, au bout du zigzag d'une ruelle expressionniste, un faux *cul-de-sac* dont l'église portait encore en façade les traces de mitraille d'une bombe tombée pendant la guerre civile. Ensuite, ce fut le tour du patio du cloître de la cathédrale, même s'ils savaient que l'exhibitionniste, tout comme le vampire, fuit la croix ou son ombre.

– C'est peut-être un exhibitionniste postmoderne et qui aime les scènes éclectiques. Les scènes barcelonaises les plus favorables aux exhibitionnistes ne peuvent rivaliser avec les grands parcs de Paris ou de Londres mais par contre les nouvelles places ou les nouveaux jardins postmodernes peuvent attirer l'attention d'un exhibitionniste contemporain.

---

6. Les Catalans ont un culte pour le livre au point d'avoir inventé **la Fiesta del Libro** le 23 avril 1926, anniversaire de la mort de Cervantes (mort le 23 avril 1616). Ce jour-là les gens s'offrent… un livre !
7. **pasar por alto** : *oublier, négliger, ignorer.* Syn. : **omitir.**
8. **enfrascarse** : *se concentrer, se focaliser.*
9. quelqu'un de **risueño** rit facilement mais aussi donne une impression de *joie* proche du « ravi de la crèche ».
10. **tirar** : *tirer* ; comme *un cheval de trait* (**un caballo de tiro**). S'emploie aussi pour *jeter*. **Tirar al río** : *jeter à la rivière.*
11. voir annexes **Barrio Gótico.**
12. **a sabiendas** : locution traduisant *sciemment, en connaissance de cause.* **Lo hizo a sabiendas de que le iban a castigar** : *il l'a fait sachant qu'il serait puni.*
13. **tal vez** : peut être. **Tal vez sea pronto para llamarle** : *probablement il est trop tôt pour l'appeler.* Remarquez le subjonctif.
14. le *postmodernisme* est un courant esthétique qui comme son nom l'indique se situe après le *modernisme* dans le deuxième tiers du XXe s. Il est surtout l'apanage des sociétés post industrielles. Et Barcelone se sent proche de ces courants éclectiques et multiformes où Le Corbusier rime avec Andy Warhol, Nabokov, Baudrillard, Borges ou Frank Gehry…

– ¿Y Gaudí[1]?
A pesar de que no era japonesa, la mujer tenía noticia[2] de Gaudí. Así es que[3] empezaron por la azotea[4] del edificio de La Pedrera[5] donde la piedra consigue[6] ser blanda y los sueños de piedra, a manera de isla fantástica[7] situada sobre el nivel de los tejados más sensatos de la ciudad, los tejados concebidos para tapar los sesos[8] de la burguesía más previsible[9]. La mujer vagó por entre las formas fantásticas, esperando el encuentro con el exhibicionista más allá[10] de la arista de cualquier poliedro, pero no estaba y Carvalho se limitó a examinar su espléndido caminar[11], aquel saber apoderarse del espacio que tienen los volúmenes de las mujeres rotundas[12]. Y tras la azotea de La Pedrera, un exhaustivo recorrido por el parque Güell[13], con los suficientes rincones[14] lúdicos como para que cualquier exhibicionista deseara tener tres vidas, tres cuerpos, tres sexos y así poder estar a la altura de aquel laberinto[15]. Le costó a Carvalho disuadirla de ir a la Sagrada Familia, convencido de que después de la cruz es el mucho turismo[16] quien más aleja a los exhibicionistas, personajes sensibles que prefieren asombrar[17] de uno en uno y dotados de cierta tendencia a la laicidad. Fue en este punto cuando Carvalho quiso atravesar la barrera de la subordinación profesional y ofreció a la mujer un almuerzo en un restaurante que estuviera a la altura de la circunstancia y consiguió incluso vencer su tendencia al tópico[18], su inclinación natural a lanzarse con los ojos cerrados a la primera paella que le ofrecieran en cualquier restaurante.

---

1. voir annexes **Gaudí.**
2. **tener noticia** : *avoir entendu parler (avoir des nouvelles)*. Syn. : **había oído hablar**.
3. **así es que** : *par conséquent.* Syn. : **en consecuencia** ; **por lo tanto.**
4. **azotea** : *terrasse* supérieure d'un édifice ou d'une maison. A la campagne elle sert à sécher des récoltes par exemple et en ville on y tend parfois des fils pour faire sécher le linge collectivement.
5. **La Pedrera** (litt. : *La Carrière*) est l'autre grand édifice le plus représentatif de Gaudi avec la **Sagrada Familia**. C'est un immeuble qui se situe dans l'Eixample, quartier moderne de la fin du XIXᵉ s.
6. **conseguir** : *réussir.* **¡Lo he conseguido!** : *J'ai reussi !*
7. les toits de **La Pedrera** se visitent. Le touriste est frappé par les formes étranges des arêtes de ses toits ressemblant à un

Carvalho déplie un plan de Barcelone sur son bureau en désordre et indique, d'un geste peu enthousiaste, tous les squares, espaces verts, jardins, carrefours où un exhibitionniste peut se sentir dans son élément.
– Nous à Barcelone on se plaint du manque d'espaces libres dans notre ville, mais il y en a suffisamment pour que la recherche de votre exhibitionniste prenne des mois. Si nous ne faisons pas appel à la police.
– Non. Surtout pas la police.
– Avait-il l'air d'un homme cultivé ?
– Ça se pourrait. Il y avait une certaine élégance dans ses manières.
– L'élégance des manières n'est pas forcément culturelle, elle peut être héritée, génétique ou due à une certaine fragilité des articulations. Mais si c'est un exhibitionniste cultivé, il se peut qu'il profite de son séjour à Barcelone pour s'exhiber dans des lieux dont il aura lu la description chez les écrivains français.
– Il y en a beaucoup?
– Non, presque tous les écrivains français se sont focalisés sur le *Barrio Chino* de Barcelone, de Carco à Mandiargues, en passant par Genet, qui est incontestablement celui qui a le mieux vécu ce quartier, puis qu'il l'a vécu en tant que voleur et homosexuel. Mais je doute qu'un exhibitionniste opère dans le *Barrio Chino*. Là-bas, les gens sont habitués à tout et un exhibitionniste serait considéré comme un fou ou comme un pléonasme.
– Vous avez une grande connaissance de la littérature française.

---

6. Pour les noms propres de nationaux, de peuples etc., l'espagnol n'emploie pas, comme en français, les majuscules. *Les Arabes et les Juifs* : **los árabes y los judíos**.
7. Parmi les traductions de *on* en espagnol on trouve la première personne du pluriel. **Ayer fuimos al cine** : *hier on* (nous) *est allé au cinéma*.
8. **recurrir** : *avoir recours*. **Recurrí a la violencia** : *j'eus recours à la violence*.
9. **nada de** : *pas question de*. **Nada de carne** : *pas question de viande*.
10. voir annexes **Carco**.
11. voir annexes **Mandiargues**.
12. voir annexes **Genet**.
13. Cet adverbe de lieu (**allí**) indique un éloignement. On peut déduire que les deux personnages sont éloignés de l'endroit dont ils parlent.
14. une *redondance*, un *cliché*, une *banalité*, quelque chose de *connu*.
15. **sobre** : Syn. : **acerca de, concerniente a**.

– Suelo[1] quemar todos los libros[2] que puedo, pero primero tuve que saber lo que decían. Cuando me di cuenta[3] de que no me habían enseñado a vivir, decidí quemarlos[4], de uno en uno, o de dos en dos cuando me entra[5] la angustia, y pienso que ya me quedan pocos años de vida y en cambio cada año se publican millones de libros[6].

Pasó por alto[7] Carvalho la sombra de sospecha que había acentuado la penumbra de los poderosos ojos de la mujer y se enfrascó[8] en fijar un itinerario en busca del exhibicionista risueño[9]. Y su plan, trazado con lápiz sobre la retícula urbana de Barcelona, se convirtió en los días siguientes en un infatigable ir y venir, en el que la mujer tiraba[10] de él, obsesa por llegar cuanto antes al confuso objeto de su deseo. Empezaron por la plaza de San Felipe Neri, en el barrio gótico[11] al final de un zig zag de calleja expresionista, un falso *cul de sac* con la fachada de la iglesia aún marcada por la metralla de una bomba caída durante la guerra civil. Y luego fue, el próximo, el Patio del Claustro de la Catedral, aun a sabiendas de[12] que los exhibicionistas, como los vampiros, huyen de la cruz o de su sombra.

– Tal vez sea[13] un exhibicionista postmoderno[14] y le gusten escenarios eclécticos. Los escenarios barceloneses más aptos para exhibicionistas no pueden competir con los grandes parques de París o Londres y en cambio las nuevas plazas o los nuevos jardines postmodernos pueden atraer la atención de un exhibicionista contemporáneo.

---

1. Le verbe **soler** marque l'habitude. Il se construit avec un infinitif. **Solemos comer a la una** : *nous avons l'habitude de déjeuner* (d'habitude nous déjeunons) *à treize heures*. **Suele enfadarse** : *d'habitude il se fâche*. (Remarquez la diphtongue).
2. Dans le célèbre **Don Quichotte** (I-6) il y a aussi une scène mémorable où l'on brûle des livres, mais elle sert surtout de prétexte à l'auteur pour faire une critique féroce des ouvrages de l'époque. L'attitude de Carvalho ici tient plus d'une provocation ou de clin d'œil à *Fahrenheit 451* de Ray Bradbury que d'un autodafé catholique.
3. **darse cuenta** : *se rendre compte*.
4. remarquer l'absence de la préposition *de* comme en français. **He decidido vivir aquí** : *j'ai décidé de vivre ici*.
5. **me entra** : *me vient, m'arrive, j'ai envie*. On peut utiliser les autres pronoms. **Nos entró la risa** : *on a eu envie de rire*.

– Et Gaudi ?
Bien qu'elle ne fût pas japonaise, la femme avait entendu parler de Gaudi. Ils commencèrent donc par la terrasse de l'immeuble de La Pedrera, où la pierre devient molle et les rêves deviennent pierre, comme une île fantastique suspendue au dessus des toits les plus raisonnables de la ville, toits conçus pour recouvrir les cervelles des bourgeois les plus prévisibles. La femme déambula parmi les formes fantastiques, désirant rencontrer l'exhibitionniste au détour de l'arête du moindre polyèdre, mais il n'y était pas, et Carvalho se contenta de contempler sa superbe démarche, ce pouvoir qu'ont les femmes aux rondeurs avantageuses de s'approprier l'espace. Et après la terrasse de La Pedrera, un parcours exhaustif du parc Güell, tellement riche en recoins ludiques que tout exhibitionniste souhaiterait avoir trois vies, trois corps, trois sexes, afin de venir à bout de ce labyrinthe. Carvalho eut du mal à la dissuader d'aller à la Sagrada Familia, convaincu qu'il était que la foule de touristes est ce qui éloigne le plus les exhibitionnistes, hormis la croix ; ces personnages sensibles, préférant surprendre les gens un par un, et qui ont un certain penchant pour la laïcité. C'est à ce moment-là que Carvalho eut envie de franchir la barrière de la réserve professionnelle et proposa à la femme de déjeuner dans un restaurant qui serait à la hauteur des circonstances et il réussit même à vaincre son inclination pour le cliché, son penchant naturel à foncer les yeux fermés sur la première paella au menu du premier restaurant venu.

---

      dragon et les cheminées évoquant une armée de soldats casqués d'un autre âge.
8. litt. *recouvrir la cervelle.*
9. Il y aurait pour lui une contradiction entre ces formes révolutionnaires et le côté *convenu* des bourgeois mécènes.
10. **más allá** : *au-delà.*
11. **el caminar** : *la démarche.* Syn. : **los andares.**
12. **rotundo** : *rond*, mais aussi et surtout *absolu, catégorique.* **Fue una respuesta rotunda** : *Sa réponse fut catégorique* (sans appel).
13. voir annexe **Parque Güell.**
14. **suficiente** : *suffisant* ou *suffisamment.* Il s'accorde en genre : **suficiente dinero** (*suffisamment d'argent*) ; **suficientes clientes** (*suffisamment de clients*).
15. Au **parque Güell** il y a des jardins et des massifs alambiqués qui pourraient cacher facilement un exhibitionniste.
16. **el mucho turismo** : litt. *le "beaucoup" (excès) de tourisme.* **No me gusta el mucho ruido de las calles** : *je n'aime pas le bruit excessif des rues.*
17. **asombrar** : *étonner* mais aussi *faire peur.* Surprendre tient des deux…
18. **tópico** : *cliché.*

– La democracia ha aportado[1] algunas ventajas culturales a la Barcelona actual, por ejemplo, el desarrollo de una cocina muy interesante, muy sincrética, en la que se mezcla todo lo que se guisa[2], todo lo que se sabe y todo lo que se recuerda, para hacer posible una cocina de autor. Bajo el fascismo[3], en cambio, todo eran paellas y bocadillos de chorizo.
De vez en cuando[4] conviene exagerar[5] las síntesis históricas y culturales. Los extranjeros agradecen[6] las exageraciones mucho más que las normalizaciones[7]. Carvalho esperaba que una buena comida regada con vinos suficientes, relajara a la dama y algo consiguió, porque su mirada se abandonó, sus labios se pusieron algo torpes[8], y en el transcurso de la conversación de sobremesa[9] de vez en cuando una de aquellas manos largas, aunque ya amenazadas por la presencia de venas excesivas, se posó en el brazo de Carvalho[10], subrayando un comentario, buscando una respuesta o simplemente en pos del[11] esqueleto del calor, el esqueleto de la compañía y la comunicación. Carvalho interpretó aquel contacto repetido como signo de solidaridades más profundas y propuso no seguir perdiendo el día buscando al torvo[12] exhibicionista, sino ir a un rincón donde ella y él pudieran exhibirse[13] y aprovechar la energía adquirida en aquel menú compuesto de colmenillas rellenas de foie[14] y pierna de cabrito a la cazuela[15] con legumbres del Ampurdán, platos sólidos, calóricos, que es el único sucedáneo posible de una improbable cocina afrodisíaca.

---

1. **aportar** s'utilise dans le sens français d'*apporter* lorsqu'il s'agit de *faire un apport*. **Los árabes nos aportaron muchas plantas** : *les Arabes nous ont apporté beaucoup de plantes.*
2. **guisar** : *cuisiner, accommoder* (en cuisine). **He aprendido a guisar el conejo** : *j'ai appris à cuisiner le lapin.* Peut avoir un sens métaphorique du genre *tout ce qui se fait d'intéressant en matière sociale*. **Ése sabe lo que se guisa en España** : *celui-là il est au courant de tout se qui se prépare en Espagne.*
3. En Espagne on a plutôt parlé de **nacional catolicismo** (*national-catholicisme*) par analogie avec le national-socialisme allemand.
4. **de vez en cuando** : *de temps en temps.*
5. **conviene exagerar** : *il convient* (il est bon) *d'exagérer.* Notez l'absence de la préposition **de** dans ces constructions. **Es agradable pensar** : *il est agréable de penser.* Voir plus loin **propuso no seguir.**

– La démocratie a apporté certains avantages culturels à la Barcelone d'aujourd'hui, par exemple, le développement d'une cuisine très intéressante, très syncrétique, dans laquelle on mélange tout ce qui se fait cuire, tout ce que l'on connaît et tout ce dont on se souvient, pour permettre une cuisine d'auteur. Sous le fascisme, par contre, ce n'étaient que des paellas et des sandwiches au chorizo.

Il est parfois bon d'exagérer les synthèses historiques et culturelles. Les étrangers apprécient davantage l'exagération que la normalisation. Carvalho espérait qu'un bon repas, arrosé de vin en quantité suffisante, détendrait la dame et il y parvint quelque peu, car son regard s'apaisa, ses lèvres se firent un peu maladroites et au cours de la conversation qui suivit le repas, une de ces longues mains, quoique déjà menacées par des veines trop marquées, se posa de temps en temps sur le bras de Carvalho, pour souligner un commentaire, susciter une réponse ou tout simplement à la recherche du squelette de la chaleur, le squelette de la compagnie et de la communication. Carvalho interpréta ce contact répété comme le signe d'une complicité plus profonde et proposa de ne plus perdre la journée à chercher l'exhibitionniste torve, mais plutôt de se retirer dans un coin où elle et lui pourraient s'exhiber et profiter de l'énergie apportée par ce menu composé de morilles farcies au foie gras et de gigot de chevreau braisé aux légumes de l'Ampurdán, des plats consistants et caloriques, seuls succédanés possibles à une improbable cuisine aphrodisiaque.

---

6. **agradecer** : *remercier, dire merci.* **Se lo agradezco** : *je vous en remercie.*
7. souvent les touristes préfèrent les *clichés* et souhaitent retrouver sur place les idées préconçues d'avant le voyage.
8. **algo torpes** : *un peu maladroits.* **Algo triste** : *un peu triste.* Avec un nom il faut ajouter **de** : **algo de dinero** (*un peu d'argent*)
9. **la sobremesa** est ce moment (parfois long) où l'on reste à table après le repas. **La programación de sobremesa** à la radio ce sont les programmes (souvent tranquilles) d'après les repas (musique douce).
10. Les Espagnols aiment bien toucher leur interlocuteur en parlant avec lui. Il ne faut pas toujours prendre cela pour un encouragement à aller plus loin … comme Carvalho ici.
11. **en pos de** : peu usité, *derrière.* **Ir en pos de la gloria** : *courir après la gloire.* Syn. : **detrás de**.
12. **torvo** : *torve.* Allusion à ses yeux menaçants ou inquiétants.
13. et donc d'être tout nus…
14. C'est depuis peu que les Espagnols ont adopté le mot **foie** pour désigner le *foie-gras.*
15. **cazuela** : *cassolette* en terre cuite allant sur le feu et au four.

Pero tal vez[1] la insinuación de Carvalho fue torpe, excesiva, a destiempo[2], porque ella le despejó[3] la mirada; apagó el brillo de sus ojos y aunque dijo:
– Ahora no... todavía no...
Evidentemente había dicho no. Era una cazadora de exhibicionistas, tan obsesa como un cazador de pistoleros[4] en el Far West. Y tal vez movido por[5] el disgusto[6] sexual o por la asociación de ideas, Carvalho la condujo[7] a partir de entonces por espacios más áridos: las plazas de Sants[8] o de la España Industrial, o la hizo subir hasta el Velódromo de Horta para hacerla pasar bajo el alfabeto de Brossa[9], por si[10] el exhibicionista se hubiera sentido reclamado por aquella extraña combinación de ciclismo y poesía concreta. O quizá había trasladado el catálogo de sí mismo al escenario ambiguo de la Barcelona destruida para ser reconstruida, el escenario de bombardeo de las excavaciones de lo que sería la Vila Olímpica o el desguazado Estadio de Montjuïc, del que[11] sólo quedaría la fachada[12] con pretexto de memoria visual, con todo el esqueleto interior, las vísceras, los músculos cambiados para hacer frente a desafíos olímpicos menos asmáticos y precarios que los del período de entreguerras[13].
Pero ni sombra[14] del risueño exhibicionista, y a medida que se deshacían las expectativas empeoraba[15] el ánimo de la mujer, que pasó del disgusto casi agresivo a la desesperación y la depresión, momento que Carvalho aprovechó para suspender la búsqueda[16] y retirarse a una honda meditación consigo mismo.

---

1. **tal vez** : *peut-être.* Syn. : **quizá, quizás, acaso,** etc.
2. **a destiempo** : *à contretemps (*au mauvais moment*).* **Hacer una cosa a destiempo :** *faire une chose au moment où il ne faut pas.*
3. **despejar** : *débarrasser, déblayer.* S'emploie aussi par exemple pour dire *le ciel est dégagé* : **el cielo está despejado**.
4. **un cazador de pistoleros** serait littéralement *un chasseur de tueurs* (de manieurs du pistolet).
5. m. à m. *mû par.* **Mover** : *mouvoir, bouger.*
6. **un disgusto** : *contrariété, désagrément, chagrin.* **¡Qué disgusto!** *quel chagrin ! comme je suis contrarié !*
7. tous les verbes terminés par **–ucir** (qui souvent se terminent en français par *–uire*) comme **traducir, conducir** ou **producir** *(traduire, conduire, produire)* ont leur 1ʳᵉ p. du sing. du pr. de l'indic. terminée en **-zco** et par conséquent le subjonctif en **–zca**. Le passé se construit avec **-je** comme ici. **Ellos produjeron** : *ils produisirent.*

Mais la proposition de Carvalho avait peut-être été maladroite, excessive, mal à propos, car elle détourna son regard, l'éclat de ses yeux s'éteignit et elle dit pourtant :
– Pas maintenant... pas encore...
À l'évidence, elle avait dit non. C'était une chasseresse d'exhibitionnistes, aussi obstinée qu'un chasseur de primes du Far West. Sans doute mû par la frustration sexuelle ou par une association d'idées, Carvalho la mena désormais dans des espaces plus âpres: les places de Sants ou de l'Espagne Industrielle; il la fit même monter jusqu'au vélodrome d'Horta pour la faire passer sous l'alphabet de Brossa, au cas où l'exhibitionniste se serait senti attiré par cette étonnante combinaison de cyclisme et de poésie concrète. Ou alors il avait déplacé le catalogue de sa propre personne jusqu'au décor ambigu d'une Barcelone détruite pour être reconstruite, décor de bombardement des fondations de la future Ville Olympique, ou encore le stade démantelé de Montjuïc, dont il ne resterait que la façade comme prétexte à une mémoire visuelle, la totalité de son squeletique intérieur, ses viscères, ses muscles étant transformés pour affronter des défis olympiques moins poussifs et précaires que ceux de l'entre-deux-guerres.
Mais point d'exhibitionniste béat et, à mesure que se délitaient les espérances, le moral de la femme se dégradait, passant d'une frustration quasi agressive au désespoir et à la dépression, moment dont profita Carvalho pour interrompre les recherches et se replier en une profonde méditation sur lui-même.

---

8. le parcours évoqué ici nous promène dans une Barcelone moins touristique. **Sants** : principale gare de chemin de fer de Barcelone.
9. voir annexes **alfabeto de Brossa.**
10. **por si** : *au cas où*. Se construit avec l'indicatif (**te lo digo por si te gusta** : *je t'en parle au cas où tu aimerais*) ou avec l'imparfait du subjonctif, comme ici (**lo cogí por si pudiera servir** : *je l'ai pris au cas-où cela pourrait servir* (à quelque chose).
11. **del que** : *dont*. Devant un verbe on ne peut pas employer **cuyo**. **La persona de la que te hablo** : *la personne dont je te parle*.
12. Dans le réaménagement de Barcelone on n'a conservé que la façade (maintenant souvent classée) de beaucoup d'édifices.
13. ce préfixe **entre** évoque quelque chose entre deux autres choses. **El entrecejo** : l'espace *entre les deux sourcils* ; **la entrebarrera** : l'espace *entre les deux barrières* (dans une arène de corrida).
14. **ni** peut se trouver en début de phrase dans des phrases signifiant *même pas*. **Ni rastro de la pelota**. *Pas de trace* (aucune) *du ballon* (volatilisé). **¡Ni caso de él!** : *Ne fais même pas attention à lui !*
15. **empeorar**: *empirer, se dégrader*.
16. terme classique des rapports de police.

Aquella noche[1] se cocinó una cena frugal[2], un *risotto* con salmón, aderezado finalmente con una cucharada[3] de caviar fresco, luego quemó en la chimenea el *Diccionario de los Símbolos* de Jean Chevalier y Alain Gheerbrant[4], especialmente a causa de una relectura de la voz[5] *Mirada*: "La metamorfosis de la mirada no revela solamente al que mira, revela también tanto a sí mismo como al observador, al que es mirado. Es curioso, en efecto, observar las reacciones del mirado frente a la mirada del otro y observarse uno mismo frente las miradas extrañas. La mirada aparece como el instrumento y el símbolo de una revelación."[6] A pesar de que[7] quemó el libro para ser consecuente con el ritual de la segunda parte de su vida[8], retuvo en la mente la última frase de su lectura: "La mirada aparece como el instrumento y el símbolo de una revelación."[9] Y buen servicio de interpretación le iba a prestar la frase en las horas siguientes, cuando los acontecimientos[10] se precipitaron a partir de una intuición decisiva que le puso en la pista del exhibicionista. De pronto se despertó con la imaginación llena del ámbito[11] del Moll de la Fusta[12], el nuevo paseo abierto al mar, un aquelarre[13] de arqueologías y arquitecturas que se ha convertido en emblemático de la Barcelona rechazada por la democracia[14], aunque algo prematuramente ajada, como la propia democracia.

---

1. le démonstratif **aquella** nous éloigne dans le temps.
2. le jour du 24 décembre est, selon la tradition catholique, un jour de jeûne (on mange peu) et abstinence (pas de viande). Le dîner de la **Nochebuena** (24 décembre) est toujours à base de poisson.
3. le suffixe **–ada** peut s'utiliser de diverses façons. **Nevada** : *chute de neige* ; **una burrada** (**burro** : *âne*) : *une ânerie*. Parfois il signifie *un coup de* : **una puñalada** (**puñal** : *poignard*) *un coup de poignard*.
4. Jean Chevalier et Alain Gheerbrant : *Dictionnaire des symboles ; mythes, rêves, coutumes, gestes, formes, figures, couleurs, nombres*, Robert Laffont (Bouquins) 1ʳᵉ éd. 1969.
5. **voz** : *voix*. Ici *mot*, *entrée* (dictionnaire, lexique). **Una voz culta** : *un mot savant*. Syn. : **vocablo**.
6. Le texte proposé sur la page de droite est le texte exact de l'ouvrage (page 804 de l'édition de 1982).
7. **a pesar de que** : *bien que, malgré*. **A pesar de que es joven** : *bien qu'il soit jeune*. Peut aussi se dire **a pesar de ser joven**.
8. au début des années 70 Carvalho revient en Espagne, après avoir bourlingué aux quatre coins de la planète (en tant qu'espion de la CIA) et il crée une petite affaire de détective privé.

Ce soir-là, il se prépara un dîner frugal, un risotto au saumon, assaisonné au dernier moment d'une cuillerée de caviar frais, puis il brûla dans la cheminée le *Dictionnaire des symboles* de Jean Chevalier et Alain Gheerbrant, surtout après avoir relu sa définition du mot *Regard* : « Les métamorphoses du regard ne révèlent pas seulement celui qui regarde ; elles révèlent aussi, tant à lui-même qu'à l'observateur, celui qui est regardé. Il est curieux en effet d'observer les réactions du *regardé* sous le regard de l'autre et de s'observer soi-même sous des regards étrangers. Le regard apparaît comme le symbole et l'instrument d'une révélation. » Bien qu'il eût brûlé le livre pour être en accord avec le rituel de la seconde partie de sa vie, il garda en mémoire la dernière phrase de sa lecture: « Le regard apparaît comme le symbole et l'instrument d'une révélation.» Et cette phrase allait, dans les heures suivantes, lui rendre un très grand service d'interprétation lorsque, après une intuition décisive qui le mit sur la piste de l'exhibitionniste, les événements se précipitèrent. Soudain surgit à son esprit l'atmosphère du domaine du Moll de la Fusta, la nouvelle promenade ouverte sur la mer, capharnaüm d'archéologies et d'architectures devenu le symbole de la Barcelone boudée par la démocratie, quoi qu'un peu prématurément décatie, comme la démocratie elle-même.

    C'est ce qu'il appelle ici la deuxième partie de sa vie. Voir **Le petit monde de Carvalho**.
9. retenez cette phrase et comparez-la avec l'autre transcription de la fin de la nouvelle (cf. page 64 et note 8 p. 65).
10. **los acontecimientos** : *les évènements*. Syn. : **los sucesos**. Les verbes **acontecer**, **ocurrir** et **suceder** sont les verbes des évènements et traduisent l'idée de *arriver, se passer*. *Que s'est-il passé ?*: **¿Qué pasó? ¿Qué aconteció? ¿Qué ocurrió? ¿Qué sucedió?**
11. **el ámbito** : *le domaine*. **En el ámbito sociológico** : *dans le domaine sociologique*.
12. **Le Moll de la Fusta** (litt. *le quai du bois*) est la promenade maritime piétonnière créée pour les JO de 1992. Elle a deux niveaux. Le haut, avec des lignes avant-gardistes, est émaillé de restaurants et terrasses pour le plaisir de la vue et pour le farniente.
13. **aquelarre** : mot d'origine basque signifiant « le pré au bouc » ; endroit où se tenaient de supposées réunions nocturnes de sorcières. L'impression de Montalbán est d'un grand méli-mélo, d'un fouillis. Le site est devenu pourtant une image emblématique de la Barcelone moderne.
14. Montalbán semble penser que la dictature ne s'est pas préoccupée de la rénovation de Barcelone comme elle l'aurait fait pour d'autres villes.
15. **ajado** : *défraîchi, abîmé, fané*.

Y hacia allí[1] condujo a su cliente, la situó en el centro de la difícil simetría de aquel espacio híbrido[2] y le explicó todo lo que puede explicarse de la historia de una ciudad[3] en diez minutos: allí arriba[4] el castillo militar, símbolo de la represión[5] y los fusilamientos[6], como vigilando la escena, aunque se haya disfrazado[7] de parque de atracciones[8]; inmediatamente la estatua de Colón[9], una concesión a la estética pompier y al desafío de la altura según las pautas[10] francesas del siglo XIX; edificios del poder militar junto a una plaza romántica como la de Medinaceli; casonas dedicadas a comercios marítimos más o menos náufragos; palacetes[11] neogóticos; callejas abiertas hacia[12] la Barcelona vieja y pobre y gótica; el edificio de Correos y el inicio de lo que quiso ser Wall Street barcelonés; Vía Layetana, iniciada por la burguesía industrial sobre los solares[13] de lo que fue mercado de cerdos. Y ahora este paseo mediterráneo sobre túneles de tráficos ruidosos y feroces y esta invitación al *dolce far niente*, a las tapas[14] de calamar y la cerveza fría en los restaurantes acogidos a la sombra protectora del bogavante risueño del diseñador Mariscal[16].
– Si yo fuera exhibicionista, me situaría al pie de este bogavante, como su perseguido se situó al pie de la estatua de Mendès France. El bogavante también abre sus pinzas para asustar falsamente. Pero fíjese en su expresión. Es un bendito. Es un monstruo inocente.

---

1. en français il est aisé de traduire ces adverbes de lieu par *y* (voire *en*). **Allí voy** : *j'y vais. J'en viens* : **vengo de allí.**
2. Montalbán insiste sur le côté inesthétique du lieu qui fut, en effet, très critiqué à l'époque de sa construction.
3. voir annexes **Barcelone.**
4. le site de la ville de Barcelone ressemble à beaucoup d'autres sites de villes méditerranéennes : près d'une colline qui peut abriter une forteresse (ici Montjuic) s'installe un port commercial très prospère dans l'embouchure d'un fleuve.
5. Ce château est loin d'avoir été uniquement une forteresse créée pour la défense de la ville. Au contraire, en 1843, par exemple, c'est de là que Barcelone fut bombardée par le général Espartero afin de briser une rébellion mi-industrielle mi-séparatiste (**la rebelión de *jamancia***).
6. durant la période franquiste Montjuic était un centre de détention de prisonniers politiques. Le flanc sud-ouest abritait un cimetière où étaient enterrés les fusillés dont le plus célèbre fut **Lluís Companys** (1940) président de la **Generalitat de Catalunya** (gouvernement autonome).
7. **disfrazarse** : *se déguiser*. **El disfraz** : *le déguisement.*

Et il y emmena sa cliente, la plaçant au centre de la difficile symétrie de cet espace hybride et lui expliqua tout ce qu'il est possible d'expliquer en dix minutes de l'histoire d'une ville : là-haut la forteresse militaire, symbole de la répression et des exécutions, comme surveillant la scène, bien que déguisée en parc d'attractions ; juste à côté, la statue de Colomb, concession à l'esthétique pompier et au défi de la hauteur selon les normes françaises du XIXe siècle ; des édifices du pouvoir militaire près d'une place romantique, en l'occurrence celle de Medinaceli ; de vieilles bâtisses destinées à des magasins maritimes plus ou moins naufragés ; des hôtels particuliers néogothiques ; des ruelles menant à la vieille ville de Barcelone et pauvre et gothique ; le bâtiment de la Poste et le début de ce qui se voulait le Wall Street barcelonais ; Via Layetana, créée par la bourgeoisie industrielle à l'emplacement de l'ancien marché aux cochons. Et maintenant cette promenade méditerranéenne bâtie au-dessus de tunnels au trafic bruyant et féroce et cette invitation au *dolce farniente,* aux *tapas* de calmars et à la bière fraîche dans les restaurants à l'ombre protectrice du joyeux homard du créateur Mariscal.
– Si j'étais exhibitionniste, je me placerais au pied de ce homard, tout comme celui que vous recherchez s'est placé au pied de la statue de Mendès France. Le homard lui-aussi ouvre ses pinces pour faire peur faussement. Mais notez bien son expression. C'est un gentil. C'est un monstre innocent.

---

8. En 1966, à l'emplacement de l'ancien Luna Park des années 1930-36 (Maricel) fut inauguré un parc d'attractions très populaire dans les années 80. Il ferma en 1998. Aujourd'hui c'est un jardin public.
9. La statue de Christophe Colomb marque le début des Ramblas à la sortie du port de Barcelone. Elle se situe au sommet d'une gigantesque colonne métallique. Le tout culmine à 60 m. Le découvreur de l'Amérique signale la mer de son doigt. Or, l'Amérique est à l'opposé !
10. **pautas** : *modèles, règles.* Syn. : **patrones, modelos**.
11. **palacetes** : *petits palais* (*manoirs, hôtels particuliers*).
12. **abiertas hacia** : *ouvertes vers* (en direction de).
13. **un solar** est un *terrain vague* ; ici, notion de *terrain à bâtir.*
14. Véritable institution que celle des **tapas** en Espagne. On entre dans les bars et on y consomme rapidement du vin, de la bière. Pour pouvoir boire plusieurs tournées avec les amis on se sustente de quelques aliments solides (omelette, olives, chorizo, etc.). Parfois ce sont des mini repas.
15. **Javier Mariscal**, *designer* catalan qui aborde tous les genres : BD, sculpture, graphisme, logos (le célèbre **Cobi** des J.O. de Barcelone, c'est lui). Il est l'auteur d'une statue qui représente un *homard* située sur cette promenade.
16. **si yo fuera** : *si j'étais.* Imp. du subj. à la place de l'imp. d'ind. français. **Si tuviera dinero** : *si j'avais de l'argent.*

No le escuchaba. Se había asomado[1] primero; luego acodado a la baranda que daba al[2] paseo casi recoleto[3] junto al mar y los barcos anclados en el Club Náutico. El empedrado rústico y las humedades marinas, favorecían la hierba crecida entre las ranuras dejadas por los adoquines[4]. Palmeras, bancos de madera, mar y un público mañanero de jubilados[5], perros, niños pálidos sin escuela y sin collar[6] acompañados de madres pálidas sin trabajo y sin marido y hombres expulsados de las estadísticas del trabajo[7] merodeando la nada. De pronto la mujer se despega[8] de su observatorio y corre por la rampa que desciende hacia el nivel del mar como si algo o alguien la convocaran[9] con urgencias que escapan a la comprensión de Carvalho. Pero la sigue, simplemente por profesionalidad[10], ya[11] sin la expectativa de cazador de los primeros días, cuando utilizaba ante ella las mejores gesticulaciones[12] de Bogart o de James Dean, los dos grandes educadores del gesto de la seducción. La mujer le ha cogido[13] veinte metros de distancia y corre por entre las palmeras, le trotan los pétalos de dama en flor[14], en flor marchita, por la dureza e irregularidad del empedrado, hasta que de pronto se detiene como rechazada por un campo magnético que domina otra presencia: un hombre que parece un obelisco, un obelisco fálico deformado, con el peso y la estatura de Obélix, pero con la delicadeza de movimientos de Serge Lifar[15], y Carvalho tipifica la imagen a distancia utilizando los elementos de su memoria cultural más mestiza.

---

1. **asomarse** signifie ici *se montrer (se pencher)*, notamment dans un cadre (fenêtre, p. ex.) ou derrière quelque chose. **Asomar la cabeza por la ventana** : *montrer sa tête à la fenêtre*.
2. **dar a** : *donner sur* ; **el balcón da al mar** : *le balcon donne sur la mer*. Syn. : **tener vistas a**.
3. **recoleto** : *tranquille, paisible, peu fréquenté*. **Las plazas recoletas de la vieja ciudad** : *les places paisibles de la vieille ville*.
4. **adoquín** : *pavé*. Mot venant de l'arabe signifiant « pierre équarrie ». S'utilise aussi pour parler d'une personne sotte et ignorante.
5. **un jubilado** : *un retraité*. **Jubilarse** : *prendre sa retraite*. **La jubilación** : *la retraite*.
6. Montalbán n'est pas le premier à faire cet amalgame enfant-chien propre aux humoristes.
7. En Espagne aussi certains contestent les statistiques officielles du chômage (**el paro**) qui comptabilisent les chômeurs de

Elle ne l'écoutait pas. D'abord, elle s'était penchée, puis accoudée à la rambarde qui surplombait la promenade presque paisible longeant la mer et les bateaux ancrés au Club nautique. Le pavement rustique et l'humidité marine favorisaient la croissance d'herbes dans les interstices entre les pavés. Des palmiers, des bancs en bois, la mer et un public matinal de retraités, de chiens, d'enfants pâles sans école et sans collier accompagnés de mères pâles sans travail et sans mari et d'hommes sortis des statistiques du chômage errant dans le néant. Soudain, la femme s'arrache de son poste d'observation et court le long de la rampe descendant jusqu'au niveau de la mer, comme si quelque chose ou quelqu'un la convoquait avec une urgence qui échappe à la compréhension de Carvalho. Mais il la suit, par réflexe professionnel, cette fois sans la fébrilité du chasseur des premiers jours, lorsqu'il s'essayait devant elle aux gestes les plus caractéristiques de Bogart ou de James Dean, les deux grands maîtres de la gestuelle de la séduction. La femme l'a distancé de vingt mètres et court entre les palmiers, dame-fleur, fleur flétrie, aux pétales secoués par la dureté et l'irrégularité des pavés ; soudain elle s'arrête, comme repoussée par un champ magnétique que domine une autre présence : un homme qui ressemble à un obélisque, un obélisque phallique déformé qui aurait le poids et la carrure d'Obélix, mais aux mouvements délicats d'un Serge Lifar, et de loin Carvalho, identifie ce qu'il voit recourant aux composants de sa mémoire culturelle la plus métissée.

---

     façon arbitraire, laissant de côté une partie (négligeable ?, conséquente ?) de ceux qui sont inscrits.
8. **despegarse** : *se décoller, se détacher.* Syn. : **apartarse.**
9. **como si + imp. subj. Como si esperara** : *comme si elle espérait.* **Como si quisiera** : *comme si elle voulait.*
10. **profesionalidad** : *compétence, professionnalisme.*
11. **ya** n'est pas toujours facile à utiliser. Ici il signifierait quelque chose comme *déjà*. Il peut aussi servir à renforcer une affirmation et traduit le sens français de *bien* : **ya lo sé** (*je le sais bien*). Dans les phrases négatives il a le sens de *ne… plus* : **ya no como carne** (*je ne mange plus de viande*). Notez sa place en début de phrase.
12. **gesticulaciones** : *mimiques, les gestes, les tics.* Tous deux sont des exemples d'acteurs qui avaient leurs *gestes* pour séduire.
13. **coger** (ici) *distancer.* Syn. : **adelantar.**
14. m. à m. « ses pétales de femme fleur sont secoués ». Est-ce le sol de cet endroit qui fait ballotter ses seins ?
15. **Serge Lifar**, danseur et chorégraphe russe (1905-1986), premier danseur de la célèbre troupe des ballets russes de Serge Diaghilev, puis de l'Opéra de Paris.
16. **tipificar** : *standardiser, normaliser.*

Si la mujer se ha detenido[1] en los límites del campo magnético[2] que domina el hombre obelisco, Carvalho hace lo mismo, en la comprensión de que la historia ha llegado a un punto culminante y que la mujer no quiere ser molestada, no quiere que nadie ni nada le usurpe el protagonismo[3]. El hombre lleva las faldas[4] de la gabardina plegadas, pero en la evidencia de echarlas a volar[5] de un momento a otro. "¡Es él[6]!...", musita ella, aunque parece un grito y en su rostro[7] no hay horror, sino la paralización de una sonrisa fascinada, de una sonrisa de viuda lúbrica a la espera del[8] límite impreciso de la indecencia.

Y el hombre abandona todo disimulo[9] y allí, en el Moll de la Fusta, se abre la gabardina y enseña lo más profundo de sí mismo, la piel, dejando en su rostro de exhibicionista la alegría del cazador. Es entonces cuando[10] están frente a frente[11] y ella avanza hacia él, como avanzaban y avanzarán los espías en los puentes de Berlín[12] cuando son y serán canjeados entre Oriente y Occidente. Primero el exhibicionista asume el acercamiento[13] de la mujer con un cierto[14] recelo, pero cuando le descubre la expresión de placidez en el rostro, no sólo se relaja, sino que se abre la gabardina otra vez, con una simpatía espontánea y juguetona. Cuando ella alcanza la distancia de diez metros se miran de hito en hito[15], progresivamente sonrientes, para desconcierto de Carvalho que contempla el encuentro como un mirón inútil, pero algo lo cambia todo y da sentido moral, es decir, finalidad a esta historia.

---

1. **detenerse** : *s'arrêter*. Syn. : **pararse**. Le verbe **detener** s'emploie aussi dans le langage policier : **detener a un ladrón** (*arrêter un voleur*). D'ailleurs en français on parle aussi de *détention* (**detención**).
2. les éthologistes parlent de distance d'approche. C'est celle qui est nécessaire à un animal pour se sentir en sécurité. En-deçà il y a danger et par conséquent agressivité ou fuite.
3. litt. *usurper la vedette*.
4. Le mot **falda** (*jupe*) peut désigner la partie tombante d'un vêtement à partir de la ceinture s'il ne s'ajuste pas au corps : dans le *manteau* (**abrigo**) ou la *gabardine* (**gabardina**), par exemple.
5. **echarse a + infinitif** : *se mettre à + infinitif*. **Echarse a llorar** : *se mettre à pleurer*. **Echarse a reír** : *se mettre à rire*.
6. Remarquez l'accord. **Soy yo** : *c'est moi*. **Es él** : *c'est lui*. **Somos nosotros** : *c'est nous ;* etc.
7. **rostro** : *visage*. A l'origine c'est le rostrum latin (*bec d'oiseau*) qui devint ensuite la *proue des bateaux*. Les colonnes rostrales, colonnes avec des représentations de proues de navires, (cf.

Comme la femme s'arrête en lisière du champ magnétique généré par l'homme-obélisque, Carvalho fait de même, comprenant que l'histoire est arrivée à son point crucial et que la femme ne veut pas être dérangée, ne veut que, ni rien ni personne ne lui vole le premier rôle. L'homme tient les pans de sa gabardine repliés, mais visiblement dans le but de les faire s'envoler d'un instant à l'autre. « C'est lui !... », chuchote-t-elle ; et pourtant elle semble crier et sur son visage il n'y a pas de signe d'horreur mais un sourire figé et fasciné, un sourire de veuve lubrique qui attend les limites imprécises de l'indécence. Et l'homme abandonne tout faux semblant, et là, en plein Moll de la Fusta, il ouvre sa gabardine et montre le plus profond de sa personne, sa peau, et son visage d'exhibitionniste dessine la joie du chasseur. Maintenant ils sont face à face et elle avance vers lui, comme sur les ponts de Berlin avançaient et avanceront les espions qui sont et seront échangés entre l'Orient et l'Occident. Tout d'abord l'exhibitionniste voit avec une certaine méfiance s'approcher la femme, mais lorsqu'il perçoit l'expression paisible de son visage, non seulement il se détend, mais il ouvre à nouveau sa gabardine, avec une sympathie spontanée et espiègle. Lorsqu'elle atteint la distance de dix mètres, ils se regardent droit dans les yeux, progressivement souriants, devant un Carvalho ébahi qui observe cette rencontre tel un voyeur inutile, mais quelque chose vient tout changer et donner un sens moral, en d'autres mots, une finalité à cette histoire.

Place de la Concorde à Paris) s'érigeaient à la gloire des victoires en mer.
8. **a la espera de** : *dans l'attente de.* Syn. : **estar en espera.**
9. **el disimulo** : *la dissimulation, le faux-semblant.*
10. **es entonces cuando** : *c'est alors que.* Dans ces structures la conjonction *que* se rend par **como** (manière), **donde** (lieu), **cuando** (temps), etc. **Así es como me gusta la paella** : *c'est ainsi que j'aime la paella.* **Allí es donde nos veremos** : *c'est là que nous nous verrons.*
11. **frente a frente** : *face à face.* Syn. : **cara a cara.**
12. Scène typique des films d'espionnage d'une certaine époque où cet *échange* (**intercambio**) de prisonniers se fait sur un pont (Check-Point Charly) à la frontière des deux Allemagnes lors de la guerre froide.
13. **acercamiento** : *rapprochement.* **Acercarse** : *se rapprocher.* **Cerca** : *près.*
14.- normalement des mots comme **tal**, **cierto**, **otro**, etc., n'ont pas besoin de l'article devant le nom. **Cierto día** : *un certain jour* ; **tal día** : *un tel jour* ; **otro día** : *un autre jour.* Dans l'évolution normale de la langue espagnole on a tendance aujourd'hui à ajouter l'article indéterminé devant **cierto** comme l'a fait ici Montalbán.
15. *regarder fixement* sans dévier le regard. N'a pas de synonyme.

Él ha desplegado las alas y enseña sus vergüenzas[1], pero ella también ha abierto su gabardina y le muestra a su vez[2] una desnudez macerada[3], mejor que perfecta. Y se sonríen y se respetan las distancias. Se miran y se sonríen. No como pistoleros en la calle mayor[4] de un poblado[5] del Far West, sino como dos almas solitarias que se aman[6] a sí mismas desnudas y contempladas normalmente por gentes sorprendidas y asustadas[7]... "La mirada aparece como el instrumento y el símbolo de una revolución[8]", recuerda Carvalho. Esta vez[9] son dos gozadores[10] y se recrean en el goce de mirarse como dos expertos. Están en un campo magnético común y Carvalho les da la espalda[11] y regresa a su vida de siempre. Pero aún devuelve los ojos a la escena: los exhibicionistas conservan la distancia, la desnudez, el éxtasis.

---

1. **las vergüenzas** : *les parties honteuses*. Selon le dictionnaire espagnol de la **Real Academia** il s'agir des *parties externes des organes humains de la reproduction*. **La vergüenza** : *la honte*. **Avergonzarse** : *avoir honte*. Voir aussi note 1, p. 40.
2. **a su vez** : *à son tour*. **Hablar a su vez** : *parler a son tour*. Syn. : **turno**. **Vez** s'emploie aussi pour *tour* lorsqu'on fait la queue, par exemple. **Señora, le llega la vez** : *Madame, c'est votre tour*.
3. **macerar** s'emploie pour traduire le sens de *mollir*, *ramollir*, voire même *mortifier* (la chair). S'utilise aussi pour *laisser dans un liquide afin de ramollir*. Carvalho aime-t-il les femmes aux chairs bien *ramollies* ou bien *marinées* par la vie ? Son idéal serait-il celui d'une femme mûre, pleine d'expérience plutôt que celui de la petite jeunette bien ferme ?
4. allusion a *Main street* dans les villages du Far West où ont lieu les duels (dans les films d'Hollywood tout du moins...)
5. **poblado** : *village, bourg*. L'usage de ce nom permet à l'auteur de ne pas choisir entre **ciudad** (*ville*) et **pueblo** (*village*). Nous avons tous présents à l'esprit ces maisons hétéroclites du Far West dont on hésite à nommer l'ensemble *village* ou *ville*, mais *bourg*.

L'homme a déployé ses ailes et montre ses parties honteuses, mais elle aussi a ouvert sa gabardine et lui montre à son tour une nudité pétrie, plus que parfaite. Et ils se sourient, et respectent leurs distances. Ils se regardent et se sourient. Pas comme des hors-la-loi dans la grand' rue d'une ville du Far West, mais comme deux âmes solitaires qui s'aiment nues et regardées par des gens habituellement surpris et effrayés. « Le regard apparaît comme le symbole et l'instrument d'une révolution », se rappelle Carvalho. Cette fois-ci, ce sont deux jouisseurs qui savourent la jouissance de se regarder comme deux connaisseurs. Ils sont dans un champ magnétique commun et Carvalho leur tourne le dos et repart vers sa vie de toujours. Mais il pose encore un dernier regard sur la scène : les exhibitionnistes conservent leur distance, leur nudité, leur extase.

---

6. **amar** : *aimer*. Son usage est moins courant que **querer**. Il va plus loin dans le désir, voire même dans la poésie. **Amar al prójimo** : *aimer son prochain*. **La amaba con locura** : *il l'aimait follement*.
7. d'après Carvalho donc, le plaisir chez l'exhibitionniste est déclenché surtout par la surprise (frayeur ?, outrage ?) de sa victime.
8. comparons cette transcription avec celle de la page 56 et nous verrons que le mot **revelación** a été remplacé par **revolución**. Deux hypothèses : soit Montalbán s'est trompé (et dans ce cas-là on ignore le travail des relecteurs, éditeurs, transcripteurs, typographes etc., du manuscrit initial) soit c'est sciemment que l'auteur a écrit **revolución** à la place de **revelación**. Dans ce dernier cas, il faut modifier dans la présente édition le texte des auteurs du *Dictionnaire des symboles* et écrire *révolution* à la place de *révélation*. Mille excuses à ces auteurs.
9. **esta vez** : *cette fois-ci*. **Esa vez** : *cette fois*. **Aquella vez** : *cette fois-là*. On s'éloigne dans le temps au fur et à mesure.
10. **gozador** : *jouisseur*. **El goce** : *le plaisir, la jouissance*. **Gozar** : *jouir*. On emploi aussi **disfrutar** pour traduire *jouir* dans le sens de *profiter*. **Disfrutar de las vacaciones** : *profiter (jouir) de ses vacances*.
11. **dar la espalda** : *tourner le dos*. **Dar la cara** : *affronter, assumer*.

Tal como éramos[1]

Ces années-là

---

1. Clin d'œil au film *The way we were* de Synney Pollack (1973) où l'engagement politique de Katie (Barbara Streisand), amoureuse de Hubbell (Robert Redford), a raison des sentiments qui les unissent.

Aunque permaneciera[1] en un rincón[2] del salón de los espejos[3] rodeada de sus damas de honor era la única mujer que valía la pena contemplar. Llevaba un vestido de seda artificial rojo, según exigencia de su condición de pregonera[4] de una nueva fibra, fruto del incansable esfuerzo de renovación de nuestra industria textil[5], y tras el pregón desfilarían las modelos ataviadas[6] con creaciones de Alta Costura estrictamente nacional[7], aplicada a demostrar la excelencia sin límites de Sedal, nombre bendito del nuevo tejido[8]. Precisamente era el creador del nombre quien había presionado al director del periódico[9] para que algún redactor hiciera una entrevista a la pregonera y diera información cumplida de la Gala de Sedal, desfile incluido, y aunque al director le repugnara la idea, porque un diario sindicalista o nacionalsindicalista, qué más da[10], no tenía por qué respaldar[11] una fiesta de Alta Sociedad, el jefe de publicidad le convenció de la bondad del proyecto, y la síntesis entre la repugnancia y la necesidad fue que encargaron el trabajo al último mono[12] de la redacción. En vano les dije que yo no entendía nada de[13] modas. "Los periodistas sólo deben ver, oír y contar"[14], se me contestó, y mis temblores duraron hasta que la vi a ella en su rincón, triplicada por los dos espejos angulares, con la edad exagerada por la enjundia de la tela del vestido y su color más apto para una mujer con la piel curtida en los *ferry boats* del Mississippi.

---

1. L'absence de pronom sujet habituelle en espagnol a pour conséquence dans un document à l'imparfait (ici imp. du subj.) de ne pas savoir d'emblée s'il s'agit de la 1re ou de la 3e personne (sing.) qui se conjuguent pareil. Ici on ne sait pas encore s'il faut lire *même si je, même s'il, même si elle,* ou *même si vous* (politesse). En arrivant a **sus** on élimine la première personne. C'est en arrivant à **era la única mujer** que l'on comprend qu'il faut lire *même si elle*.
2. Il y a deux mots pour traduire *coin* : **el rincón** (le coin concave, comme dans une chambre) et **la esquina** (le coin convexe, comme dans un coin de rue, un angle). **La mesa del rincón** : *la table du coin.* **El café de la esquina** : *le café du coin.*
3. Les maisons bourgeoises ou aristocratiques espagnoles se sont dotées d'un *salon aux miroirs* à l'instar de la *galerie des glaces de Versailles.* La traduction *salon aux miroirs* est plus adéquate car il ne s'agit que d'un salon d'apparat sans commune mesure avec Versailles…
4. le **pregonero** est la personne qui *prône,* qui *annonce* quelque chose. Jadis dans les villages c'était le *crieur public* qui annonçait les nouvelles. Dans les fêtes il préside aux festivités.

Elle avait beau se tenir dans un coin du salon des miroirs, entourée de ses dames d'honneur, c'était la seule femme qui valait la peine d'être regardée. Elle portait une robe de soie artificielle rouge, comme l'exigeait son rôle de porte-drapeau d'une fibre nouvelle, fruit de l'inlassable travail de renouvellement de notre industrie textile et, après le discours d'ouverture, il était prévu un défilé de mannequins parés de créations de la Haute Couture strictement nationale visant à démontrer l'excellence absolue du Sedal, nom béni du nouveau tissu. C'était justement l'inventeur de ce nom qui avait fait pression auprès du directeur du journal pour que le premier rédacteur venu interviewe le porte-drapeau et fasse un bon papier sur le Gala du Sedal, défilé compris ; et même si l'idée déplaisait au directeur - parce qu'un journal syndicaliste ou national-syndicaliste, peu importe, n'avait pas à cautionner une fête de la Haute Société -, le directeur de la publicité le persuada du caractère positif du projet, et pour faire la synthèse de la répugnance et de la nécessité, on confia ce travail au dernier venu de la rédaction. C'est en vain que je leur dis que je ne comprenais rien à la mode. « Les journalistes doivent seulement voir, entendre et raconter », me répondit-on, et mes tremblements ne cessèrent qu'au moment où je la vis dans son coin, trois fois multipliée par les deux miroirs d'angle, l'âge accentué par cette robe dont le tissu bouffant la comprimait et dont la couleur aurait mieux convenu à une femme à la peau hâlée sur les *ferry boats* du Mississipi.

    Ici on comprend que cette femme est la *muse*, l'*égérie* de cette nouvelle fibre.
5. voir annexes **Industrie textile**.
6. **ataviadas** : *vêtues, ornées*. Verbe moins usité que **vestidas**.
7. allusion au protectionnisme industriel de la période franquiste.
8. certaines de ces phrases sont des pastiches du vocabulaire utilisé par la presse officielle contrôlée par le Ministère de l'Information.
9. **Montalbán** a travaillé pour la revue **Triunfo**. Il existe des recueils d'articles de cette époque dans des ouvrages comme **Crónica sentimental de España** ou **La Capilla Sixtina**. Voir aussi annexes **Operación Foca**.
10. **qué más da** : *peu importe, on s'en fout*.
11. **respaldar** : *étayer, appuyer*. Le **respaldo** est le *dossier* d'une chaise par exemple ; on s'appuie pour être maintenu.
12. **el último mono** : *personne insignifiante*, sans importance.
13. (ici) *s'y connaître*. **Entender de vino** : *s'y connaître en vin*.
14. Les trois singes de la sagesse (Chine) doivent ne rien dire, ne rien voir, ne rien entendre. Allusion au **mono** (*singe*) de la phrase précédente.

Se me había informado de que era la joven condesa de Sinarcas, y el apellido[1] me sonaba a nueva buena sociedad española reconstruida mediante las revistas del corazón[2], justo diezmo nacional a la mucha extranjería que estas revistas habían introducido en la capacidad de evasión y ensueño[3] de nuestras masas. La había visto alguna vez en fotografía, en aquellas revistas manoseadas[4] de la barbería[5] de mi barrio. La joven condesita de Sinarcas en el baile de debutantes del Palacio de Las Dueñas. La joven condesita de Sinarcas es una consumada pintora de aguamarinas[6]. La joven condesita de Sinarcas interpreta *Después del desayuno* de O'Neil[7] en los salones públicos de la princesa de Tasmania, ante el entusiasmo de una entregada asistencia[8], en que destacaba[9] la presencia de doña Carmen Polo de Franco[10]. Que la joven condesita de Sinarcas interpretara aquel monólogo[11] de O'Neil era un síntoma de que no estaba plenamente integrada en la mediocridad del espíritu de la clase dominante, y me acerqué[12] a ella con la triple conducta del profesional a regañadientes[13] que ha de hacer[14] una entrevista satisfactoria, del joven revolucionario enfrentado a un antagonista de clase y del irreprimible dostoievskiano que llevaba dentro[15], dispuesto a redimir[16] a todas las mujeres que me inspiraran ternura.

---

1. **el apellido**: le *nom* (de famille), le *patronyme*.
2. **las revistas del corazón** (**Hola**, **Semana**, **Diez minutos**) équivalent à la *presse « people »*; elles occupent une place de premier ordre dans la presse espagnole. Ce sont les cancans et les potins du monde des artistes et des célébrités.
3. **ensueño** : *rêve, rêverie, songe*. **Un viaje de ensueño**: *un voyage de rêve*. Par contre on dit **sueño** pour un *rêve* en général. **Tener un mal sueño** (*faire un mauvais rêve*).
4. **manosear** : *tripoter, malaxer*. Se fait avec les *mains* (**manos**).
5. **la barbería** est la boutique du *barbier*. **Peluquería** : boutique du *coiffeur*. **Panadería** : *boulangerie*. **Frutería** : *fruits et légumes*.
6. **aguamarina** : *aigue-marine* (pierre précieuse). Une étourderie d'écrivain pour parler des *aquarelles* (**acuarelas**)?
7. **Before Breakfast** (*Avant le petit déjeuner*) d'Eugene O'Neil (prix Nobel de littérature en 1936). Encore une étourderie : ce n'est pas *après* mais *avant le petit déjeuner*.
8. l'assistance lui est donc toute acquise. **Entregada** signifie quelque chose comme *livrée, fascinée, dévouée*. **Tener un público entregado**: *avoir un public inconditionnel (fidèle)*.
9. **destacar**: litt. *se détacher ; mettre en relief, en évidence*. S'emploie habituellement pour *souligner* quelqu'un ou quelque chose dans une liste : **entre los monumentos de París destaca la Torre Eiffel** : *parmi les monuments de Paris il faut souligner la Tour Eiffel*.

On m'avait appris que c'était la jeune comtesse de Sinarcas, et ce nom évoquait en moi la nouvelle bonne société espagnole reconstruite par le truchement de la presse du cœur, juste dîme nationale versée au puissant exotisme que ces revues avaient répandu dans la capacité d'évasion et de rêverie de nos foules. Je l'avais déjà vue quelquefois en photo, dans ces revues tout abîmées que l'on trouve chez le coiffeur de mon quartier. La jeune comtesse de Sinarcas au bal des débutantes du Palais de Las Dueñas. La jeune comtesse de Sinarcas est une aquarelliste de talent. La jeune comtesse de Sinarcas interprète *Avant le petit déjeuner* d'O'Neill dans les salons publics de la princesse de Tasmanie, devant une assistance enthousiaste et conquise, dans laquelle on a remarqué la présence de madame Carmen Polo de Franco. Que la jeune comtesse de Sinarcas interprète ce monologue d'O'Neill était le signe qu'elle ne participait pas complètement de la médiocrité d'esprit de la classe dominante, et je l'approchai par une triple démarche, celle du professionnel qui doit réaliser à contrecœur une interview satisfaisante, celui du jeune révolutionnaire confronté à un ennemi de classe et celle de l'incorrigible dostoïevskien que je portais en moi, prêt à racheter toutes les femmes qui m'inspireraient de la tendresse.

---

10. Il s'agit de Madame Franco (1900-1988). Issue d'une famille aisée des Asturies, elle épousa le militaire le plus en vue de l'époque. Le roi Alphonse XIII fut leur témoin de mariage ! Elle avait la réputation de femme à laquelle on ne refuse rien. Ses colliers de perles *cédés* par des bijoutiers non consentants sont célèbres au point que son surnom était **La collares** : *Madame (celle des) colliers*.
11. Dans ces années 60-70 le théâtre et plus spécialement la représentation de pièces de certains auteurs étrangers (Camus, Ionesco, Beckett, Pirandello, etc.) était l'un des signes de ralliement des intellectuels progressistes (**progres**) en mal de changement de régime.
12. **acercarse** : *se rapprocher*. **Cerca** : *près*.
13. **a regañadientes**: *à contrecœur, en rechignant*. **Regañar** : *gronder, disputer* (un enfant, p. ex.). **Lo haré a regañadientes** : *je le ferai à contrecœur* (en trainant des pieds).
14. **ha de hacer** : *doit faire* (obligation). Syn. : **tiene que hacer**.
15. **llevar dentro**: *porter dedans* (en soi). **Desde pequeño llevaba un músico dentro**: *depuis tout petit il portait en lui un musicien.*
16. Le verbe **redimir** est du domaine religieux : *racheter* (les péchés, p. ex.). Il est de la même famille que le mot français *rédemption* (**redención**). Ici le narrateur est prêt à prendre un rôle de *rédempteur*, de sauveur des femmes. En çà il s'oppose au **macho**. A moins que ce soit aussi un signe de machisme…

Y me la inspiró porque estaba tan asustada como yo[1], como si el título y el traje[2] y la situación le fueran anchos[3], empujada por complejos poderes[4] que la obligaban a estrenarse[5] en el protagonismo social[6], como los príncipes se ven empujados a ser reyes desde un instinto zoológico de dinastía y las muchachas a ser mujeres y los revolucionarios a perder la revolución. Planteé[7] una entrevista a la manera de 1960, a dos columnas de un diario nacionalsindicalista[8], firmada por un joven periodista en período de prácticas[9], protegido por un redactor jefe falangista sin adjetivos que corrigieran su sustantividad. Después de decirme que todo el mundo era maravilloso y el traje un amor y el tiempo excelente[10], me confirmó que pintaba cuadros, escribía versos y que tenía vocación teatral.
– ¿No se opone su familia a esas inquietudes artísticas?
Era una pregunta peligrosa en aquellos años porque la simple semanticidad de que una familia tuviera que oponerse a uno de sus miembros y precisamente por tener inquietudes, ya era objetivamente subversiva. Y ella parpadeó[11], miró a derecha e izquierda[12], no protegiendo su respuesta, sino mi pregunta y vi en sus ojos una asustada[13] complicidad con mi audacia. Tenía los ojos verdes lo suficientemente hermosos como para[14] compensar una nariz algo tosca y sobre todo disponía de esa fragilidad de ricos que yo no había visto en ninguna chica, salvo en alguna vecina, años atrás, cuando contraía la tuberculosis.

---

1. **tan asustada como yo** : *aussi effrayée que moi*. Dans les comparatifs d'égalité l'espagnol utilise **como** à la place de *que*. **Pedro es tan rubio como yo** : *Pierre est aussi blond que moi*.
2. **traje** : *costume*. Ici acception large de *vêtement propre à quelqu'un (tenue)*. **Un traje de vaquero** : *un costume de cow-boy*.
3. **ancho** : *large*. Ici le costume est trop large pour elle. On emploie aussi le verbe **estar** ou **quedar** dans ce cas. **El abrigo me queda (me está) ancho** : *le manteau est trop grand pour moi*.
4. litt. : *des pouvoirs complexes* (forces occultes ou cachées).
5. **estrenarse** : litt. *s'étrenner*. **Estrenar** s'emploie pour les pièces de théâtre ou les vêtements. **Estrenar un traje** : *étrenner un costume*. **Ayer estrenaron la obra** : *hier c'était la première de la pièce*.
6. **social** a toujours le sens de *relatif à la société (sociétal)*. **El móvil es un fenómeno social** : *le portable est un phénomène de société*. Il faut se méfier de ce mot qui en français peut

Et elle m'en inspira, car elle était aussi effrayée que moi, comme si son titre, sa robe et la situation étaient trop grands pour elle, qu'elle était mue par des forces obscures qui l'obligeaient à débuter dans un vedettariat social, comme les princes sont poussés à devenir rois par l'instinct zoologique de leur lignée, les jeunes filles à devenir femmes et les révolutionnaires à perdre la révolution. J'abordai l'interview façon 1960, sur deux colonnes d'un quotidien national-syndicaliste, signée d'un journaliste stagiaire protégé par un rédacteur en chef phalangiste dépourvu de qualificatifs susceptibles de pouvoir corriger ses élans d'individualité. Après m'avoir dit que tout le monde était merveilleux, que sa robe était adorable et le temps superbe, elle me confirma qu'elle peignait des tableaux, écrivait des vers et qu'elle avait une vocation théâtrale.
– Votre famille ne s'oppose-t-elle pas à ces préoccupations artistiques ?
C'était une question dangereuse pour l'époque, car le simple fait de dire, sémantiquement parlant, qu'une famille devrait s'opposer à l'un de ses membres et précisément parce qu'il avait des préoccupations, était déjà subversif en soi. Elle battit des paupières, regarda à droite, à gauche, non pas pour protéger sa réponse mais ma question, et je vis dans ses yeux une complicité inquiète à cause de mon audace. Elle avait des yeux verts dont la beauté parvenait à compenser un nez quelque peu commun et surtout, cette fragilité des riches que je n'avais vue chez aucune jeune fille, sauf, quelques années auparavant, chez une voisine quand elle avait contracté la tuberculose.

---

    signifier *relatif au monde du travail* ; dans ce cas l'espagnol utilise l'adjectif **laboral. Mobilización laboral en torno a los salarios** : *mobilisation sociale autour des salaires*.
7. **plantear** : *aborder*, façon dont on *pose* une question, un problème. **Me planteo el problema de decidir** : *je me pose la question de prendre la décision*.
8. voir annexes **Nacional Sindicalismo**.
9. **las prácticas** : *le stage*. Il s'agit de la mise en pratique de ce qu'on apprend à l'école (élève). Par contre, les *stages* faits dans le cadre de la formation permanente (employés), se dit **cursillo**.
10. cliché classique sur les sujets de conversation sans grand intérêt des miss ou des vedettes.
11. *battre les paupières* (**párpados**) : **parpadear**.
12. dans les dictatures les conversations sont susceptibles d'être entendues et par conséquent on se méfie de tout et de tous.
13. **asustada** : *effrayée*. **Asustar** : *effrayer*. **El susto**: *la peur*.
14. **lo suficientemente + adj. como para**: *suffisamment + adj. pour*. **Lo suficientemente grande como para transportar un elefante** : *suffisamment grand pour transporter un éléphant*.

Tenía una manera de estar[1] en el mundo, concretamente en aquel[2] salón de los espejos, según la cual la timidez era una forma de conducta segura o al menos suficiente. Los tímidos siempre parecen animales insuficientes[3] y ella, aun siendo tímida, era totalmente suficiente. Se me ocurrió[4] entonces un test cultural para connotarla[5] y le pregunté por[6] sus poetas[7] preferidos, que fueron congruentes con[8] su silueta: Bécquer[9], Juan Ramón[9] y García Lorca[9], pronunciando el tercer nombre de un tirón[10], porque era el más largo y a la vez el más conflictivo de los tres. Me jugué el tipo[11], a veces suelo ser temerario, y le propuse un tríptico diabólico que casi la hizo empalidecer[12]: Machado[13], León Felipe[13], Miguel Hernández[13]. Se limitó a decir: "Miguel Hernández. ¡Ah sí!", y desvió[14] la mirada, no fuera a ver[15] en ella miedo o recelo.

Di la entrevista por concluida[16] y me fui al periódico a redactarla. Cuando se la entregué al redactor jefe, me dijo: "Qué entrevista más rara[17]." "¿Y por qué rara?" "Porque empezáis hablando de fibras sintéticas y acabáis hablando de poesía." "Es un personaje complejo", me justifiqué. "No, si no digo que no." La tolerancia del redactor jefe quedó aplastada[18] bajo el berroqueño[19] espíritu escurialense[20] del director.

– ¿Cómo se le puede preguntar a la hija del conde de Sinarcas si tiene oposición familiar?
– Es mayeútica[20].
– ¿Mayeútica?

---

1. le verbe **estar** sert à beaucoup de choses. Ici à rendre l'idée de *se tenir, d'être présent*. **Un actor debe saber estar** : *un acteur doit avoir de la présence.*
2. ce démonstratif éloigne l'action dans le temps. C'est un souvenir.
3. jeu de mots avec **suficiente** et **insuficiente** difficile à traduire.
4. le verbe **ocurrir** signifie *arriver, survenir* (évènement) : **¿Qué ocurre?** : *Que se passe-t-il ?* À la forme pronominale il a le sens de *venir à l'esprit, avoir une idée, passer par la tête*. **Se me ocurre una idea** : *j'ai une idée (elle me vient à l'esprit).* **¿Cómo se te ocurrió eso?** *Comment as-tu pu avoir une idée pareille ?*
5. le narrateur veut *associer* (**connotar**) cette femme à son milieu.
6. **preguntar por**: *demander après, prendre des nouvelles*. **Le pregunté por Pedro** : *je lui demandai des nouvelles de Pedro.*
7. pendant la dictature franquiste certains domaines trahissaient les opposants au régime ; et l'un d'entre eux était la poésie. Aimer tel poète ou tel auteur vous rangeait dans un camp ou dans l'autre.
8. *en adéquation avec, logiques,* « *congrus* ».
9. voir annexes **Bécquer, Juan Ramón Jiménez** et **García Lorca**.

Elle avait une manière d'être présente dans le monde, et en particulier dans ce salon des miroirs, qui faisait de la timidité une ligne de conduite sûre ou tout au moins acceptable. Les timides semblent toujours des animaux inaboutis, mais elle, bien que timide, était totalement aboutie. J'imaginai alors un test culturel pour la jauger et lui demandai quels étaient ses poètes préférés : ils étaient en accord avec sa silhouette : Bécquer, Juan Ramón et García Lorca. Elle prononça le troisième nom d'un trait, parce que c'était le plus long mais aussi le plus controversé des trois. Je jouai alors le tout pour le tout – il m'arrive d'être téméraire – et lui proposai une troïka diabolique qui la fit presque blêmir : Machado, León Felipe, Miguel Hernández. Elle se contenta de répondre: « Miguel Hernández, ah oui ! » puis détourna le regard, au cas où l'on y aurait décelé crainte ou méfiance.

Je considérai que nous avions fini l'interview et je filai la rédiger au journal. Lorsque je la remis au rédacteur en chef, il me dit: « Une interview bien singulière ! » « Pourquoi singulière ? » « Parce que vous commencez par parler fibres synthétiques et vous finissez par parler poésie. » « C'est un personnage complexe », tentai-je de me justifier. « Non, je ne dis pas le contraire. » La tolérance du rédacteur en chef fut anéantie par l'orthodoxie granitique de la ligne de pensée du directeur.

– Comment peut-on demander à la fille du comte de Sinarcas si elle est en conflit avec sa famille ?
– C'est de la maïeutique.
– Maïeutique?

---

10. **de un tirón** : *d'un seul trait.*
11. **jugarse el tipo** : *oser gros* (le tout pour le tout), *risquer sa peau.*
12. **palidecer** : *pâlir.* **Pálido**: *pâle.*
13. voir annexes **Machado, León Felipe** et **Miguel Hernández**.
14. **desviar** : *dévier, détourner.*
15. **no fuera** : *au cas où, pourvu que.*
16. **dar por** : *donner* ou *tenir pour, considérer, croire.* **Le dieron por muerto** : *on le prit pour mort.* **Eso lo doy por hecho** : *ça, c'est comme si c'était fait.*
17. **raro, rara** : *bizarre, étrange.* **Un hombre raro** : *un homme étrange; un drôle de personnage.*
18. **aplastar** : *aplatir, écraser.*
19. **berroqueño** : *d'allure granitique* (idée de lourdeur ?).
20. **escurialense** : *relatif à l'Escorial* (voir annexes **Escorial**). Comme c'était le Palais Royal de l'époque des Habsbourg, il se pourrait qu'il y ait une idée d'intransigeance, de ligne de pensée *rigide.*
20. voir annexes **mayeútica**.

– Sí. Es para que me conteste que no la tiene y así el conde de Sinarcas queda bien[1].

– El conde de Sinarcas no ha de quedar bien. Es uno de los cuarenta de Ayete[2]. Juega al golf[3] con Franco. Es primo indirecto de no sé cuantos reyes en el exilio y luego vas tú y le haces quedar bien.

Me cortó los fragmentos más hermosos[4] de la entrevista, los que más ufano[5] podrían dejarme ante ella y no me resigné a que me tomara por[6] un imbécil incapaz de recoger[7] una conversación sutil. Así que[8] compré en la secreta trastienda[9] de una librería la *Antología* de Miguel Hernández editada por Losada[10], escribí una dedicatoria[11] en la que informaba de la trapisonda[12] del director y le dejé el libro dentro de un sobre cerrado en la recepción de su hotel. Por la noche[13] me llegó su llamada cuando yo estaba de guardia[14] vigilando un levantamiento de *pieds noirs* de Argel[15] encabezados[16] por un ultra, de origen español tenía que ser[17]. Ella me enviaba su voz emocionada y se emocionó la mía. Quedamos en salir al día siguiente y tuve que saltarme una reunión de Comité Ejecutivo del FLP[18] en la que se traduciría al castellano una nota que nuestro secretario general, Julio Cerón[19], había filtrado desde su encierro en la cárcel de Valladolid.

En aquellas condiciones de clandestinidad había que dar razones serias para faltar a una cita tan importante y pasé el recado[20] de que estaba trabajando a un personaje principal cuya recluta daría notorios beneficios de todo tipo al Frente.

---

1. **quedar bien**: *aller bien* ou *s'en tirer bien*. **Ese cuadro queda bien en tu cuarto** : *ce tableau va bien dans ta chambre*. **Cuando me invitan me gusta quedar bien** : *lorsqu'on m'invite j'aime bien faire bonne impression*.
2. voir annexes **Ayete**.
3. il était de bon ton d'apparaître dans les revues auprès de Franco lors de parties de golf, de chasse au mouflon ou de pêche au cachalot.
4. **hermoso** : *beau*. Syn. : **bello, bonito, lindo** (Am. Lat.). On réserve **guapo** pour les personnes. **Un bonito (hermoso) paisaje** : *un beau paysage*. **Una chica guapa** : *une jolie fille*.
5. **ufano** : *satisfait, fier*. Peut être péjoratif (*suffisant*).
6. **tomar por** : *prendre pour*. **Me tomó por un loco** : *il m'a prit pour un fou*.
7. **recoger** : *ramasser, reprendre, recueillir*. Ici *rapporter, transcrire*.
8. **así que** : *donc*. Syn. : **pues, luego**.
9. les librairies étaient à l'époque un espace de liberté où l'on pouvait acheter sous le manteau des ouvrages plus ou moins interdits.

– Oui. C'est pour qu'elle réponde que non et comme ça le comte de Sinarcas a le beau rôle.
– Le comte de Sinarcas n'a pas à avoir le beau rôle. C'est un des quarante d'Ayete. Il joue au golf avec Franco. C'est le cousin lointain de je ne sais combien de rois en exil, et toi tu débarques et tu veux qu'il ait le beau rôle.

Il me coupa les passages les plus beaux de l'interview, ceux qui auraient pu le plus me valoriser auprès d'elle, mais je ne pus me résigner à ce qu'elle me prenne pour un imbécile incapable de rapporter une conversation subtile. J'achetai donc dans l'arrière-boutique clandestine d'une librairie l'*Anthologie* de Miguel Hernández dans l'édition de Losada ; j'écrivis une dédicace où j'expliquai le mauvais tour du directeur et laissai le livre sous enveloppe fermée à son intention à la réception de son hôtel. Je reçus son appel dans la soirée, alors que j'étais d'astreinte occupé à surveiller une révolte de *pieds noirs* à Alger menés par un ultra – d'origine espagnole, comme de bien entendu –. Elle me parlait d'une voix émue et la mienne s'émut à son tour. On se donna rendez-vous pour le lendemain et je dus sécher une réunion du Comité exécutif du FLP au cours de laquelle on traduirait en espagnol une note que notre secrétaire général, Julio Cerón, avait fait sortir du fond de sa prison de Valladolid.

Dans les conditions de clandestinité de l'époque il fallait avoir de sérieux motifs pour manquer un rendez-vous d'une telle importance ; je fis donc savoir que j'étais occupé à travailler un membre de la haute, dont le ralliement serait bénéfique à tous égards pour le Front.

---

10. Publiée à Buenos Aires en 1960.
11. l'usage espagnol fait que l'on peut écrire une dédicace dans un livre qu'on offre sans en être l'auteur. Le cadeau prend ainsi parfois un sens caché ou particulier.
12. **trapisonda** : mot familier signifiant *entourloupe, embrouille*.
13. la notion de *soir* ou *soirée* n'existant pas en espagnol, on trouve parfois **tarde** ou **noche** à la place. Le critère est celui de la lumière. Avant le coucher du soleil c'est **la tarde** ; après, **la noche**.
14. **estar de guardia**: *être de garde* (astreinte).
15. voir annexes **Barricades d'Alger**.
16. **encabezar** : *se porter à la tête* (groupe), *mener*. Syn. : **liderar**.
17. *comme de bien entendu*, cela ne pouvait en être autrement.
18. voir annexes **FLP**.
19. voir annexes **Cerón, Julio.**
20. **pasar el recado** : *passer le mot, le message, la commission*. **¿Le han pasado el recado?** *Lui avez-vous fait la commission ?*

Lo cierto es que[1] paseamos por un barrio de las afueras[2] y hablamos de poetas prohibidos[3], que yo sabía prohibidos y que ella creía innecesarios[4]. Sin saberlo era una formalista rusa a la española y consideraba que la poesía no debía intervenir en la historia, ni en la sociedad, ni siquiera[5] en el tiempo real, pero me reconoció haberse emocionado ante algunos poemas de Hernández, sobre todo en aquel[6] que empieza diciendo: "Pintada, no vacía, pintada está mi casa, / del color de las grandes tragedias y desgracias[7]." Y cuando le informé de la anécdota real escondida en otro poema, *Las nanas a la cebolla*[8], la condesa es que se echó a llorar, como quien llora furtivamente, sin ganas de que se note[9] pero sabiendo que el destino[10] de todo llanto, sobre todo en desconsuelo, es ser notado.

– Enséñame[11] cosas. A veces me veo a mí misma como al joven Buda que tuvo que salir del recinto amurallado de su palacio para descubrir la enfermedad, la miseria, la muerte, el dolor en suma. Es injusto que sólo atendamos[12] a nuestro propio dolor.

Era una síntesis admirable del por qué del compromiso y de la solidaridad y así se lo dije, arriesgando mucho para una primera jornada de aproximación ideológica. Si en este terreno arriesgué algo, en el otro apenas dejé suelto mi brazo derecho para que rozara el izquierdo suyo, o mi caminar[13] panchín panchán[14] propició que a veces nuestros hombros se encontraran o incluso nuestros medios cuerpos en las entradas mal calculadas a bares de puertas escasas[15].

---

1. **lo cierto es que** : *ce qui est sûr c'est, à dire vrai, en fait.*
2. **las afueras** : *la banlieue.* **Fuera** : *dehors.*
3. À l'époque les poètes étaient un vivier d'idéologie et lire leur œuvres un signe de reconnaissance parmi les opposants au régime. Gabriel Celaya écrivit **"La poesía es un arma cargada de futuro"** (*la poésie est une arme chargée de futur*).
4. **innecesario** : *superflu* (pas nécessaire). Le doublement de la consonne **n** est assez rare en espagnol. On le trouve souvent dans les mots qui commencent par un **n** et qui sont précédés du préfixe **in** : **innato** : *inné* ; **innovar** : *innover.*
5. **ni siquiera** : *pas même, même pas.* Il précède le groupe verbal. **Ni siquiera lo vi.** *Je ne l'ai même pas vu.*
6. Le pronom **aquel** s'utilise souvent dans les définitions et peut se rendre en français par *celui* (**aquella** : *celle,* **aquellos** : *ceux,* etc.). **Los mamíferos son aquellos vertebrados que...** : *les mammifères sont les vertébrés qui...*

À dire vrai nous fîmes une promenade dans un quartier de banlieue et nous parlâmes de poètes interdits, que je savais interdits et qu'elle croyait superflus. Elle était, sans le savoir, une formaliste russe à l'espagnole, et considérait que la poésie ne devait s'immiscer ni dans l'histoire, ni dans la société, ni même dans le temps réel ; bien qu'elle admît avoir été émue par certains poèmes de Hernández, surtout par celui qui commence par : « Peinte est ma maison, peinte et non vide / de la couleur des grandes tragédies et des grands malheurs. » Et lorsque je lui appris l'anecdote qui se cachait derrière un autre poème, *La berceuse des oignons*, voilà que la comtesse se mit à pleurer, comme on pleure à la dérobade pour ne par être remarqué mais sachant que le sort de toute larme, surtout quand on est affligé, est d'être remarqué.
– Apprends-moi des choses. Parfois je me vois comme le jeune Bouddha qui dut franchir l'enceinte fortifiée de son palais afin de découvrir la maladie, la misère, la mort ; en un mot, la douleur. Il est injuste de nous occuper seulement de notre propre douleur.
C'était une admirable synthèse du pourquoi de l'engagement et de la solidarité, et je le lui dis, prenant de gros risques pour une première journée d'initiation idéologique. Si sur ce terrain je pris quelques risques, sur l'autre je laissai à peine mon bras droit ballant pour qu'il frôle son bras gauche, ou alors ma démarche déhanchée permit à nos épaules - voire même à la moitié de nos corps – de se toucher, lors d'entrées mal calculées par d'étroites portes de bar.

---

7. Poème très célèbre d'Hernandez (**Canción última**) chanté aussi par Joan Manuel Serrat et enregistré dans un disque « culte ».
8. **Nanas de la cebolla** (et non **a la cebolla**). Poème triste dédié à son fils (**nana** : *berceuse*) lorsque le poète apprend dans une lettre que son fils souffre, qu'il a froid et qu'il n'a que des oignons à manger.
9. **notar** : *remarquer*. Syn. : **darse cuenta**.
10. **el destino** : *le destin, la destination* ; ici *le sort*. **El destino de todo pollo es la cazuela** : *le sort de tout poulet est la casserole*.
11. **enseñar** : *apprendre* (dans le sens du professeur), *enseigner*. **Es lo que enseño a mis alumnos** : *c'est ce que j'enseigne à mes élèves*.
12. **atender** : faux ami signifiant *s'occuper, faire attention*.
13. **el caminar** : *la marche*. **El respirar** : *la respiration*.
14. onomatopée pouvant évoquer une marche militaire avec tambours et cymbales qui favorise le balancement des bras.
15. **escasas**: *rares, peu abondantes, courtes*. Ici *étroites*. **Tener escasas posibilidades**: *avoir peu de possibilités*.

Fueran[1] los contactos furtivos ideológicos, aquel día ultimados[2] con una prudente interpretación neutralista de la guerra civil, o fueran los otros, lo cierto es que entre nosotros surgió lo que los cineastas llaman química y quedamos citados[3] al día siguiente[4], con tan mal acuerdo que más tarde comprobé[5] que la cita me coincidía con otra reunión del Comité Ejecutivo del FLP y es que, como éramos pocos[6] y carecíamos[7] de base, nos reuníamos casi todos los días. Di pues nuevo aviso[8] de mi ausencia y merecí algún parpadeo[9] de sorpresa de mi enlace.
– Ya os informaré. Os aseguro que es un filón[10].
Al día siguiente la condesa y yo nos planteamos[11] la legitimidad del franquismo y la agonía de Machado y su madre en Collioure[12]. Los acontecimientos se precipitaban y consciente de mi descontrol cuando las pasiones me dominan, enfrié mi cabeza al acordar la nueva cita y la calculé con tiempo para asistir esta vez a la reunión del Comité Ejecutivo. Ante las caras graves de mis camaradas[13], pasé al ataque y expuse la operación seducción de la condesa de Sinarcas como una fase madura de nuestra capacidad de penetración en el tejido social[14], y yo acudía al Comité Ejecutivo de mi partido, es decir, a los otros tres miembros[15] del Comité Ejecutivo de mi partido, en busca de un consenso que me permitiera un trabajo de aproximación o adoctrinamiento.

---

1. *que ce fût ; que ce soit.* **Fuera con las blancas o fuera con las negras siempre perdía al ajedrez** : *Que ce soit avec les blanches ou avec les noires il perdait toujours aux échecs.*
2. **ultimar** : *achever.* **Ultimar un contrato** : *conclure un contrat.*
3. le verbe **quedar** s'utilise pour les *rendez-vous* (**citas**). **Mañana quedamos a las once** : *demain rendez-vous à onze heures.*
4. **el día siguiente** : litt. *le jour suivant* (*le lendemain*).
5. **más tarde comprobé** : *plus tard j'ai vérifié.* **Comprobar**: *vérifier.* **La comprobación** : *la vérification.*
6. le verbe **ser** s'utilise de façon automatique devant une idée de nombre ou de quantité. **Somos demasiados para entrar en ese coche** : *nous sommes trop nombreux pour entrer dans cette voiture.* **Éramos cinco amigos** : *nous étions cinq amis.*
7. **carecer** : *ne pas avoir, manquer.* **Carece de personalidad** : *il manque de personnalité.* **Carencia** : *carence.*
8. **dar aviso** : *avertir.* Le verbe **dar** renvoie parfois à une question de son et s'emploie dans beaucoup d'expressions du genre **dar la alarma** (*sonner l'alarme*) ; **el reloj ha dado las tres** (*la pendule a sonné trois heures*). Le verbe **dar** est un véritable outil pour des expressions.

Étaient-ce nos furtifs contacts idéologiques – on était arrivé ce jour-là à une interprétation de la guerre civile prudemment neutre - ou bien les autres, une chose est certaine, c'est qu'entre nous surgit ce que les cinéastes nomment chimie et que le lendemain nous avions un rendez-vous, si mal concerté que je m'aperçus après coup qu'il coïncidait avec une nouvelle réunion du Comité Exécutif du FLP : de fait, étant si peu nombreux et manquant de base, nous nous réunissions presque tous les jours. J'informai donc à nouveau de mon absence, récoltant ainsi quelques battements de paupière surpris de la part de mon contact.
- Je vous tiendrai au courant. C'est un bon filon, je vous assure.
Le lendemain, la comtesse et moi reconsidérâmes la légitimité du franquisme et l'agonie de Machado et de sa mère à Collioure. Les événements se précipitaient et, conscient que je perds tout contrôle quand la passion me submerge, je gardai la tête froide au moment de fixer le nouveau rendez-vous; je le calculai de façon à me donner le temps d'assister cette fois-ci à la réunion du Comité Exécutif. Face aux visages graves de mes camarades, je passai à l'offensive et présentai mon opération séduction de la comtesse de Sinarcas comme une phase aboutie de notre capacité à pénétrer le tissu social ; je demandais au Comité Exécutif de mon parti, c'est-à-dire aux trois autres membres du Comité Exécutif de mon parti, l'accord pour obtenir le consensus qui me permettrait un travail d'approche ou d'endoctrinement.

---

9. **un parpadeo** : *un battement de paupières* (**párpados**). **Parpadear** : *battre des paupières.* Indique la surprise.
10. ce genre de contacts étaient essentiels pour ces groupuscules afin d'infiltrer les familles bourgeoises ou d'aristocrates comme ici.
11. **plantearse** : *se poser la question*. **Plantear un problema**: *poser un problème.* Syn.: **enfocar**. **Enfocar el problema socialmente** : *aborder la question du point de vue social*.
12. voir annexes **Machado**.
13. dans le jargon politique espagnol on emploie indistinctement **camarada** ou **compañero** pour *ses camarades*. Dans ce genre de réunions de cellule on se méfiait souvent des camarades qui pouvaient être des policiers infiltrés.
14. jargon typique de la phraséologie de ce genre de groupuscules visant à imposer leur vision dans les couches les plus diverses de la société. Ici : une jolie aristocrate. Quelle aubaine !
15. Montalbán a réellement appartenu à ce parti : il sait de quoi il parle. Avec le recul il se moque certainement du côté dérisoire des moyens de discrétion employés et du nombre de ses camarades.

Recientemente habíamos recibido la información de que un joven de Palencia[1] había sido visto leyendo La suerte está echada de Sartre[2] y decidimos enviar un comando[3] a Palencia para sondearle, en una tarde perdida, en un vagón de tercera[4], recelosos[5] de cualquiera[6] que pudiera sospechar de una expedición a Palencia de muchachos tan comprometidos[7], por aquellos días empeñados en[8] imprimir propaganda con rodillos de lavadora[9] para enseñársela a Tito[10] y así conseguir que nos financiara e iniciar cuanto antes[11] la revolución. Mi propuesta fue aceptada sin entusiasmo por la mayoría y rechazada de plano por el Sini[12], con los nervios alterados porque era él quien le daba al[13] rodillo en el piso secuestrado de un notario en vacaciones, padre del miembro interino del Comité Ejecutivo. El Sini criticó muy duramente nuestra tendencia de prospectar de uno en uno y por procedimientos tan singulares como ir a Palencia en busca de un lector de Sartre, que además resultó ser sobrino de un dramaturgo ex presidiario y obviamente antifranquista.
– Es como si yo me fuera a reclutar a un obrero de Altos Hornos[14] porque le han oído decir *Me cago en la leche*[15]. A las masas se las conciencia mediante la acción y se las recluta en la acción y después de la acción. Lo que hacemos nosotros es actuar como viajantes[16] de comercio. Es una técnica intrínsecamente pequeña burguesa.

---

1. Petite ville de province. La dérision continue.
2. *Les jeux sont faits* : Jean Paul Sartre, 1947. Scénario de film qui résume la philosophie existentialiste. Les ouvrages des philosophes français (Sartre ou Camus) étaient bannis ou objet de surveillance.
3. Toujours la dérision dans le lexique : télescopage ironique entre l'idée du commando et le wagon de troisième classe.
4. On imagine un wagon en bois à l'arrêt sur une voie de garage.
5. **receloso** : *craintif, méfiant*. **El recelo** : *la méfiance, le soupçon*. **Mirar con recelo** : *regarder avec méfiance*.
6. **cualquiera** : *quiconque, n'importe qui*. **Cualquiera de vosotros** : *n'importe lequel d'entre vous*. Il s'apocope en **cualquier** même au féminin. **Cualquier persona** : *n'importe quelle personne...*
7. **comprometidos** : *engagés*. Ici on parle de *l'engagement* (**el compromiso**) politique. **Una canción comprometida** : *une chanson engagée*. Il y a encore un décalage entre le mot **compromiso** et leur démarche : aller poser des questions à un jeune homme de province qu'on avait vu lire un livre de J.P. Sartre...
8. **empeñado** : *entêté, obstiné*. **Se empeña en acabar antes de las doce** : *il s'entête à finir avant minuit*. **El empeño** : *l'entêtement*.

Nous avions récemment été informés qu'un jeune homme de Palencia avait été vu en train de lire *Les jeux sont faits* de Sartre ; nous décidâmes donc d'envoyer un commando à Palencia pour le sonder, par un après-midi perdu, dans un wagon de troisième classe, craignant que quelqu'un puisse se douter de cette expédition jusqu'à Palencia menée par des jeunes gens si engagés et qui s'acharnaient à l'époque à imprimer leur propagande avec des rouleaux de machine à laver pour la montrer à Tito et obtenir ainsi son appui financier et commencer le plus tôt possible la révolution. Ma proposition fut acceptée sans enthousiasme à la majorité, mais repoussée formellement par Sini, qui avait les nerfs détraqués, car c'était lui qui faisait tourner le rouleau dans l'appartement squatté d'un notaire en vacances, père du membre par intérim du Comité Exécutif. Sini critiqua sévèrement notre tendance à faire du prosélytisme au cas par cas et par des procédés singuliers, comme celui de s'embarquer pour Palencia à la recherche d'un lecteur de Sartre, qui s'avéra de surcroît être le neveu d'un dramaturge ex-détenu et bien évidemment anti-franquiste.
– C'est comme si j'allais recruter un métallo des Hauts Fourneaux parce qu'on l'aurait entendu dire *putain de merde*. On éveille la conscience des masses par l'action et on les recrute dans l'action et après l'action. Nous, nous agissons comme des commis-voyageurs. C'est une technique purement petite-bourgeoise.

---

9. rouleaux d'essorage manuels des machines à laver de l'époque.
10. voir annexes **Tito.**
11. **cuanto antes** : *le plus tôt (vite) possible.* **Ven cuanto antes** : *viens dès que tu peux.*
12. **el Sini.** Dans ce genre de groupes politiques tout le monde a un nom de « guerre ». Celui-ci pourrait être *le sinistre*, **Sini** étant l'apocope probable de **el siniestro.** L'article qui précède le prénom ou le surnom est d'usage très populaire. **El Antonio** : *l'Antoine.*
13. **dar** peut s'employer dans les expressions qui évoquent le fait d'actionner un dispositif : **dar al interruptor** (*pousser l'interrupteur*) ; **dar al freno** : *appuyer sur le frein* ; **dar al botón**: *pousser le bouton.*
14. **Los Altos Hornos de Bilbao** : entreprise métallurgique très représentative du prolétariat espagnol (cf. Renault en France).
15. Litt : *je chie sur le lait* (implicitement **de la madre que te parió** : « *de la mère qui t'a mis au monde* »). L'espagnol utilise souvent ce type d'expressions grossières. Il dit **me cago en tu madre** (*je chie sur ta mère*), **me cago en La Virgen** (*La Vierge*), etc.
16. **viajante** : *voyageur (de commerce), représentant.* Par contre **viajero** : *voyageur (touriste).*

Además, para[1] el Sini, O'Neil era un escritor equívoco[2], y prueba de ello era que una condesita[3] lo interpretara y una selecta concurrencia[4] tragara[5] una obra[6] sin duda alguna de mensaje integrador.
– El reformismo hay que dejarlo para comunistas y socialistas. Nosotros somos revolucionarios.
No le eché en cara[7] que viajara con tanta frecuencia a Sevilla para ver a nuestra base obrera, Portillo, el único trabajador manual de que disponíamos a la espera de[8] que alguno de nosotros decidiera desclasarse, no en sentido estricto de la palabra, porque casi todos, menos el hijo del notario, éramos de familias escasamente dotadas[9], sino[10] en el sentido profesional: dejar de ser trabajador de cuello blanco[11] para ir a las fábricas a crear conciencia de clase, esa materia del espíritu[12] tan delicada que se volatiliza como los gases más livianos[13]. No se lo reproché[14] porque comprendía que el Sini estaba crispado por ocho horas diarias[15] de darle al rodillo de lavadora, porque urgía[16] traducir el mensaje cifrado de nuestro secretario general y cuanto antes[17] termináramos antes llegaría a mi cita con la condesa.
– A ver qué dice Julio.
– La nota dice exactamente: *El vino que tiene Asunción ni es claro ni es tinto ni tiene color*[18].

---

1. **para mí** : *pour moi* (d'après moi) ; **para él** : *pour lui*.
2. *ambigu, équivoque* ; qui peut s'interpréter de plusieurs façons.
3. il y a un soupçon de condescendance, voire de mépris dans ce diminutif. **Los trabajitos de mi tío** : *les menus travaux* (mal faits ?) *de mon oncle*. Le Sini ne « sent pas » la comtesse…
4. **la concurrencia** : *l'assistance, l'affluence*. **Concurrido** : *fréquenté*. **Una playa muy concurrida** ; *une plage très fréquentée*.
5. **tragar**. Certaines pièces de théâtre un peu *intello* ont un côté indigeste indéniable…
6. **una obra (de teatro)** : *une pièce* (de théâtre).
7. **echar en cara** : *reprocher* (litt.: *jeter à la figure*). Syn. : **reprochar**. Le verbe **echar** est un outil habituel pour des expressions.
8. **a la espera de** : *dans l'attente de, en attendant*.
9. **escasamente dotadas** : m. à m. *chichement dotées*. Allusion à l'argent des familles.
10. **sino** : *mais*. Pour marquer l'opposition après une phrase négative *mais* se dit **sino**. **No la película sino la novela** : *pas le film mais le roman*.
11. dans un classement postindustriel non marxiste de la société les sociologues ont divisé les classes sociales en cols blancs (universitaires, décideurs faisant partie de l'élite) et cols bleus

De plus, selon Sini, O'Neill était un écrivain ambigu ; la preuve en était qu'une jeune comtesse l'interprétait et qu'un public de classe gobait une pièce au message incontestablement intégrateur.
– Laissons le réformisme aux communistes et aux socialistes. Nous, nous sommes révolutionnaires.
Je ne lui reprochai pas ses fréquents voyages à Séville pour aller voir notre base ouvrière, Portillo, le seul travailleur manuel à notre disposition en attendant que l'un de nous décide de se déclasser, non pas au sens strict du terme, car à l'exception du fils du notaire, nous étions presque tous de familles modestes, mais au sens professionnel. Cesser d'être un travailleur en col-blanc pour faire naître dans les usines la conscience de classe, cette matière de l'esprit si subtile qu'elle se volatilise comme les gaz les plus légers. Je ne lui en fis pas reproche car je comprenais que Sini, était exaspéré de faire tourner huit heures par jour le rouleau de la machine à laver ; parce qu'il était urgent aussi de traduire le message codé de notre secrétaire général, et que plus tôt nous aurions terminé, plus tôt je serais au rendez-vous avec la comtesse.
– Voyons ce que dit Julio.
– Son mot dit exactement: *Le vin d'Asunción n'est ni rosé ni rouge ; il n'a même pas de couleur.*

    (cadres moyens, techniciens, personnel administratif, etc.). Ils n'ont pas le même salaire.
12. **espíritu** : *esprit (âme)*. Par contre *esprit* dans le sens *tête, mentalité* se dit **mente**. *Il a l'esprit ailleurs* : **tiene la mente en otra parte**.
13. **los gases más livianos** : *les gaz les plus légers*. Notez l'élision du 2ᵉ article en espagnol dans la structure du superlatif : **el día ø más largo** : *le jour le plus long*. **Liviano** : *léger*. Syn. : **tenue, ligero**.
14. **reprochar** : *reprocher, en faire le reproche*.
15. **diarias** : *quotidiennes* (par jour). **Mensual**: *mensuel*. **Semanal** : *hebdomadaire*.
16. **urgir** : *être urgent*. **Urge decírselo** : *il est urgent de le lui dire*.
17. **cuanto antes... antes**: *plus vite ... plus*. Se construit avec le subjonctif. **Cuanto antes me lo digas antes terminaremos** : *plus vite tu me le diras, plus vite on terminera*.
18. texte de la chanson à boire la plus connue en Espagne. Équivaut à « chevaliers de la table ronde ». On imagine plusieurs buveurs saouls trinquant au bon vin de la dénommée Asunción, patronne de l'établissement. Le décalage entre le sérieux de ce message codé (sorti avec toutes les précautions possibles de prison) et le texte lui-même est comique et dérisoire.

Meditamos[1] gravemente la propuesta, aunque casi todas las miradas se dirigían hacia mí[2], en mi condición de presunto[3] poeta popular, ya por entonces[4] partidario de una reconsideración de las fronteras que separan lo popular[5] y lo masivo, en unos tiempos en que resultaba obvio[6] la inutilidad de resistirse a la acción implacable de los *mass media*. Para mí el mensaje estaba claro y hacía referencia a los contactos que habíamos tenido con el ASU[7] (Asociación Socialista Universitaria) en la persona de Gómez Llorente[8], en el parque de Rosales.
– Julio, de momento, condena la propuesta del ASU de refundar la FUE[9]. Evidentemente Asunción es el ASU[10] y lo demás adquiere su propia significación.
– ¿Y tanto le costaba[11] decirle al abogado que del ASU nada[12]?
El Sini siempre optaba por[13] la línea más expeditiva y en cambio a Julio le gustaban los mensajes cifrados, tenía vocación de[14] náufrago en su isla desierta, pero con un servicio garantizado de botellas flotantes y con mensaje, dirigidas a receptores propicios. Míos eran los contactos[15] con el ASU y por lo tanto[16] recibí el encargo de congelarlos, mientras[17] se daba paso a una aproximación táctica prudente pero infatigable, con los comunistas, aunque desdeñosos de nuestra real envergadura, los comunistas no nos enseñaban sus efectivos reales y siempre teníamos la sensación de que estábamos hablando con un cuadro medio que les sobraba[18].

---

1. **meditamos** : *nous méditâmes*. Tous les verbes réguliers du premier groupe (terminés en **ar**) ont la particularité d'avoir la même forme à la première personne du pluriel au présent et au passé simple de l'indicatif. **Compramos** signifie *nous achetons* mais aussi *nous achetâmes*. **Cantamos** : nous chantons et *nous chantâmes*.
2. **hacia mí** : *vers moi*. *Moi* se dit toujours **mí** avec une préposition. **Para mí** : *pour moi* ; **por mí** : *par moi* ; etc.
3. **presunto** : *présumé, prétendu*. **El presunto asesino** : *l'assassin présumé*.
4. **por entonces** : *à l'époque*. La préposition **por** s'utilise aussi pour indiquer une période (notion d'époque). **Nos veremos por Navidad** : *nous nous verrons à Noël*.
5. **lo** devant un adjectif joue un rôle d'article et de ce fait l'adjectif devient un nom (abstrait et invariable). **Lo difícil** : *ce qui est difficile (la difficulté)*. **Lo bueno de eso** : *le côté positif de ça*.
6. **resulta obvio** : *il est évident, sans conteste*.
7. voir annexes **ASU**.

Nous en méditâmes la signification avec gravité, bien que presque tous les regards se portassent vers moi, en ma qualité de prétendu poète populaire, déjà partisan alors d'une remise en cause des frontières séparant les notions de peuple et de masse, à une époque où l'inutilité de résister à l'action implacable des *mass media* était évidente. À mes yeux le message était clair et faisait référence aux contacts que nous avions eus avec l'ASU (Association Socialiste Universitaire) en la personne de Gómez Llorente, dans le parc de Rosales.
– Pour le moment, Julio condamne la proposition de l'ASU de ressusciter la FUE. Asunción c'est l'ASU, c'est évident, et la suite tombe sous le sens.
– Et c'était si difficile de dire à l'avocat que pour l'ASU pas question ?
Sini choisissait toujours la voie la plus expéditive au contraire de Julio qui aimait les messages codés ; il avait une vocation de naufragé sur son île déserte, pourvu qu'il ait la garantie d'un service de bouteilles jetées à la mer, avec messages, adressées aux destinataires appropriés. J'étais en charge des contacts avec l'ASU, et par conséquent j'eus pour mission de les geler tandis qu'on amorçait un rapprochement tactique, prudent mais assidu avec les communistes, bien que ceux-ci, dédaigneux de notre véritable importance, ne nous dévoilaient pas leurs effectifs réels, et nous avions sans cesse l'impression de parler à un sans grade qu'ils avaient en trop.

---

8. voir annexes **Gómez Llorente**.
9. voir annexes **FUE**.
10. Déduction faite par rapprochement phonétique.
11. **costar tanto** : *être si difficile*. **Cuesta tanto decirle la verdad** : *c'est si difficile de lui dire la vérité*.
12. **de ... nada**: *pour ce qui est de… pas question*. Expression de langage familier. **Bueno, del viaje a Madrid, nada** : *Bon, pour ce qui est du voyage à Madrid, pas question* (tintin !).
13. **optar por** : *choisir*. Syn. : **escoger, elegir**.
14. **tener vocación de** : *aimer, être passionné*. **Yo siempre he tenido vocación de cocinero:** *j'ai toujours aimé faire la cuisine* (litt. *eu pour vocation d'être cuisinier*).
15. **míos eran los contactos** : *les contacts étaient à moi* (les miens). **Mía es la casa y míos son los muebles** : *la maison est à moi et les meubles sont (aussi) à moi.* Forme emphatique.
16. **por lo tanto** : *donc, par conséquent*.
17. **mientras** : *tandis que*. **Calienta la sopa mientras yo pongo la mesa** : *réchauffe la soupe tandis (pendant) que je mets la table*.
18. **sobrar** : *être en (de) trop*. **Este vaso sobra** : *ce verre est en trop*. **Las sobras** : *les restes*.

La cuestión[1] es que llegué a tiempo a aquella cita[2] y que tres semanas después la condesa leía, bajo mi asesoría[3], el Manual de Economía de la Academia de Ciencias de la URSS[4], aunque yo le advirtiera de mis prejuicios antistalinistas[5] y de la distancia crítica que debía conservar ante toda cultura estatalizada.
– Pero no te entiendo[6], Manolo[7]. Se ha establecido la Dictadura del Proletariado, entonces ya ha quedado desarmada la clase antagónica y el Estado es el mismo proletariado. ¿Qué distancia crítica se debe mantener con uno mismo[8]?
He aquí[9] la metafísica profunda de la brutalidad stalinista, le hubiera dicho ahora, pero entonces no estaba yo tan formado, ni tan hecho por la vida[10] y por la Historia y además, tácticamente, era conveniente[11] quedarse[12] de vez en cuando perplejo y aún aceptar una derrota teórica que le diera a ella confianza y alas. Se quedó tan contenta[13] por mi desconcierto que aquel encuentro terminó con un beso, bilabial[14] desde luego, en un portal abandonado por un portero poco escrupuloso. Los avances de la condesa eran sobre todo ideológicos, pero sin duda también nuestras relaciones íntimas prosperaban y el primer beso profundo se lo di después de escuchar la Sinfonía número once de Shostakóvich en el estudio de un amigo del hijo del notario, cedido para que prosperara[15] la prospección, aunque no eran ingenuos y me cedieron las llaves, el hijo del notario y su amigo, acompañadas de un guiño de ojos.

---

1. **la cuestión** : *la question.* Syn. : **el asunto**.
2. **aquella cita** : *ce rendez-vous.* Le démonstratif **aquella** éloigne la scène dans le temps. **Aquel día** : *ce jour-là*.
3. **bajo mi asesoría** : litt. : *sous mon conseil.* On utilise **asesoría** pour dire *conseil* (**consejo**) dans des questions professionnelles : **un asesor judídico** (*un conseiller juridique*). Autour de ce mot on trouve **asesoramiento** (*consultation*) et le verbe **asesorar** (*conseiller*).
4. **la URSS** : *l'URSS.* Lorsque les sigles commencent par une voyelle en français on utilise l'apostrophe. En espagnol on cherche le sens de la première lettre pour connaître l'article qui précède. *L'ONU* : **la ONU** (**Organización** est féminin) ; *l'UEFA* : **la UEFA** (**Unión** est féminin).
5. voir annexes **FLP** (parti non marxiste).
6. **entender** : *comprendre.* Syn. : **comprender**.
7. **Manolo** est le diminutif de **Manuel** ; c'est aussi le prénom de l'auteur (Montalbán). Voir aussi annexes **mise en abyme**.
8. **uno mismo** : *soi même*.

Toujours est-il que j'arrivai à l'heure à ce rendez-vous et que, trois semaines plus tard, la comtesse, à mon instigation, lisait le Manuel d'Economie de l'Académie des Sciences de l'URSS, bien que je l'eusse avertie de mes préjugés anti stalinistes et de la distance critique qu'elle se devait de conserver face à toute culture étatisée.
– Mais je ne te comprends pas, Manolo. La dictature du prolétariat est établie ; la classe adverse se trouve donc désarmée et l'État devient tout simplement le prolétariat. Quelle distance critique convient-il d'avoir envers soi-même ?
Voilà la métaphysique profonde de la brutalité stalinienne, lui aurais-je rétorqué aujourd'hui, mais je n'étais pas alors suffisamment instruit, ni assez modelé par la vie et par l'Histoire ; de plus, pour des raisons tactiques, il était bon parfois de montrer de l'embarras, voire même d'accepter une défaite théorique qui lui donnerait confiance en elle tout autant que des ailes. Elle fut tellement enchantée de mon embarras que ce rendez-vous s'acheva par un baiser – bilabial, bien sûr –, sous une porte cochère désertée par un concierge peu consciencieux. Les progrès de la comtesse étaient surtout idéologiques, mais sans doute nos rapports intimes prospéraient-ils eux aussi car je lui donnai mon premier vrai baiser après avoir écouté la Onzième symphonie de Chostakovitch dans le studio d'un ami du fils du notaire, prêté pour faire avancer notre recherche ; même si le fils du notaire et son ami – qui n'étaient pas des ingénus – m'avaient cédé les clés avec force clins d'œil.

---

9. **he aquí** : *voici* ; **he ahí** : *voilà* ; **he allá** : *voilà* (plus loin). On montre quelque chose. **He ahí mi casa** : *voilà ma maison*.
10. **hecho por la vida** : *« fait », modelé par la vie*.
11. **es conveniente** : *il est bon de* (il faut), *il est préférable de (il convient de)*. **Es conveniente mirar los precios antes de comprar** : *il est préférable de regarder les prix avant d'acheter*.
12. ce verbe dans sa forme pronominale s'emploie parfois pour exprimer la surprise : **quedarse con la boca abierta** : *rester bouche bée* ; **quedarse helado** : *rester abasourdi* (saisi). **Helado** : *gelé*.
13. le verbe **quedarse** peut aussi exprimer un résultat ; **quedarse contento** (être enchanté) ; **quedarse triste** : *être triste*.
14. On dit **un beso de tornillo**, allusion au côté tournoyant (**tornillo** : *vis*). Les baisers de cinéma (lèvre contre lèvre) étaient censurés à l'époque. Au cinéma, la censure les coupait systématiquement de sorte qu'on voyait les deux amoureux se rapprocher, puis soudain reculer. Du coup les jeunes spectateurs pouvaient imaginer des scènes mille fois « pires » que celles coupées…
15. **prosperar** : *prospérer, faire avancer*.

Tratándose de una condesa no sabía yo si después de un beso profundo era pertinente[1] tocarle los pechos[2], que adivinaba pequeños y anhelantes[3], esos pechos postadolescentes que a las muchachas delgadas se les enquistan hasta que son madres y entonces puede pasar cualquier cosa[4]. No se los toqué[5], pues[6], porque pensaba que en la duda abstente y *a posteriori* deduzco que aquel día me equivoqué[7] gravemente, porque si no sólo de pan vive el hombre[8], no conozco mujer alguna que se haya contentado con[9] la ideología como único alimento del alma y el cuerpo. No obstante[10] mi prudencia, ahora sé que mal interpretada, ella siguió succionando mi saber político y cultural crítico y en tres meses se había convertido en una atleta revolucionaria que me pidió el ingreso[11] en mi partido. Quiso la fatalidad que en aquel momento, verano del 60, el director del periódico me encargara seguir[12] la *Operación Foca*[13], maniobras navales en el Mediterráneo, concretamente ante las costas de Mallorca que iba a presidir el mismísimo[14] Franco. Me separé de la condesa y a mi vuelta ella estaba de vacaciones[15], tan lejos, tan lejos que era inaccesible, a pesar de que su posdata me reclamaba. Además el Sini me exigía literatura revolucionaria porque hasta Tito no se podía ir con cuatro folletos y era necesario demostrarle nuestra condición de alternativa entre los socialtraidores y el stalinismo burocrático.

---

1. **ser pertinente** : *être judicieux, pertinent*. **No es pertinente hablar de tu libro ahora** : *ce n'est pas le moment de parler de ton livre maintenant.*
2. **pecho** : *poitrine* ; **pechos** : *seins*. Syn. : **senos, tetas** (fam.).
3. la lettre **h** ne se prononce pas. Certains mots s'écrivent avec un h inséré (**h intercalada**) mais la règle de son emploi n'est pas aisé. Le mieux c'est de consulter un dictionnaire. D'autres mots avec **h intercalada** : **zahorí, enhorabuena, moho, deshacer**, etc.
4. **puede pasar cualquier cosa** : *il peut arriver n'importe quoi*. Allusion au fait que des jeunes filles aux petits seins peuvent surprendre en développant une forte poitrine plus tard.
5. **no se los toqué** : m. à m. *je ne les lui ai pas touché*. La forme normale du pronom de la troisième personne (vouvoiement) est **le** (*lui*). En présence d'un autre pronom de troisième personne (ici **los,** *les*) la forme **le** devient **se** pour une question de sonorité (la chaîne **le los** semble peu esthétique et devient **se los**). Notez aussi dans la syntaxe l'inversion des pronoms entre les deux langues.

S'agissant d'une comtesse, je ne savais pas, moi, si après un vrai baiser il était judicieux de lui caresser les seins, que je devinais menus et impatients, ces seins postadolescents qui s'enkystent chez les jeunes filles minces jusqu'à ce qu'elles deviennent mères, et là on peut s'attendre à tout. Je ne les touchai donc pas car je pensais dans le doute abstiens-toi, et je me rends compte a posteriori que je commis ce jour-là une lourde erreur, car si l'homme ne vit pas seulement de pain, je ne connais aucune femme qui se soit contentée de l'idéologie comme seul aliment de l'âme et du corps. Malgré ma prudence – je sais aujourd'hui qu'elle fut mal perçue –, elle continua de téter mon savoir politique et culturelle critique, si bien qu'en trois mois elle était devenue une championne révolutionnaire qui me demanda d'entrer dans mon parti. La fatalité voulut qu'à cette époque-là – l'été 1960 – le directeur du journal me chargea de couvrir l'*Opération Phoque,* manœuvres navales en Méditerranée, plus précisément devant les côtes de Majorque et que devait diriger Franco en personne. Je m'éloignai de la comtesse et à mon retour elle était en vacances, loin, tellement loin qu'elle était inaccessible, même si son post-scriptum me réclamait. De plus, Sini me demandait de lui fournir de la littérature révolutionnaire, car on ne pouvait pas arriver jusqu'à Tito avec deux ou trois tracts et qu'il fallait lui prouver qu'on était une alternative possible entre les social-traîtres et le stalinisme bureaucratique.

---

6. Remarquez ce **pues** totalement séparé du groupe verbal alors que le *donc* français est à l'intérieur.
7. **equivocarse** : *se tromper.* **Una equivocación** : *une erreur.*
8. Allusion à l'évangile (Mathieu IV, 4). Les allusions bibliques sont assez courantes dans une Espagne où la religion catholique était religion d'Etat et le catéchisme et l'Histoire Sainte matières obligatoires à l'école.
9. **contentarse con** : *se contenter de.*
10. **No obstante** : expression usuelle pour *malgré.* Syn. : **A pesar de**.
11. **el ingreso** : *l'entrée* (non matérielle). **Ingreso en un hospital** (*l'admission à l'hôpital*); **ingreso en la facultad** (*inscription à la fac*), etc. Le verbe *entrer* est alors **ingresar. Ingresar en la Unión Europea** : *entrer dans l'Union Européenne.*
12. **seguir** s'emploie dans le langage journalistique pour *couvrir.*
13. voir annexes **Operación Foca**.
14. **el mismísimo** : *lui-même, en personne.* **Ayer vi al mismísimo Rey** : *hier j'ai vu le Roi en personne.* **Y estaba con la mismísima Reina** : *et il était avec la Reine elle-même.*
15. **estar de vacaciones** : *être en vacances*; **estar de moda** : *être à la mode.* **Estoy de viaje** : *je suis en voyage.*

91

Redacté todo lo que el Sini me pidió, y algunas cartas a la condesa, y en cuanto[1] pude volví a mi ciudad, donde me llegaban las llamadas desesperadas de mis camaradas y cada vez menos[2] las cartas de mi neófita. Recordé entonces aquella profecía de Marx según la cual elementos desafectos[3] de la burguesía pueden sentir la tentación de alinearse[4] junto al proletariado, pero más tarde o más temprano, casi todos, vuelven al redil[5] de su clase. Con los años[6], la propia Historia de España me ha demostrado la certeza[7] de esta afirmación y en ella incluso está la clave[8] de la recomposición[9] de nuestro moderno capitalismo o de nuestro capitalismo posmoderno, enriquecido por el saber que le han transmitido aquellos jóvenes revolucionarios de los sesenta que volvieron a la casa del padre. Fue una inversión del juego prometeico. Prometeo robó el saber o el lenguaje o el fuego a los dioses para dárselo a los hombres, y los jóvenes revolucionarios de casa bien[10] le robaron el marxismo al proletariado para dárselo a la CEOE[11]. Así interpreté yo, precozmente[12], el silencio de la condesa y luego los acontecimientos dieron con mis huesos y mi nostalgia en la cárcel[13], donde fuimos a parar[14] todo el Comité Ejecutivo y también nuestro obrero de base, el de[15] Sevilla. Desde la cárcel recibí extrañas noticias de la condesa, así como algunos paquetes de vituallas[16], incluso una cajetilla de cigarrillos turcos que dieron mucho que hablar no sólo entre los presos, sino también entre los funcionarios.

---

1. **en cuanto** : *dès que*. Suivi du subjonctif en espagnol et du futur en français. **En cuanto llegue** : *dès que j'arriverai*. **En cuanto lo sepas** : *dès que tu le sauras*.
2. **cada vez menos** : *de moins en moins* ; **cada vez más** : *de plus en plus*.
3. **desafecto** : *opposé, dissident*. Son antonyme **afecto** (*attaché*) s'utilisait à l'époque pour définir l'attachement au franquisme. On disait **un hombre afecto al régimen** : *un homme pro franquiste* (qui est d'accord avec le régime).
4. **alinearse** : *s'aligner*, rejoindre les *rangs* (**líneas**). On emploie aussi **alinearse** et **alineación** (*alignement*) au football : *la formation*.
5. **volver al redil** : *revenir au bercail*.
6. **con los años** : *avec les années* (le temps). Syn. : **con el tiempo**.
7. **certeza** : *exactitude, véracité*. Syn. : **certidumbre**. Vient du mot **cierto** (*vrai*). **Es cierto** : *c'est vrai*.
8. **la clave** : *la clé* (d'une énigme, de voûte, de sol, etc.). Mais pour ouvrir une porte on dit **la llave**.

Je rédigeai tout ce que Sini m'avait demandé, plus quelques lettres à la comtesse, et dès que j'en eus l'opportunité, je retournai dans ma ville, où m'arrivaient des appels pressants de mes camarades et de moins en moins de lettres de ma néophyte. Il me revint alors cette prophétie de Marx selon laquelle des éléments renégats de la bourgeoisie peuvent être tentés de rejoindre les rangs du prolétariat, mais tôt ou tard, tous ou presque, réintègrent le bercail de leur classe. Avec le temps, l'histoire même de l'Espagne m'a démontré la véracité de cette affirmation, qui renferme d'ailleurs la clé de la renaissance de notre capitalisme moderne ou de notre capitalisme postmoderne, enrichi du savoir transmis par ces jeunes révolutionnaires des années soixante revenus chez papa. Ce fut le jeu prométhéen à l'envers. Prométhée vola le savoir ou le langage ou le feu aux dieux pour le donner aux hommes, et les jeunes révolutionnaires de bonne famille dérobèrent le marxisme au prolétariat pour le donner à la CEOE. C'est ainsi que j'interprétai, hâtivement, le silence de la comtesse ; puis les événements nous jetèrent en prison, moi et ma nostalgie, suivis par tout le reste du Comité Exécutif, sans oublier notre ouvrier de base, le gars de Séville. Au fond de ma prison, je reçus d'étranges nouvelles de la comtesse, ainsi que quelques colis de victuailles et même un paquet de cigarettes turques qui suscitèrent beaucoup de commentaires non seulement chez les détenus mais aussi chez les fonctionnaires.

---

9. L'Espagne est devenue aujourd'hui un pays développé alors qu'il y a quelques années c'était encore un pays en voie de développement. Le capitalisme s'est *reformé*, d'où l'idée de *recomposition*, de *renaissance*.
10. **de casa bien** (fam.) : *de bonne famille*.
11. voir annexes **CEOE**.
12. **precozmente** : *avec précocité, hâtivement*. **Un niño precoz** : *un enfant précoce*.
13. **dar con los huesos en la cárcel** : expression pour *finir en prison* (les os tombent en prison). Montalbán (et Carvalho ; cf. annexes **mise en abyme**) ont fait de la prison pour « activités subversives ».
14. **ir a parar** : *aboutir, terminer*. **Si continúas así irás a parar al hospital** : *si tu continues ainsi tu vas finir à l'hôpital*.
15. **el de** : *celui de*. Expression qui ne se comprend que si on en a déjà parlé avant. **Me gustan esos libros, sobre todo el de pintura** : *j'aime ces livres surtout celui* (le livre) *de peinture*.
16. **vituallas** : *victuailles*. Syn. : **suministros, víveres**.
17. **dar que hablar** : *faire du bruit, faire couler de l'encre*. **Su falda dio mucho que hablar** : *sa jupe a suscité bien des commentaires*.

Las noticias decían que la condesa había tenido una trifulca[1] con su padre, que la habían echado de casa[2] y que se había unido a un joven filósofo del partido, y al decir "el partido" entonces sólo nos referíamos[3] a uno, al único partido realmente existente. El partido comunista[4]. Comprendí que la radical formación ideológica que yo había iniciado me había desbordado y que la condesa me consideraba un tiquis miquis[5] irresoluto que no se había atrevido a[6] asumir un compromiso con las auténticas fuerzas transformadoras de la Historia. Y en esa perplejidad y duda de mí mismo estaba, cuando la condesa aumentó mi desconcierto al abandonar[7] al filósofo materialista-dialéctico para irse con un guitarrista medio poeta medio[8] cabrero que se la llevó al monte[9], nunca mejor dicho, para vivir entre las cabras y los lirios del campo. Y así quedó en mi nostalgia, como una sombra de muchacha en traje rojo de seda artificial, diluido el color, difuminada[10] la silueta, ablandada[11] la tela por las capas de tiempo que me la iban alejando.

Han pasado casi treinta años en los que mi biografía ha coincidido muchas veces con la simple Historia de España, no fruto del determinismo histórico, sino como resultado de mi libre elección. Podía haber elegido el exilio político o económico[12] o simplemente desentenderme del proceso histórico o no ha sido así, ni ha sido así en buena parte de los compañeros de mi generación, los que convertimos la pesadilla franquista en el sueño democrático.

---

1. **tener una trifulca** (fam.) : *avoir une bagarre, une dispute.* **Armar una trifulca** : *provoquer une bagarre.*
2. **echar de casa** : *mettre à la porte.* **Mis padres me han echado de casa** : *mes parents m'ont mis à la porte.* Le verbe **echar** est un véritable outil pour construire des expressions. Il s'emploie pour rendre l'idée (comme ici) de *jeter, mettre* : **echar a la papelera** (*jeter à la corbeille*) ; **echar sal a la sopa** : *mettre du sel dans la soupe.*
3. **referirse** : *se référer, faire allusion.* **Me refiero a lo que dijimos ayer** : *je fais allusion à ce que nous avons dit hier.*
4. remarquez qu'il n'y a qu'un seul **m**. Moyen mnémotechnique : les seules consonnes qui se doublent en espagnol sont celles composant le prénom **Carolina**, c'est-à-dire, le **c**, le **r**, le **l** et le **n**. **Accidente, carro, callos, innecesario**.
5. **tiquis miquis** (ou **tiquismiquis**) mot familier et un peu péjoratif d'origine latine (latin vulgaire, modification du classique <u>tibi, mici</u> [*pour toi, pour moi*] : *menus détails, vétilles*). Par extension s'applique à la personne qui en fait usage, comme ici.
6. **atreverse a** : *oser* ; Syn. : **osar, plantar cara, hacer frente**.

Les nouvelles racontaient que la comtesse avait eu une prise de bec avec son père, qu'elle avait été fichue à la porte de chez elle et qu'elle s'était liée avec un jeune philosophe du parti et, par « parti », nous entendions à l'époque le seul et unique parti existant vraiment : le parti communiste. Je compris que l'éducation idéologique radicale que j'avais commencée m'avait dépassé et que la comtesse me prenait pour un tatillon hésitant qui n'avait pas eu le courage de s'engager aux côtés des authentiques forces rénovatrices de l'Histoire. Et j'en étais à ce point de perplexité et de doute sur moi-même, lorsque la comtesse ajouta à mon désarroi en quittant son philosophe matérialiste-dialectique pour suivre un guitariste mi-poète mi-gardien de chèvres qui l'emmena au ciel, c'est le cas de le dire, là haut dans ses montagnes, pour vivre au milieu des chèvres et des lys sauvages. Et c'est ainsi qu'elle demeura dans ma nostalgie : une ombre de jeune fille dans sa robe rouge de soie artificielle, à la couleur délavée, à la silhouette aux contours flous, le tissu fatigué par les strates du temps qui peu à peu l'éloignaient de moi.

Plus de trente années ont passé, au cours desquelles souvent ma biographie a tout simplement cheminé aux côtés de l'Histoire de l'Espagne, non comme le fruit du déterminisme historique mais comme le résultat de mon libre choix. J'aurais pu opter pour l'exil politique ou économique, ou bien me désintéresser tout simplement du processus historique, mais ce ne fut pas le cas ; et ce ne fut pas le cas non plus pour la plupart de ceux de ma génération, nous qui avons transformé le cauchemar franquiste en rêve démocratique.

---

7. **al** devant un infinitif équivaut à *en* suivi du *gérondif* en français. Il exprime une simultanéité : **al llegar a Madrid, llamó a Pedro** : *en arrivant à Madrid il appela Pierre*.
8. **medio... medio**. En français *mi... mi*. **Un personaje medio hombre medio caballo** : *un personnage mi-homme mi-cheval*.
9. lorsqu'un homme parle de **llevarse una mujer al monte** (m. à m. *emmener une femme à la montagne* ou *le maquis*) il parle de l'isoler pour en profiter sexuellement. La traduction *l'emmener au ciel* rend un peu cette idée, mais il a fallu ajouter *dans les montagnes* s'agissant d'un berger. On dit aussi **llevársela al río** (*l'emmener à la rivière*).
10. **difuminar**: *estomper* (vocabulaire du monde du dessin). **Personajes difuminados en movimiento** : *des personnages flous en mouvement*.
11. remarquez l'inversion des trois participes **diluido**, **difuminada** et **ablandada**. Cf. Ablatif absolu en latin. **Terminada la comida se fue a dormir** : *le repas fini il partit se coucher*.
12. C'est une période d'émigration. Voir annexes **émigration**.

La suerte ha sido distinta según los casos y si repaso[1], por ejemplo, el devenir[2] de los componentes de aquel Comité Ejecutivo del FLP, compruebo[3] que casi tres cuartas partes[4] de sus integrantes no sólo forman parte[5] de la Historia sino que han hecho y hacen historia[6], bien sea en ocupaciones políticas nítidas, bien sea[7] en frentes importantes de los desafíos internacionales que nuestra joven democracia aborda. Hay quien[8] está trabajando en la organización del V Centenario, otros en la Oficina Olímpica, algunos en la organización de Madrid: Capital Cultural de Europa[9], aunque tal vez me exceda[10] en la relación puestos personas, porque hay más puestos que personas hubo en aquella enternecedora[11] organización. También hay quien fruto de un negarse[12] a crecer persistió en el radicalismo, mejor o peor encubierto y no acertó en adecuar ni siquiera su gestualidad a los nuevos tiempos democráticos[13]. No fue mi caso. Comprendí que para ultimar la ética de la resistencia había que ultimar la ética del compromiso. El compromiso hasta 1978[14] se llamaba antifascismo, a partir de la aprobación de la Constitución se llamaba integrar a España en la plena modernidad, en todas las dimensiones, desde cualquier cargo. Por eso no le hice ascos[15] a la aceptación del puesto de gobernador civil[16], aun a sabiendas del áurea mediócritas[17] que suele rodear a los gobernadores civiles y de las decisiones a contra corazón, incluso a contra cerebro, que en ocasiones debes tomar.

---

1. **repasar** : ici *réviser, revoir* (pour vérifier). **El contable debe repasar las cuentas** : *le comptable doit vérifier les comptes.*
2. **el devenir** : mot emprunté à la langue française ayant un sens philosophique : *changement, évolution.* **¿Cuál será el devenir de la sociedad?** : *quelle sera l'évolution de la société ?*
3. **comprobar** : *vérifier, constater.* **Comprobación** : *vérification.*
4. **las tres cuartas partes** : *les trois quarts.* Pour les fractions il faut prendre l'article féminin suivi du numérateur, puis le dénominateur en ordinaux au féminin pluriel, terminé par le mot **partes**. **Las dos terceras partes** : *les deux tiers.* **Las tres quintas partes** : *les trois cinquièmes.* Si le numérateur est 1 on dira **La quinta parte** : *un cinquième.* **La cuarta parte** : *le quart.* Remarquez le singulier.
5. **formar parte** : *faire partie.*
6. voir annexes **vuelta de la tortilla**.
7. **bien sea ... bien sea** : *soit... soit* (*ou...ou*). On trouve aussi **bien... bien** ; **sea... sea** ; **ya... ya**, etc.
8. **hay quien** : litt. *il y en a qui.* **Hay quien reserva por teléfono** : *il y en a qui réservent par téléphone.*
9. voir annexes **Año 1992**.

Selon les cas, nous n'avons pas eu le même sort, et si je me remémore, par exemple, le destin des membres du Comité exécutif du FLP de l'époque, je constate que pratiquement les trois quarts de ceux qui le constituaient, font non seulement partie de l'Histoire, mais ont écrit et continuent d'écrire l'histoire, soit dans des charges purement politiques, soit sur des fronts sensibles des défis internationaux auxquels accède notre jeune démocratie. L'un travaille à l'organisation de la célébration du cinq centième anniversaire de la découverte de l'Amérique, d'autres sont dans le Comité Olympique, d'autres encore travaillent à l'organisation de Madrid-Capitale culturelle de l'Europe, même si j'exagère peut-être le rapport fonctions-personnes, puisqu'il existe plus de fonctions que de membres ayant appartenu à cet émouvant groupuscule. D'autres encore, s'accrochant à un refus de grandir, ont persisté dans le radicalisme, plus ou moins dissimulé, n'ont même pas réussi à mettre en adéquation leurs manières avec la nouvelle ère démocratique. Ce ne fut pas mon cas. Je compris que pour aller jusqu'au bout de l'éthique de la résistance, il fallait aller au bout de l'éthique de l'engagement. Jusqu'en 1978, l'engagement s'appelait antifascisme ; après l'adoption de la Constitution, cela s'appelait intégration de l'Espagne à la modernité, dans tous ses aspects, quelle que soit la charge occupée. C'est pour cette raison que je n'ai pas fait la fine bouche et que j'ai accepté la charge de Gouverneur Civil, bien conscient cependant de l'*aurea mediocritas* dans laquelle baignent généralement les gouverneurs civils, ainsi que des décisions qu'il faut savoir prendre parfois à contrecœur, voire à contre-cerveau.

---

10. **tal vez** : *peut être*. Notez le subjonctif. **Tal vez venga mañana** : *Peut-être qu'il viendra demain*. Syn. : **a lo mejor, quizá**.
11. **enternecedor** : *attendrissant, émouvant*. Syn. : **conmovedor**.
12. **un negarse** : *un refus*, (**negarse**: *refuser*, **negar**: *nier*). L'infinitif, précédé d'un article (déterminé ou indéterminé) a valeur de nom ; il traduit l'idée de *le fait de*. **El cantar** : *le chant* (le fait de chanter) ; **un andar** : *une dégaine,* une façon de *marcher* (**andar**).
13. probable allusion à des groupes radicaux qui continuent de nos jours à répandre la violence comme les terroristes de l'ETA.
14. Allusion à l'actuelle Constitution espagnole, votée par les Cortès en session plénière le 31 octobre 1978, et ratifiée par voie de référendum, le 6 décembre 1978. Le 6 décembre est du coup la fête nationale de l'Espagne.
15. **hacer ascos** : *faire le dificile*. **Asco** : *dégoût, répugnance*.
16. **Gobernador civil** : poste administratif proche du *Préfet*.
17. Terme latin. Voir annexes **aurea mediocritas**.

En mi primer destino[1] tuve que encarcelar a un veterano sindicalista porque le había pegado un botellazo[2] a un insoportable líder[3] de la derecha, y el hombre[4] se me puso[5] tan melancólico en el calabozo que tuve que enviarle una caja de puros[6] en prueba de amistad personal, no de amistad institucional. Grave esquizofrenia[7], pero el deber es el deber. Y en cada destino sucesivo satisfacciones y contradicciones han ido a la par, aunque unificadas en la valoración[8] objetiva del deber, es decir, de hallar[9] el sentido de la dirección hacia el Bien Común. Pero a pesar de tantas experiencias, quizá no estaba todavía preparado para el trance[10] que ahora vivo. Fue un lunes de hace tres semanas, cuando una patrulla de la guardia municipal hizo caso[11] de los reclamos de una pandilla[12] de mozalbetes[13] y acudió[14] a un solar[15] tapiado[16] y descuidado en el que aseguraban haber visto el cuerpo sin vida de una mujer. Era cierto. Un cadáver sin documentación[17], víctima de la sobredosis, una mujer con edad pero sin edad, descuidada aunque en su vestuario se apreciara un cierto gusto en la combinación de colores y en sus facciones, según los testigos, una bella extrañeza quizá sugerida por la fijeza de su mirada verde clavada en estrellas que solo ella veía. La sorpresa vino cuando en busca de sus posibles vínculos[18] familiares resultó ser Mariana Dotras de Esteruelas, condesa de Sinarcas en el pasado, aunque por su azarosa existencia había sido desposeída de su título por un primo hermano, aún en tiempos de Franco.

---

1. **destino** : *destin, destination* ; ici *affectation* (d'un fonctionnaire, p. ex.). Le verbe **destinar** est de la même famille. **Me han destinado a Canadá**. *J'ai été affecté au Canada.*
2. le suffixe **azo** est le plus employé pour traduire l'idée de <u>coup de</u> : **un cabezazo** (**cabeza** : *tête*) : *un coup de tête* ; **un pelotazo** (**pelota** : *ballon*) : *un coup de ballon.*
3. beaucoup de mots étrangers, surtout anglais, ont été adaptés à l'orthographe espagnole pour mieux les prononcer. **Fútbol** : *football* ; **mítin** : *meeting* ; **güisqui** : *whisky* ; **béisbol** : *baseball.*
4. ici **hombre** a une connotation gentille et condescendante que ne rend pas le mot *homme. Le gars, le bonhomme.*
5. **se me puso** : expression familière du genre *il m'a fait le coup du.* **Se me puso celosa** : *elle m'a fait le coup de la jalousie.*
6. n'oublions pas que Carvalho ne fume que des *cigares* (**puros**).
7. Ce n'est pas le Gouverneur qui régale mais l'ancien militant.
8. **la valoración** : *l'évaluation, l'estimation.* Le verbe **valorar** a ce même sens : **Valorar un objeto** : *estimer* (la valeur) *d'un objet.*

Lors de ma première affectation, il m'a fallu incarcérer un syndicaliste vétéran parce qu'il avait cassé une bouteille sur la tête d'un odieux leader de droite, et, au cachot, le gars m'a fait un tel coup de déprime que j'ai dû lui envoyer une boîte de cigares en signe d'amitié personnelle, non d'amitié institutionnelle. Schizophrénie grave, mais le devoir c'est le devoir. Puis, à chaque nouvelle affectation, satisfactions et contradictions sont allées de pair, mais néanmoins unies dans l'évaluation objective du devoir ; c'est-à-dire, la découverte du chemin qui mène au Bien Commun.

Mais, malgré toutes ces expériences, je n'étais peut-être pas encore préparé au moment difficile que je vis actuellement. Ca c'est passé un lundi il y a trois semaines, lorsqu'une patrouille de la police municipale, réagissant aux appels d'une bande d'ados, se rendit sur un terrain vague clos et à l'abandon, où ils prétendaient avoir vu le corps d'une femme sans vie. C'était vrai. Un cadavre sans papiers, victime d'une overdose, une femme plus très jeune mais sans âge, négligée, même si ses vêtements trahissaient un certain goût dans l'harmonie des couleurs, et ses traits, selon certains témoins, une étrange beauté, peut-être provoquée par la fixité d'un regard vert fixé à des étoiles qu'elle était la seule à voir. La surprise vint de ce qu'en cherchant d'éventuels liens familiaux, il s'avéra qu'il s'agissait de Mariana Dotras de Esteruelas, autrefois comtesse de Sinarcas, dépossédée de son titre, encore du temps de Franco, par un cousin germain, en raison de sa vie aventureuse.

---

9. **hallar** : *trouver*. Syn. : **encontrar**.
10. **trance** : *moment critique, mauvais pas*. Ce mot est d'origine française (*transe*) mais il a glissé vers un autre sens.
11. **hacer caso** : litt. *faire cas*. *Faire attention* et, par extension, *réagir*.
12. le mot **pandilla** (*bande*) n'a pas de connotation positive ; il se réfère aux bandits. On imagine des jeunes prêts à faire une bêtise.
13. **mozalbete** est un diminutif de **mozo** qui signifie *garçon* (et qui sert aussi à nommer un *serveur*, un *porteur*, etc.).
14. **acudir**: *se rendre, aller*.
15. **solar** (*terrain*) ; il vient du mot **suelo** (*sol*) et désigne tout terrain avec l'idée de bâtir dessus. **Lo que me interesa de su casa es el solar** : *ce qui m'intéresse de votre maison c'est le terrain*.
16. **tapiar** (*clôturer*). **Tapia** signifie *mur de clôture*. On imagine dans ce récit un terrain abandonné fermé à la vue par un mur.
17. **la documentación** : *les papiers (d'identité)*. **Indocumentado** : *sans papiers*.
18. **un vínculo** : *un lien*. **Vincular** : *lier, relier*.

Era ella y los latigazos de mi corazón tuvieron que ser domados por el cerebro porque llevaban, me llevaban, hacia el depósito de cadáveres[1] para ver los restos[2] de aquel sueño que pudo haber sido y no fue. No tuve valor[3] para enfrentarme no a lo que restaba de la autopsia de una muerte, sino de lo que quedaba de la autopsia de mi vivencia[4] amorosa. Pero quedó en mi ánimo[5] la necesidad de saber por[6] qué caminos había avanzado la condesa desde la Gala del Sedal de 1960 a aquella muerte sórdida. Las investigaciones[7] oficiales eran rutinarias y no podía yo[8] entrometerme más allá de mis atribuciones sin transgredir el código ético de no mezclar mis apetitos con las necesidades objetivas de la sociedad. Aficionado[9] como soy a la lectura de novelas policiacas[10], tal vez desde un nivel de exigencia literaria inferior al de mi juventud, porque los años pasan y todos los esfínteres, sean del alma o del cuerpo, padecen[11] el proceso de degradación, soy especial seguidor de la serie Carvalho[12], en parte por la debilidad lectora enunciada y en parte por distante solidaridad con el personaje, Carvalho, en sus tiempos militantes del FLP antes de ingresarse en el PSUC[13]. Fue un motivo para el reencuentro en una venta[14] alejada de la ciudad donde gobierno y allí le encargué una investigación que me dejara a salvo de la exhibición de mi angustia. Los años han hecho a Carvalho un anarquista incoloro, inodoro e insípido[15], pero sigue conservando[16] un resto de emocionalidad cómplice de las amistades de los tiempos difíciles.

---

1. **el depósito de cadáveres** : m. à m., *le dépôt de cadavres (la morgue)*. **Depósito**: *entrepôt, dépôt*. **Depositar** : *entreposer*.
2. **los restos** ; c'est le mot le plus habituel, non péjoratif, pour parler de *la dépouille*. **Los restos mortales** : *la dépouille mortelle*.
3. **tener valor** : *avoir le courage*. **El valor** peut être négatif. *¿Cómo tuviste valor para hacer eso? Comment as-tu osé faire ça ?*
4. **la vivencia** : *la vie, le vécu, l'expérience*. **Todas sus vivencias se leen en su cara** : *toute sa vie se lit sur son visage*.
5. **el ánimo** : *l'âme, l'esprit* mais (comme ici) *l'intention*. **Venía con ánimo de pelear** : *il arrivait avec l'intention de se bagarrer*.
6. la préposition **por** est une des plus difficiles à acquérir pour un francophone. Ici elle désigne l'endroit emprunté lors d'un déplacement. **Ir por un camino** : *marcher sur un chemin*. **Navegar por el mar** : *naviguer en mer*. **Volar por el aire** : *voler dans les airs*. **Un circuito por Andalucía** : *un circuit en Andalousie*.

C'était elle ; et il fallut que mon cerveau dompte les battements de mon cœur qui conduisaient, qui me conduisaient, vers la morgue pour voir la dépouille de ce rêve qui aurait pu être et qui n'a pas été. Je n'eus pas le courage d'affronter, non pas ce qui restait de l'autopsie d'une mort, mais ce qui restait de l'autopsie de ma vie amoureuse. Cependant j'éprouvais toujours le besoin de connaître les sentiers parcourus par la comtesse depuis le Gala du Sedal en 1960 jusqu'à cette mort sordide. Les recherches officielles étaient de routine et je ne pouvais pas outrepasser le cadre de mes attributions sans transgresser le code éthique qui m'interdit de mêler mes désirs et les besoins objectifs de la société. Amateur de romans policiers – à un niveau d'exigence littéraire certainement inférieur à celui que j'avais dans ma jeunesse, car les années passent et tous les sphincters, aussi bien ceux de l'âme que ceux du corps, subissent un processus de dégradation – je suis un inconditionnel de la série Carvalho, d'une part en raison du faible niveau de lecture évoqué plus haut et d'autre part en vertu d'une solidarité lointaine avec le personnage, Carvalho, autrefois militant du FLP, avant de rallier le PSUC. Ce fut l'occasion de nous revoir dans une auberge éloignée de la ville dont je suis gouverneur ; là je lui confiai une enquête, qui me tiendrait à l'abri du danger d'exposer ma détresse. Les années ont fait de Carvalho un anarchiste incolore, inodore et sans saveur, mais il conserve encore une capacité à s'émouvoir complice des amitiés des temps difficiles.

---

7. **investigación** : *enquête, recherche*. Ici c'est le travail du policier. **Investigar**: *enquêter*. Syn. : **averiguar**.
8. Situation habituelle à l'imparfait. L'auteur a ajouté le pronom sujet **yo** car **podía** pouvait faire référence à la troisième personne (*il, elle, vous* [**usted**]). Dans ces cas-là on le trouve souvent derrière le verbe pour préciser.
9. **aficionado a** : *amateur de*. **Aficionado a los puros** : *amateur de cigares*. S'emploie en français pour la *corrida*. **La afición** : *le penchant, le goût*. **La afición a los puros** : *l'amour des cigares*.
10. Il y a des mots en espagnol qui peuvent avoir deux accentuations différentes, d'où deux orthographes : **policiaco** ou **policíaco** ; **periodo** ou **período** ; **celtibero** ou **celtíbero**.
11. **padecer** : *subir, souffrir*. S'emploie surtout en médecine : **padecer del estómago** (*souffrir de l'estomac*).
12. voir **Série Carvalho**.
13. voir annexes **PSUC** et **mise en abyme**.
14. **venta** : *auberge* (à la campagne).
15. le côté désabusé est bien rendu ici ; c'est la définition... de l'eau.
16. le verbe **seguir** avec le gérondif exprime l'idée de *continuer de + infinitif* : **seguir cantando** : *continuer de (à) chanter*.

Comprendió mi problema y no sin causticidad me dijo que no me preocupara[1], que jamás dejara que un sueño me quitara el sueño[2]. Y se puso a investigar[3].

Sobre mi mesa tengo un expediente[4] contra los vecinos de Compotas porque se niegan[5] a aceptar la cesión de unos terrenos para cementerio[6] de productos radiactivos, la protesta de una cooperativa de Chernes porque les caducan[7] los permisos de concesión de tierras que han pasado a ser propiedad de la Caja[8] más poderosa de la Región y finalmente una denuncia[9] por malos tratos, al parecer cometidos por miembros de la policía municipal que había tomado ochenta copas de más[10]. ¿Puedo elegir? ¿Qué he de[11] decir a propósito de la eterna elección entre la injusticia o el desorden? ¿Qué sucedería si perdiera[12] el sentido de autoridad y dejara crecer el instinto de sospecha e insumisión que las masas amorfas oponen reaccionariamente al poder, a todo poder? Junto a estas carpetas[4] que me ocuparán lo que resta de madrugada[13], el servicio público no tiene horas, está la que ha remitido[14] Carvalho en la que ha incluido[15] una factura a todas luces[16] excesiva. La acabo de cerrar, como se cierra para siempre una parte de la vida o de la memoria y ahora ya sé lo que no merecía saber. La condesa vivió con el cabrero poeta hasta que tuvo un parto[17] prematuro y aciago en plena serranía.

---

1. **me dijo que no me preocupara** : *elle me dit de ne pas m'en faire*. Concordance des temps. L'imparfait du subjonctif est induit par le passé simple initial. **Me pidió que comprara** : *elle me demanda d'acheter.* **Le dije que no pasara** : *je lui dis de ne pas passer.*
2. jeu de mots avec les deux sens du mot **sueño** : *rêve* et *sommeil.*
3. **ponerse a + infinitif** : *se mettre* (commencer) *à + infinitif.* **me he puesto a traducir el libro** : *je me suis mis à traduire le livre.*
4. **un expediente** : *un dossier.* **Busco mi expediente académico** : *je cherche mon dossier universitaire.* **Una carpeta** : *une chemise.* **Mi carpeta con mis dibujos** : *mon dossier (chemise) avec mes dessins.*
5. **negarse** : *refuser;* **negar** : *nier.*
6. **cementerio** : ici, terrain pour enfouir des produits dangereux.
7. **caducar** : *périmer* (arriver à la date de caducité). **Los yogures caducan mañana** : *les yaourts seront périmés demain.*
8. **Caja** : allusion à une **caisse d'épargne** (**caja de ahorros**). Grâce à leur statut mutualiste, ces établissements bancaires jouissent d'une grande confiance. Ils sont en concurrence directe avec les banques et sont dotés d'une très bonne santé financière.
9. **una denuncia** : *une dénonciation* ; ici *une plainte* (en justice). **Denunciar** : *porter plainte.*

Il comprit mon problème et me dit, non sans une pointe caustique, de ne pas m'en faire, de ne jamais laisser un rêve m'enlever le sommeil. Et il commença son enquête.

J'ai sur mon bureau un dossier à charge contre les riverains de Compotas qui refusent de céder des terrains pour l'enfouissement de produits radioactifs, la protestation d'une coopérative de Chernes parce qu'arrive à expiration la concession de terres qui sont devenues propriété de la Banque la plus puissante de la région ; et enfin une plainte pour mauvais traitements, infligés apparemment par des membres de la police municipale, laquelle avait bu quatre-vingts verres de trop. Puis-je choisir ? Que dire à propos de l'éternel choix entre injustice et désordre ? Qu'arriverait-il si je perdais le sens de l'autorité et si je laissais se développer l'instinct de soupçon et d'insoumission que les masses amorphes opposent de façon réactionnaire au pouvoir, à tout pouvoir ? À côté de ces dossiers qui vont m'absorber le reste de la nuit – il n'y a pas d'heure pour le service public – se trouve celui que m'a remis Carvalho, auquel il a joint une note de frais manifestement salée. Je viens de le refermer, comme on referme pour toujours un pan de sa vie ou de sa mémoire, et je sais désormais ce que je ne méritais pas de savoir. La comtesse vécut avec le poète gardien de chèvres jusqu'à un accouchement prématuré et funeste là-haut sur la montagne.

---

10. Le singulier nous fait penser que ce ne sont pas les *membres* mais *la police* qui avait trop bu.
11. **he de** : *je dois*. Syn. : **tengo que**. **Mañana tenemos que (hemos de) ir a Madrid** : *demain nous devons aller à Madrid*.
12. le conditionnel se construit en espagnol avec **si** (comme en français) mais avec l'imparfait du subjonctif : **Si pudieras** : *si tu pouvais* ; **si quisiéramos** : *si nous voulions*.
13. **la madrugada** est un concept qui n'existe pas en français : il s'agit de cette partie de la nuit où tout le monde dort, traduit tantôt par *nuit*, tantôt par *matin*. **Las tres de la madrugada** : *trois heures du matin*. **Madrugar** : *se lever tôt*. **¡A la cama, que mañana hay que madrugar!** : *Au lit, car demain il faut se lever tôt !* Le côté insomniaque de Carvalho est une constante de sa personnalité.
14. **remitir** : *envoyer, expédier*. **El remite** : *l'adresse de l'expéditeur*.
15. **incluir** : *inclure*; ici *joindre*. **En el sobre incluí un cheque**: *dans l'enveloppe j'ai joint un chèque*. Syn. : **adjuntar**.
16. **a todas luces** : *manifestement; de toute évidence*. **Estaba borracho a todas luces** : *il était saoul de toute évidence*.
17. **parto** : *accouchement*. En français pour une femme qui accouche on dit *parturiente* (**parturienta**). **Parir** : *accoucher*.

Se marchó[1] entonces con su dolor y sus cicatrices al extranjero y en París la sorprendió la revuelta del Mayo francés[2], participando activamente en el asalto al Colegio de España[3], según constaba en una ficha policial, hoy destruida, pero que Carvalho supo recomponer a partir de supervivientes[4] de su elaboración. Ligada[5] a grupos extremistas españoles e internacionales, la condesa reaparece como un contacto de las Brigadas Rojas[6] a partir de una relación amorosa con un ex colaborador de Quaderni Rossi[7] que pasó por la guerrilla urbana más fugazmente que su enamorada[8], es decir, él pasó y ella se quedó hasta que fue detenida con pocas pruebas, suerte tuvo[9]. De regreso[10] a España, participó en las agitaciones dictadas por el desencanto de fines de los setenta[11] hasta liarse con[12] un muchacho que podía haber sido su hijo y que probablemente funcionó como tal durante el tiempo en que duró amor tan loco. Una carrera así, en busca de[13] la sinceridad de la autenticidad[14], fatalmente conduce a la autodestrucción. ¿Qué seríamos sin la paranoia del recelo[15] que nos hace evitar las amenazas y sobre todo la peor, la que constituimos nosotros mismos? No supo la condesa[16] defenderse de los demás[17], pero sobre todo no supo defenderse de sí misma y cuando su joven amor cayó en la droga, ella lo siguió hasta el fondo del pozo, pero cuando él salió con la ayuda de una asistente social de buen ver[18] que se empeñó en redimirle, la condesa, con casi cincuenta años a cuestas[19], no tuvo fortuna paralela y se quedó en el fondo del pozo hasta el final.

---

1. **marcharse** : *s'en aller*. Syn. : **irse**, **partir**.
2. **la revuelta** : *la révolte, la révolution*. En mai 68 il y eut aussi des *évènements* à Madrid, réplique miniature de ceux de Paris. C'est la raison pour laquelle Montalbán insiste sur le mot *francés*…
3. Pavillon construit par l'Espagne boulevard Jourdan à Paris en 1935 pour l'accueil des étudiants espagnols. Il fut prit d'assaut et en partie détruit en mai 68 par des étudiants opposés au régime franquiste. Abandonné et reconstruit, il fut rouvert en 1987.
4. **supervivientes** : *survivants*. C'est comme si ces policiers n'avaient pas survécu pour d'étranges raisons… Le narrateur est-il paranoïaque ?
5. **ligar** : *lier, attacher*. Syn. : **vincular**.
6. **Brigadas Rojas**: groupe d'extrême gauche italien (*Brigate Rosse*) très actif durant les années de référence du récit.
7. **Quaderni Rossi** (*Cahiers Rouges*): revue d'extrême gauche fondée en 1961 à Turin par Raniero Panzieri, militant du PSI italien.

Elle partit alors pour l'étranger avec sa douleur et ses cicatrices. A Paris, elle fut surprise par les événements de Mai 68, et participa activement à l'assaut contre le Collège d'Espagne, comme le consigna une fiche de police aujourd'hui détruite, mais que Carvalho sut reconstituer grâce à ceux qui l'avaient élaborée et qui étaient encore en vie. Liée à des groupes extrémistes espagnols et internationaux, la comtesse refait surface en tant que contact des Brigades Rouges à cause d'une liaison avec un ex-collaborateur des Quaderni Rossi, qui fit dans la guérilla urbaine un passage plus rapide que son amoureuse, c'est-à-dire que lui ne fit que passer alors qu'elle y resta jusqu'à son arrestation, sur des preuves assez minces, par chance pour elle. De retour en Espagne, elle participa aux troubles issus du désenchantement de la fin des années soixante-dix, puis elle s'enticha d'un jeune qui aurait pu être son fils et qui remplit probablement cette fonction le temps que dura cet amour si déraisonnable. Une course de ce genre, en quête de sincérité et d'authenticité, aboutit fatalement à l'autodestruction. Que serions-nous sans la paranoïa de la suspicion qui nous épargne les menaces et surtout la pire d'entre toutes, celle dont nous sommes nous-mêmes faits ? La comtesse ne sut pas se défendre contre les autres, mais c'est surtout d'elle-même qu'elle ne sut pas se défendre, et quand son jeune amant sombra dans la drogue, elle le suivit jusqu'au fond de l'abîme ; et lorsqu'il réussit a s'en sortir grâce à l'aide d'une belle assistante sociale qui s'efforça de le sauver, la comtesse, portant le poids de ses cinquante ans ou presque, n'a pas eu la même fortune et resta au fond de l'abîme jusqu'à la fin.

---

8. **la enamorada** : *l'amoureuse*, *(fiancée)*. Syn. : **novia**.
9. **suerte tuvo** : *elle eut de la chance*. Notez l'inversion (insistance).
10. **el regreso** : *le retour*. Syn. : **la vuelta**. **Volver** : *revenir*.
11. voir annexes **Movida**.
12. ce verbe, un peu péjoratif et populaire, désigne des relations sexuelles. **Se ha liado con mi hermano** : *elle s'est mise (acoquinée) avec mon frère*.
13. **en busca de** : *à la recherche de*. Syn. : **en búsqueda de**.
14. pléonasme, corrigé en français grâce à la conjonction *et*.
15. **el recelo** : *la suspicion, la méfiance*. Syn. : **la desconfianza**.
16. **no supo la condesa** : encore une fois il y a inversion du sujet qui se place après le verbe. L'important ici c'est qu'*elle ne sut pas*.
17. **los demás** : *les autres, autrui*. Syn. : **el prójimo**.
18. **una mujer de buen ver** : *une femme jolie (à regarder)*. **Estar de buen ver** rend aussi l'idée *d'être encore belle* (malgré l'âge).
19. **con cincuenta años a cuestas** : l'idée est de *porter ses anneées sur le dos* (**a cuestas**) comme un fardeau.

He considerado[1] mi responsabilidad por[2] haberla sacado de[3] las revistas del corazón y haberle abierto la puerta estrecha que conduce a la desnudez de la conducta[4], a un sentido de la vida y de la Historia en el que las raíces[5] no vienen del pasado sino del futuro y cuando se quiebra[6] esa esperanza se cae[7] en el más absoluto desarraigo. No digo yo que el procedimiento para evitar ese suicidio consista siempre en aceptar el cargo de gobernador civil o semejanzas que evito enumerar. Pero ahí está[8] una autodestrucción en su carpeta y cuando la arroje[9] al fuego de la chimenea de mi apartamento trataré de[10] hacerlo en un momento en que no deba dar explicaciones. Jamás le he contado a mi mujer[11] mis amores fugaces con una condesa. Es muy clasista mi mujer y de todas las clases sociales la que peor soporta es la aristocracia.

---

1. **considerar** : *examiner, envisager, mesurer.* Syn. : **valorar**.
2. **por** rend ici l'idée de *en échange*. **Me dio las gracias por haberle ayudado** : *il m'a remercié de l'avoir aidé*.
3. **sacar** (v. tr.) ; *sortir, tirer.* **Sacar** s'utilise dans beaucoup d'expressions. **Sacar una foto** : *prendre une photo* ; **sacar conclusiones** : *tirer des conclusions* ; **sacar de quicio** : *sortir (quelqu'un) de ses gonds*, etc.
4. **desnudez en la conducta** : m. à m. *nudité dans la conducta*. **Desnudo** : *nu*. **Desnudarse** : *se déshabiller*. Il y aurait un message de la part de Montalbán. Seules la prise de conscience politique et l'action mènent à la vérité de la vie. Cette *porte étroite* de la conduite humaine est-elle la seule qui mène au véritable rôle que l'homme doit jouer dans la société ?
5. **las raíces** : *les racines.* Au singulier : **la raíz**.
6. **quebrarse** : *se casser, se briser.* Syn. : **romperse**.

J'ai mesuré ma responsabilité pour l'avoir sortie des revues people et lui avoir ouvert la porte étroite qui mène à une conduite épurée, à un sens de la vie et de l'Histoire dans lequel les racines ne viennent pas d'hier mais de demain et lorsque cet espoir se brise, on tombe dans le déracinement le plus total. Je ne dis pas que le moyen d'éviter pareil suicide consiste toujours à accepter un poste de gouverneur ou d'autres choses similaires que je ne veux pas énumérer. En attendant, la-voilà l'autodestruction dans son dossier ; et quand je le jetterai au feu de la cheminée de mon appartement, je tâcherai de le faire à un moment où je n'aurai pas à donner d'explications. Je n'ai jamais raconté à ma femme mes amours éphémères avec une comtesse. Ma femme a un grand esprit de classe et, de toutes les classes sociales, celle qu'elle supporte le moins c'est l'aristocratie.

---

7. **se cae** : *on tombe*. **Se** est un véritable pronom sujet équivalent à *on*. Il exprime une idée générale. **En Madrid se come bien** : *à Madrid on mange bien*. **Cuando se sale a la calle...** : *lorsqu'on sort dans la rue...*
8. *Voici* et *voilà* sont des termes toujours difficiles à rendre en espagnol. **Aquí está, ahí está** et **allí está** s'emploient pour désigner un objet ou une personne. **Ahí está mi coche** : *voilà ma voiture*.
9. **arrojar** : *jeter*. Syn. : **tirar**. Notez le subjonctif à la place du futur dans les subordonnées temporelles. Avec **cuando**, cette chose prévue mais non encore réalisée, l'espagnol n'utilise pas le futur comme en français mais le subjonctif car il s'agit pratiquement d'une éventualité. **Cuando llegues a Madrid** : *quand tu arriveras à Madrid*. **Cuando puedas** : *quand tu pourras*.
10. **tratar de** : *essayer, tâcher*. Syn. : **intentar, procurar**.
11. confirmation, si besoin était, que le narrateur de cette nouvelle était, ni Carvalho, ni Montalbán, mais un supposé ancien camarade de parti de celui-ci qui, comme beaucoup, ont finalement réussi dans le monde de la politique.

El coleccionista

Le collectionneur

Les remito[1] mi colección completa de portadas[2] de distintas publicaciones donde apareció Marilyn Monroe[3], como prueba definitiva de cuanto[4] he venido comunicándoles[5] en las anteriores declaraciones, sin que hasta ahora me hayan hecho caso[6]. La rutina les permite conservar[7] las telarañas dentro del cráneo y yo no puedo sustituirles[8]. Cada cual ha de cumplir su papel[9]. Sobre mi condición moral supongo suficiente manifestación[10] la reproducción de la portada de *Shuk* de 1974, en la que aparece Germain Greer[11] enseñando el conejito[12] en una curiosa postura que aparentemente dificulta la operación, pero que en realidad la convierte en escabrosa. La feminista desnuda sostiene su cuerpo sobre sus brazos y las palmas[13] de las manos contra el suelo mientras levanta y abre las piernas al mismo tiempo para enseñarnos su principal seña de identidad[14] física. No quisiera que ustedes me confundieran con un pornográfico[15] vulgar. Soy un coleccionista, un cazador de gestualidades, y qué más hubiera querido yo que tener la foto de los atributos viriles de Stompanato[16] o la cara de espanto de Ana Frank[17] cuando la amenaza de los alemanes se concretó en llamada a la puerta de la buhardilla de Ámsterdam. Tampoco soy un nazi. Ni un morboso[18]. Me compadezco ante los gestos tristes, pero existen y quiero tenerlos como si fueran la compañía de un lenguaje mudo de náufragos solidarios[19].

---

1. **les remito** : *je vous envoie*. Dès le départ on sait que le narrateur envoie des documents à un collectif qu'on ne connaît pas.
2. **portada** : *portail, page de titre*, ici *première page*. C'est aussi une *façade*. **La portada de la catedral** : *le portail de la cathédrale*.
3. c'est le sujet de l'enquête : Marylin Monroe.
4. **cuanto** s'emploie dans le sens de *tout ce dont, tout ce que* dans une démonstration. **Cuanto te he dicho** : *tout ce que je t'ai dit*.
5. le verbe **venir** avec un gérondif est ici un semi-auxiliaire. Utilisé à la place de **estar** pour indiquer l'idée de quelque chose qui s'est produit petit à petit et récemment. **He venido construyendo** : *j'ai construit (progressivement et récemment)*.
6. **hacer caso** : *faire attention, croire*. **Hazme caso** : *crois-moi*.
7. Le verbe **permitir** (*permettre*) s'utilise comme en français avec la différence qu'on ne trouve pas de préposition de. **Eso permite ø comprender** : *cela permet de comprendre*.
8. d'emblée le narrateur se place dans une critique acide envers les destinataires de sa missive. Leur crane plein de toiles d'araignées fait penser à l'expression espagnole **tener la cabeza llena de serrín** (*avoir la tête pleine de sciure*) lorsqu'on parle de quelqu'un d'idiot.

Je vous adresse ma collection complète de couvertures de diverses publications où Marilyn Monroe est parue en photo, comme preuve absolue de tout ce que je vous ai peu à peu communiqué dans mes précédentes déclarations, même si vous en avez fait peu de cas jusqu'à présent. La routine vous permet de conserver vos toiles d'araignée à l'intérieur de vos crânes et je ne peux me mettre à votre place. A chacun son rôle. Pour vous expliquer mon état d'esprit, la reproduction de la couverture de *Shuk* de 1974 sera sans doute suffisante ; Germaine Greer y montre son minou dans une curieuse posture rendue scabreuse alors qu'elle était sensée masquer sa démarche. La féministe nue enlace son corps de ses bras, les mains à plat sur le sol, tout en levant et en écartant les jambes et nous montre le trait essentiel de son identité physique. Je ne voudrais pas que vous me confondiez avec un vulgaire pornographe. Je suis un collectionneur, un chasseur de gestuelle ; que n'aurais-je pas donné pour avoir la photo des attributs virils de Stompanato ou le visage terrifié d'Anne Frank lorsque le péril allemand se concrétisa par des coups frappés à la porte de sa mansarde d'Amsterdam. Je ne suis pas non plus un nazi. Ni un être malsain. Je compatis aux manifestations de tristesse, mais elles existent et je tiens à les posséder et à la compagnie de leur langage muet de naufragés solidaires.

---

9. **el papel** : *le rôle*. Ici **cumplir** signifie *s'acquitter, faire ce qu'il faut.*
10. **manifestación** : ici *preuve, attestation.*
11. Germaine Greer : féministe australienne. Son livre *The female eunuch* (années 1970) est une référence pour les féministes. Ses prises de position sont controversées : elle aimait apparaître nue pour provoquer. Ses photos se trouvent facilement sur Internet…
12. **conejito** : *petit lapin* ; ici *minou* (fam.), sexe de la femme.
13. **la palma** : (ici) *la paume* (de la main)
14. **seña de identidad** : *signe d'identité* ; on parle aussi de **señas personales** (*signalement*) en matière policière.
15. **un pornógrafo** ; en espagnol **pornográfico** est un adjectif.
16. **Johnny Stompanato** : gangster et gigolo notoire de Los Angeles. Ses amis l'appelaient *Oscar* parce que son sexe avait la taille de la célèbre statuette d'Hollywood ! Amant de l'actrice Lana Turner, il fut assassiné chez elle le 4 avril 1958. Crime polémique car la fille de l'actrice, Cheryl, agée de 14 ans, en fut accusée. Un film sur cette affaire avec K. Reeves et C. Z-Jones comme acteurs est en projet pour 2007.
17. *Le journal d'Anne Frank*. Bouleversant journal d'une adolescente juive néerlandaise durant la période nazie.
18. Le mot **morbo** (*maladie*) subit actuellement un glissement sémantique vers l'idée de *croustillant* et *excitant* (sexuel).
19. **solidarios** ou **solitarios** (*solitaires*) ? Ce serait plus clair, non ?

La prueba de que no soy un pornográfico vulgar es que no les remito colecciones de postales[1] de Marilyn en las que aparece desnuda. Y las tengo. Dispongo de copias de casi todas las fotos importantes que le hicieron Avedon, Beaton, Halsman, Kelley, Read Woodfield, Eve Arnold[2]... A poco que[3] tengan[4] un saber medio[5] sobre fotógrafos comprenderán que cito la plana mayor[6] de la mitomanía fotográfica de hace[7] veinte o treinta años. De todas esas fotos de pintura japonesa[8], no se sabe si es una pared o un cubrecama[9], ella parece cubierta por una mórbida tela arrugada[10], contiene un clavel[8] contra su pecho y nos mira[11] con la resaca[12] de una malicia residual[13], poniente[14]. Es una foto de Beaton, de 1956, y el fotógrafo de la Garbo ha cambiado de mirada para poder pasar de aquel monumental[15] lenguado blanco sueco[16] a este erotismo de células de azúcar. Prefiero estas fotos o las patéticas instantáneas en torno a, o posteriores, al rodaje de *The Misfits* de Shiller, Newman, Woodfield o Stern[17]. Es una Marilyn macerada[18]; espléndidamente arrugada en el rostro, atormentada en las carnes, con anillos concéntricos de árbol maduro en su cuello frágil. Mucho mejores que esas fotos de calendario, como la famosa de Tom Kelley, Marilyn rampante y desnuda sobre un cortinaje[19] de satén rojo (año 1949) o en la que aparece disfrazada de Lilian Rusell, de ciclista perversa con los balcones en flor (1958), de Ricard Avedon[20].

---

1. **una postal** : *une carte postale*.
2. voir annexes **photographes Marilyn**.
3. **a poco que** : *pour peu que*.
4. **tengan** : *que vous ayez*. Encore une fois on est en présence d'une phrase qui n'est éclairée que par le contexte : il s'agit d'un vouvoiement pluriel et non pas de la 3ᵉ personne du pluriel (référence à un collectif du genre *eux* ou *ils*).
5. **el saber medio** : *la connaissance moyenne*.
6. **plana mayor** ; *état-major*. Il veut nous parler donc des personnes les plus importantes dans ce domaine, *la crème*.
7. **hace** : *il y a*. **Hacía muchos años** : *cela faisait beaucoup d'années*. **Mañana hará un año** : *cela fera un an demain*.
8. consultez ces photos : sur celle de Beaton, Marilyn est photographiée en noir et blanc, vue d'en haut, un œillet à la main, couchée sur un lit dont le drap du fond a un motif japonais.
9. **un cubrecama** : *un couvre-lit*. Syn. : **una colcha**.
10. **arrugado** : *froissé, ridé*. **Una arruga** : *une ride*.
11. **nos mira** : *elle nous regarde*. Elle regarde l'objectif. Dans les photos de charme le spectateur est un voyeur regardé à son tour par le modèle.

La preuve que je ne suis pas un vulgaire pornographe est que je ne vous adresse pas de collections de cartes postales de Marilyn nue. Et pourtant, j'en possède. Je dispose de reproductions de presque toutes les photos importantes que Avedon, Beaton, Halsman, Kelley, Read Woodfield, Eve Arnold, ont fait d'elle... Pour peu que vous ayez une assez bonne connaissance des photographes, vous comprendrez que je parle ici des maîtres de la mythomanie photographique d'il y a vingt ou trente ans. Sur toutes ces photos, du genre estampes japonaises - on ne saurait dire si l'on contemple un mur ou un couvre-lit -, elle apparaît couverte d'un tissu délicat et froissé, un œillet serré contre sa poitrine, et elle nous regarde, une trace de malice vespérale dans les yeux. C'est une photo de Beaton de 1956, où le photographe de Garbo a changé son regard pour pouvoir passer de cette immense sole blanche suédoise à cet érotisme de cellules en sucre. Je préfère ces photos-là ou les pathétiques instantanés pris pendant – ou après – le tournage de *The Misfits* par Schiller, Newman, Woodfield ou Stern. C'est une Marilyn en pleine maturité, le visage aux rides magnifiques, les chairs tourmentées, avec dans son cou fragile des anneaux concentriques d'arbre mûr. Bien meilleures que ces photos de calendrier, comme celle célèbre de Tom Kelley, – Marilyn nue rampant sur un rideau de satin rouge (en 1949) – ou celle qui la montre déguisée en Lillian Rusell, cycliste libertine aux balcons en fleur (1958) de Richard Avedon.

---

12. **la resaca**: *le ressac, la gueule de bois*. Ici c'est plutôt la deuxième acception. Elle semble se réveiller avec le regard malicieux de quelqu'un qui n'a pas tout à fait dormi…
13. **malicia residual** : *malice résiduelle*. Il est difficile de rendre ce côté « lendemain de nuit d'amour » dont semble parler Montalbán.
14. **poniente** : *ponant, couchant*. La traduction *vespéral* rend un peu cette idée de moment de la journée.
15. **monumental** : *énorme, gigantesque*.
16. Greta Lovisa Gustafson (**Greta Garbo**, *La Divine*) naquit le 18 septembre 1905 à Stockholm (Suède).
17. voir annexes **photographes Marilyn**.
18. **macerar**: *macérer, malaxer*. Montalbán adore définir les belles femmes ainsi. La chair serait d'autant plus attirante qu'elle est pétrie. Plus loin le narrateur parle de chairs tourmentées. Est-ce Montalbán ou le narrateur qui parle ?
19. **cortinaje** : ensemble de *rideaux* (**cortinas**).
20. Il photographia Marilyn habillée à la manière de femmes célèbres du cinéma : Thera Bara, Clara Bow, Marlene Dietrich ou Jean Harlow.

Las portadas acompañan a Marilyn desde su nacimiento[1] como *cover girl*[2] hasta la fijación de su imagen más convencional, la rubia platino pimpollo[3], con boca roja corazón, mirada de miope cachonda[4] y enseñando siempre que puede unos muslos imperfectos pero llenos, prodigiosamente llenos, de carne amasada[5]. La primera vez que la vi fue en *Amor en conserva*[6], una breve aparición junto a[7] los hermanos Marx que fue casi una premonición[8] de cual sería la significación futura de Marilyn, parodia de *sex symbol*. Luego trataron[9] de clasificarla como pollita[10] culona[11] y atontada[12] a partir del personaje de *La jungla de asfalto*[13], pero aquel papel[14] sólo se adaptaba a seis meses de su biología. Seis meses después, Marilyn era otra cosa y tras intentar[15] hacer de ella una desalmada[16] a lo Bette Davis pero con sexo en *Niágara*, de pronto se dieron cuenta de que Marilyn era una parodia de sí misma. Yo creo que jamás se sintió segura, y tenía miedo de que se le notara demasiado la inseguridad de aquella muchacha primeriza que se abrió paso en Hollywood practicando la *fellatio* cuando lo pedía ese guión[17] que abre las puertas de los productores y los repartos[18]. Era aquélla una muchacha de pueblo, pecosa[19] y con los cabellos con tendencia al rizo, una de esas muchachas que vuelven después de fracasar[20] en su huida hacia adelante y acaban de putas locales o casadas con[21] un viudo ciego, sordo y mudo.

---

1. **nacimiento** : *naissance* ; ici début. Le **nacimiento** c'est aussi la *crèche de Noël* que l'on installe dans les familles catholiques.
2. voir annexes **cover girl**.
3. **pimpollo** : *jeune fille jolie, jeunette*.
4. **cachonda** : *en chaleur, lascive, sensuelle*. On emploie aussi **cachonda** pour dire d'une chose qu'elle est drôle, *marrante*. Un homme **cachondo** est donc un homme drôle, un boute-en-train. Sa myopie était certainement à l'origine de ce regard toujours vague et sexy.
5. **amasada** : *pétrie*. Voir page précédente à **macerar**.
6. *Love Happy* (*La Pêche au trésor*, David Miller 1949) est l'un des derniers films des Marx Brothers. C'est la première apparition de Marilyn à l'écran : une seule scène, quatre répliques, un décolleté époustouflant.
7. **junto a** : *à côté (aux côtés) de*. Syn. : **al lado, cerca**.
8. **una premonición** : *une prémonition, un présage*. Syn. : **presentimiento**.
9. **trataron de** : *on essaya*. Lorsqu'un verbe est conjugué à la 3e personne du pluriel sans sujet apparent, il se traduit par *on* (ici ce serait une sorte de *eux* : les gens d'Hollywood). C'est le *on* qui fait référence à un collectif d'où le locuteur s'exclut. **Llaman a la puerta** : *on sonne à la porte* (qui ça ? : *eux*).

Les couvertures accompagnent Marilyn depuis ses débuts comme *cover girl* jusqu'à ce que se fixe son image la plus conventionnelle, la blonde platinée à croquer, la bouche rouge cœur, le regard d'une myope en chaleur montrant dès qu'elle le peut des cuisses imparfaites mais pleines, prodigieusement pleines de chair souvent pétrie. La première fois que je l'ai vue, c'était dans *La Pêche au trésor,* brève apparition aux côtés des Marx Brothers qui laissait presque présager de ce que représenterait Marilyn par la suite : une parodie de *sex symbol*. On tenta par la suite de lui coller l'étiquette de petite dinde potelée et sans cervelle à partir du personnage qu'elle interprétait dans *Quand la ville dort,* or ce rôle ne concernait que six mois de sa biologie. Six mois plus tard, Marilyn était tout autre ; et après avoir tenté dans *Niagara* d'en faire une méchante façon Bette Davis, mais charnelle, on s'aperçut soudain que Marilyn était une parodie d'elle-même. Je crois qu'elle ne s'est jamais sentie sûre d'elle et qu'elle craignait que ne soit trop perceptible le manque d'assurance de cette jeune débutante qui s'était frayé un chemin à Hollywood en pratiquant la fellation quand il fallait se plier à ce type de scénario pour que s'ouvrent les portes des producteurs et de la distribution. C'était alors une jeune fille de la campagne, avec des taches de rousseur et des cheveux tendant à friser ; ce genre de filles qui reviennent chez elles après l'échec de leur fuite en avant et qui finissent putes locales ou mariées à un veuf aveugle, sourd et muet.

---

10. **pollita** : *petite poule, poulette.*
11. **culona** est un adjectif un peu péjoratif. Il vient de **culo** (*les fesses, le cul*). Il signifie *fessue*, personne au *gros derrière*.
12. **atontada** : *idiote, écervelée.* Vient du mot **tonto** : *idiot.*
13. *The asphalt jungle* (1950).
14. **el papel** : *le papier.* Ici *le rôle* (théâtre, cinéma). **Interpretar un papel** : *jouer un rôle.*
15. **tras intentar** : *après avoir essayé.* **Tras + infinitif** : *après avoir/être* + participe passé. **Tras casarse :** *après s'être marié.*
16. **desalmada** : *méchante* (litt. *sans âme*).
17. allusion à une phrase prétexte utilisée par certaines actrices pour se montrer nue et se frayer ainsi un chemin dans le monde du cinéma. Elles se déshabillent car *le script l'exige* (**lo pide el guión**).
18. **el reparto** : *la distribution* (des rôles), « *casting* ».
19. **pecoso** : quelqu'un qui a des *taches de rousseur* (**pecas**). Très *exotique* pour un espagnol...
20. **fracasar** : *échouer.* **El fracaso** : *l'échec.*
21. **casarse con** : *se marier avec.*

Cuando en Hollywood la tiñeron[1], le almidonaron las carnes[2] hasta convertirlas en un molde[3] de sí misma[4], consiguieron impedirle volver a su origen, pero los cazadores de talentos[5] se dieron cuenta de que el de[6] Marilyn consistía precisamente en hacer asomar[7] su duda metódica por debajo de[8] las sofisticaciones. He de confesarles que a mí Marilyn no consiguió levantármela[9] nunca y eso que[10] soy propenso[11], en primera instancia, a este tipo de levitaciones parciales y recuerdo gloriosos momentos en la oscuridad cinematográfica, por ejemplo contemplando las evoluciones de Rita Hayworth[12] en *Salomé*. Aquel día, mejor dicho aquella tarde, tomé contacto con ese hijo predilecto[13] que todos los hombres llevamos no dentro, sino gradualmente asomado en el sur de nuestro cuerpo.

Quede como constatación de que mi aberración monroesca no era la de un vulgar onanista al acecho[14] del turbio objeto de su deseo. Marilyn me excitaba porque tenía el aroma de la despedida[15] y de la muerte y no hablo a toro pasado[16]. Cuando Joe di Maggio[17] me dejó hecho una estera[18] tras mi primer trabajo de espionaje de Marilyn, en Denver (Colorado), mientras me reducían o me protegían los gorilas[19] de la pareja, yo gritaba que quería salvarla de la muerte, es decir, de esa tendencia a la autodestrucción que adivinaba como principio de su ironía biológica.

---

1. **Cuando en Hollywood la tiñeron** : m. à m. *lorsqu'à Hollywood on la teignit.* Voir page précédente note 9.
2. les robes des vedettes de l'époque étaient très moulantes, au point d'*amidonner les chairs* (d'après Montalbán).
3. on se demande ici si l'auteur n'a pas plutôt voulu dire *moulage* (**moldeado**), comme si son corps avait été sculpté par tous les accessoires vestimentaires qui le gainaient.
4. **de sí misma** : *d'elle-même*. Le pronom **sí** est le pendant de **mí** et de **ti**. Lorsqu'on est en présence d'une préposition les pronoms **yo**, **tú**, **él** deviennent **mí**, **ti** et **sí**. **Para mi** (*pour moi*) ; **de ti** (*de toi*) ; **para sí** (*pour lui-même, pour soi*).
5. **cazador de talentos** : *chasseur de têtes* (domaine professionnel).
6. **el de** : *celui de* ; **la de** : *celle de* ; **los de** : *ceux de* ; **las de** : *celles de*.
7. **asomar** : *apparaître, poindre, se montrer.* **El gato asoma la cabeza** : *le chat montre sa tête.*
8. **por debajo de** : *sous.* **Las canalizaciones que van por debajo de la calle** : *les canalisations qui sont sous la rue.*
9. **levantármela** : m. à m. *me la faire lever (soulever).*

Lorsque ceux d'Hollywood lui teignirent les cheveux et amidonnèrent ses chairs au point d'en faire un moule de son propre corps, ils rendirent impossible un retour à ses origines, mais les chasseurs de talents se rendirent compte que celui de Marilyn c'était précisément de laisser percer son doute méthodique sous la sophistication. Je dois vous avouer que, pour ma part, Marilyn n'a jamais réussi à me faire bander, et pourtant, je suis sujet, en toute première instance, à ce genre de lévitations partielles ; et je me souviens de moments glorieux dans l'obscurité du cinéma, lorsque je contemplais, par exemple, les ondulations de Rita Hayworth dans *Salomé*. Ce jour-là, ou plutôt cet après midi-là, je pris contact avec ce fils préféré que nous, les hommes, portons non pas à l'intérieur de nous mêmes, mais qui pointe parfois son nez au sud de notre anatomie.

Qu'il soit bien établi que mon obsession monroesque n'était pas celle d'un vulgaire onaniste à l'affût du trouble objet de son désir. Marilyn m'excitait parce qu'elle avait le parfum de l'adieu et de la mort, et ce ne sont pas des paroles dues au recul. Lorsque Joe DiMaggio m'a aplati comme une crêpe à cause de ma première mission d'espionnage de Marilyn à Denver (Colorado), et que les gardes du corps du couple me maîtrisaient ou me protégeaient, moi je hurlais que je voulais lui sauver la vie, la sauver de cette tendance à l'autodestruction que je devinais être l'essence même de son ironie biologique.

---

10. **y eso que** : *alors que, et pourtant.* S'utilise souvent avec des phrases négatives pour expliquer. **No me gusta la paella y eso que soy español** : *je n'aime pas la paella et pourtant je suis espagnol.*
11. **ser propenso** : *être enclin, être sujet.* **Soy propenso a alergias** : *je suis sujet à faire des allergies.*
12. Margarita Carmen Cansino. Née à New York, de père espagnol et de mère irlandaise, *Rita Hayworth* fut la star d'Hollywood la plus « glamour » des années 40 et 50. Son film *Gilda* fut condamné par l'église parce qu'elle y mimait un striptease n'enlevant … que son gant.
13. **predilecto**: *préféré, favori.* **Una región predilecta de los impresionistas**: *une région de prédilection des impressionnistes.*
14. **acecho** : *guet.* **Estar al acecho** : *être aux aguets, à l'affût.*
15. **la despedida** : *les adieux.* **Despedirse** : *se dire au-revoir.* **Iré a despedirte a la estación** : *j'irai te dire au-revoir à la gare.*
16. **a toro pasado** : m. à m. *lorsque le taureau est déjà passé.* Beaucoup de locutions espagnoles sont d'origine taurine. Ici c'est se vanter de faire quelque chose lorsqu'il n'y a plus de danger (*le taureau est passé*).
17. voir annexes **Joe Di Maggio**.
18. **hecho una estera** : m. à m. *transformé en un paillasson (natte).*
19. **un gorila**: *un gorille.* Ici, *garde du corps.* Syn. : **guardaespaldas,** m. à m. *personne qui surveille le dos* (**la espalda**).

Observador constante de su evolución entre *Amor en conserva* y *Niágara*, capté[1] más que su indecisión para encajar[2] en *tipo* (como eran un *tipo* Gary Cooper o la mula *Francis*[3]) la indecisión[4] de quienes[5] la construían, destruían, reconstruían la imagen[6]. Para cada etapa un macho[7] diferente. El primero fue aquel anónimo lugareño[8] que la quería convertir en madre de sus hijos, el muy imbécil, y se le escapó la oruga ya en forma de[9] mariposa con pecas y cabellos rizados enseñando el ombligo en los calendarios de casi todos los estados de la Unión. El segundo[10], el de la etapa de ser y no ser, fue Di Maggio, un mocetón[11] sin luces[12] que iba por la vida con el palo de béisbol en ristre[13] y creyó que esa estaca era suficiente para empalar a Marilyn y convertirla en trofeo de taxidermista[14]. En ambas[15] relaciones Marilyn llevaba las de ganar[16] *a priori*, como esos equipos de la NBA que ganan los partidos sin bajar del autocar. Cuando temí realmente por ella fue cuando la vi vencida ante el poder del verbo y adiviné que las intenciones del verbo eran, como siempre, hacerse carne[17]. Miller[18] era el verbo. La otra cara de la relación del profesor Rata con Lola[19]. Si en el *Ángel azul* el sexo duro de Marlene rompía en añicos la moral y la vida del intelectual, en la realidad los intelectuales acaban destruyendo a las golfas. Los intelectuales son más golfos que las golfas y sobre todo más impunes.

---

1. **captar** : *capter, ressentir*. **No capté lo que quería** : *je n'ai pas bien compris (capté) ce qu'il voulait.*
2. **encajar** : *emboîter, encastrer.* Peut s'employer de façon plus métaphorique pour parler des personnes. **Tú y yo no encajamos** : *toi et moi on ne se comprend pas bien.*
3. **La mule Francis** a été un fait de société dans le cinéma américain des années 50. Les aventures (durant 7 films) d'un soldat (Donald O'Connor) qui dialogue avec sa mule dotée de parole et de bon sens. Notez le parallèle pas très flatteur entre Gary Cooper et l'équidé…
4. **indecisión** : *hésitation, doute.* Syn. : **incertidumbre, duda**.
5. **quien** ou **quienes** s'utilise souvent pour les définitions ou les précisions. Syn. : **el (la) que** (*celui* ou *celle qui*) ou **los (las) que** (*ceux* ou *celles qui*). **El conductor es el que (quien) está al volante**: *le conducteur est celui qui se trouve au volant.*
6. on sent bien l'usine à fabriquer des vedettes.
7. à l'origine **macho** signifie en espagnol mâle (ant. *femelle* : **hembra**). La nuance péjorative nous vient des USA, souvent relayée par les films américains où les Mexicains sont trop « virils ». Le côté animal de foire de Marilyn est ici proche de l'insupportable.

Je ressentais chez elle – observateur assidu de son évolution depuis *La Pêche au trésor* jusqu'à *Niagara* –, plus qu'une hésitation à cadrer avec un *type* (tout comme Gary Cooper ou la mule *Francis* étaient des *types*), l'hésitation de ceux qui en construisaient, détruisaient, puis reconstruisaient l'image. À chaque étape, un mâle différent. Le premier fut ce péquenaud anonyme qui voulait faire d'elle la mère de ses enfants – l'imbécile –, mais elle lui échappa, chenille devenue papillon aux taches de rousseur et aux cheveux bouclés, dévoilant son nombril sur les calendriers de la quasi-totalité des états de l'Union. Le deuxième, celui de l'étape *être et ne pas être*, fut DiMaggio, jeune costaud pas très futé qui parcourait la vie sa batte de base-ball toute dressée et qui pensait que ce pieu suffirait à embrocher Marilyn et en faire un trophée de taxidermiste. Dans ces deux relations, Marilyn partait *a priori* gagnante, comme ces équipes de la NBA qui gagnent leurs matchs sans descendre de l'autocar. J'ai par contre eu vraiment peur pour elle lorsque je la vis vaincue par le pouvoir du verbe et devinai que les intentions du verbe étaient, comme toujours, de se faire chair. Miller était le verbe. L'autre visage de la liaison du professeur Rath et de Lola. Si, dans *L'Ange bleu,* le sexe féroce de Marlène réduisait en miettes la morale et la vie de l'intellectuel, dans la réalité les intellectuels finissent par détruire les dévergondées. Les intellectuels sont plus salauds que les salopes et surtout plus impunis.

---

8. **James Dougherty** (juin 42-sept. 46), son voisin. Elle avait 16 ans.
9. litt. *déjà sous la forme de.*
10. entre les deux il y a une étape contestée où elle se serait mariée en secret avec le journaliste Bob Slatzer, du moins selon lui. D'après le narrateur il va jouer un rôle important.
11. **mocetón,** augmentatif de **mozo** (*garçon*): *grand gaillard.*
12. **las luces** : ici *l'intelligence*. **Una persona sin muchas luces** : *une personne peu intelligente.*
13. **en ristre** est une expression qui ne s'utilise que pour parler de la position *à l'arrêt* de la lance du chevalier en armure. Des équivalents seraient *sabre au clair* ou *prêt à dégainer.*
14. ici plutôt *l'entomologiste* puisqu'il y a la métaphore du papillon.
15. **ambos, ambas** : *les deux*. S'emploie avec une référence préalable. **Ambos niños** : *les deux garçons* ; **ambas personas**: *les deux personnes* (dont on a parlé).
16. **llevar las de ganar** : *avoir tous les atouts dans son jeu.*
17. *Le verbe a été fait chair.* Évangile de St. Jean (I, 14)
18. voir annexes **Arthur Miller**.
19. Dans le film *L'angle bleu* (J. Von Sternberg, 1930), le professeur Rat, (*Rata* en espagnol) est amoureux de la belle Lola (Marlene Dietrich)
20. **golfo** : *salaud* ; **golfa** : *salope* (mais aussi *putain*).

Escribí varias cartas a Miller durante los primeros años de relación, anónimas naturalmente. En ellas[1] le acusaba de merodeador que fingía[2] ser un cazador y jugar a Pigmalión, cuando de hecho[3] sólo quería experimentar emociones físicas que sólo había leído en los libros o que se había atrevido[4] a poner por escrito[5]. A su lado, Marilyn intelectualizó su papel después de haber estado a punto de convertirse en esposa de granjero[6] para toda la vida, en *Río sin retorno*, o en puta arrepentida[7] en *Bus Stop*. Porque en el fondo tal vez estuvo esperando siempre a un Robert Mitchum o a un Don Murray que la devolviera a casa[8], mientras se desnutría anímicamente mamándosela[9] al clan Kennedy, a divos franceses[10] de papel[11] o a intelectuales eternamente en la duda de su propia duda[12]. Curiosamente, los papeles que le daban marcaban su propia evolución espiritual, y ese momento de abandono definitivo de la carnalidad se registra[13] en *El príncipe y la corista*, metáfora de su propia vida, desempeñara[14] el papel de príncipe Lawrence Olivier, Bob Kennedy o Arthur Miller. Era la misma metáfora del profesor Rata, pero con final en tecnicolor[15]; y Marilyn estaba a punto de adueñarse[16] de su ironía, de su escepticismo molecular, quizá nunca intelectualizado. Luego Miller, ya casi separados, llegó a tiempo para ofrecerle el espejo de su autodestrucción en *The Misfits*[17]. Los intelectuales tienen mucha mano[18] para los epitafios[19] y casi todo lo que tocan o viven lo convierten en material de elegía.

---

1. le pronom adverbial français *y* (de même que *en*) se rend en espagnol par ce type de phrases complexes. *J'y pense* : **pienso en eso** ; *j'en veux* : **quiero de eso**.
2. **fingir** : *faire semblant*. Syn. : **simular**. **Fingidor** : *simulateur*.
3. **de hecho** : *en fait, de fait*. Syn. : **en realidad**.
4. **atreverse** : *oser*. Syn. : **osar**. **El atrevimiento** (**la osadía**) : *l'audace*. **Es un atrevido (osado)** : *c'est un intrépide*.
5. litt. *mettre par écrit*.
6. Robert Mitchum dans *La rivière sans retour* (1954) d'Otto Preminger.
7. **arrepentida** : *repentie* ; **arrepentirse** : *se repentir*. El **arrepentimiento** : *le repentir*. Syn. : **el remordimiento**.
8. **devolver a casa** : *ramener à la maison*. Dans beaucoup de films de l'époque la jeune fille part dans le bus Greyhound à la poursuite d'un rêve et elle revient à la maison ramenée par le *gentil héros*.
9. m. à m. *en la leur suçant*. **Mamar.** Dans le registre vulgaire comme ici : *faire des pipes*, mais aussi *téter, prendre le biberon* (bébé).

Durant les premières années de leur liaison j'adressai plusieurs lettres à Miller, anonymes naturellement. Je l'y accusais d'être un maraudeur qui se prenait pour un chasseur et jouait les Pygmalion, alors qu'en réalité il voulait seulement expérimenter les émotions physiques qu'il s'était borné à lire dans les livres ou qu'il avait osé coucher sur le papier. À ses côtés, Marilyn intellectualisa son rôle après avoir failli devenir pour le restant de ses jours l'épouse d'un fermier dans *La rivière sans retour,* ou putain repentie dans *Arrêt d'autobus.* Car, au fond, elle a peut-être toujours attendu le Robert Mitchum ou le Don Murray qui la ramènerait chez elle, alors qu'elle appauvrissait son esprit en taillant des pipes au clan Kennedy, à des chanteurs français en papier ou à des intellectuels doutant éternellement de leur propre doute. Curieusement, les rôles qu'on lui confiait marquaient sa propre évolution spirituelle, et ce moment de renoncement définitif au charnel apparaît dans *Le Prince et la danseuse,* métaphore de sa propre vie, et peu importe que le rôle du prince fût tenu par Laurence Olivier, Bob Kennedy ou Arthur Miller. C'était la même métaphore que celle du professeur Rath, mais avec une fin en technicolor ; et Marilyn était sur le point de se rendre maîtresse de son ironie, de son scepticisme moléculaire qu'elle n'avait peut-être jamais intellectualisé. Par la suite, Miller, alors qu'ils étaient pratiquement séparés, arriva juste à temps pour lui offrir dans *Les Désaxés* le miroir de son autodestruction. Les intellectuels excellent dans l'art de l'épitaphe et transforment en sujet d'élégie presque tout ce qu'ils touchent ou qu'ils vivent.

---

10. allusion à Yves Montand et l'idylle probable avec Marilyn lors du tournage de *Let's make love* (*Le milliardaire*) en 1959.
11. allusion au *tigre en papier* (USA) de la terminologie maoïste ?
12. m. à m. *dans le doute de leur propre doute.*
13. **registrar** : *enregistrer, noter.*
14. Ces deux subjonctifs consécutifs avec **o** intercalé équivaut à *que* (*que ce soit ceci*)… *ou*… (*cela*). **Te guste o no te guste** : *que tu l'aimes ou pas.* **La gente aplaudía cantara bien o mal** : *les gens applaudissaient qu'il chante bien ou mal.*
15. technique de couleur des films inventée dans ces années-là.
16. **adueñarse** : *se rendre maître* (**dueño**). **Quiere adueñarse del país** : *il veut s'approprier le pays.* **El dueño de esta casa** : *le propriétaire de cette maison.*
17. **The Misfits** (*Les désaxés*) 1961 : John Huston. Scénario : Arthur Miller, d'après une de ses nouvelles. Avec Clark Gable et Montgomery Clift.
18. **tener mucha mano** : *être très habile.*
19. En 1955, Marilyn suggéra que son épitaphe soit celle-ci : *Ici repose Marilyn Monroe, 97-62-92.*

Pero no adelantemos acontecimientos. Cuando inicié mis movimientos de aproximación física a Marilyn aún estaba con Joe di Maggio, pero estaba sin estar, porque Joe sólo[1] era la sombra de la sementalidad[2] imperial de los Estados Unidos[3], el compañero ideal para visitar campos de batalla[4]. Marilyn picoteó[5] en Di Maggio en busca de néctar[6] y sólo encontró el sabor inequívocamente americano de una hamburguesa con catchup[7] y un botellín[8] de *ginger ale*.

Mientras Marilyn fue una propuesta carnal estereotipada exhibible[9] en el supermercado de propuestas[10] carnales, junto a la penco[11] matrona de Jane Russell, a la pureza violable de Pier Angeli o a la sexualidad de ojeras[12] e inglés[13] de Ava Gardner[14], mereció ser repetidamente portada de revistas que no se merecían[15] ni a la Marilyn que aparecía en las portadas. Luego, cuando se les escapó el invento y a partir de *El millonario* o de *Los caballeros las prefieren rubias*, Marilyn se encontró en su elemento en la comedia americana sexuada, las portadas la abandonaron hasta que llegó el momento[16] de la necrofilia. Y sin embargo entraba en el período anterior y lógico a la plenitud de *La tentación vive arriba*[17], película en la que yo desempeñé un papel tan importante como desconocido, por ahora. Pero no adelantemos acontecimientos.

---

1. **sólo** : *seulement*. Syn. : **solamente, únicamente**. À ne pas confondre avec **solo** (*seul*). Les mots qui se prononcent pareil mais qui ont une signification différente se distinguent grâce à l'accent : **él** (*lui*) ≠ **el** (*le*) ; **mí** (*moi*) ≠ **mi** (*mon*) ; **más** (*plus*) ≠ **mas** (*mais*), etc.
2. néologisme qui pourrait signifier *potentialité d'étalon* (**semental**). Cette grande vedette de baseball avait une réputation de *tombeur* comme beaucoup de gens célèbres cible de la presse people.
3. Son abréviation en espagnol est **EE.UU**. Le nom de ses habitants **los estadounidenses** (*les étasuniens*).
4. patriote parmi les patriotes, il s'engagea en 1943 dans la marine américaine alors qu'il était au sommet de sa carrière.
5. **picotear** : *picorer*, manger avec le *bec* (**pico**).
6. la métaphore Marilyn = papillon se continue ici.
7. Souvent ces mots d'origine étrangère (surtout anglaise) sont orthographiés de façon à en respecter la prononciation (**béisbol** : *baseball*, **champú** : *shampoo*). Dans les publicités espagnoles de la boisson Schweppes on voit un ajout entre parenthèses « **sueps** ».

Mais n'anticipons pas sur les événements. Lorsque j'ai commencé mes mouvements d'approche physique de Marilyn, elle était encore avec Joe DiMaggio, mais elle l'était sans l'être parce que Joe n'était que l'ombre du potentiel séminal de l'empire étasunien, le compagnon idéal pour visiter des champs de bataille. Marilyn butina DiMaggio en quête de nectar et ne trouva que le goût incontestablement américain d'un hamburger au ketchup et d'une canette de *ginger ale*.

Alors que Marilyn fut une offre charnelle stéréotypée à exhiber au supermarché des offres charnelles, aux côtés de cette matrone chevaline de Jane Russell, de la pureté violable de Pier Angeli ou de la sexualité aux yeux cernés et à l'anglais d'Ava Gardner, elle eut, à plusieurs reprises, droit aux couvertures de magazines qui ne méritaient même pas la Marilyn qui apparaissait sur leurs couvertures. Ensuite, lorsque leur invention leur échappa et que Marilyn se sentit dans son élément dans la comédie américaine sexuée - à partir de *Comment épouser un millionnaire* ou de *Les hommes préfèrent les blondes* -, les couvertures l'oublièrent jusqu'au moment de la nécrophilie. Et cependant elle entrait dans la période antérieure et logique de la plénitude de *Sept ans de réflexion,* film dans lequel j'ai joué un rôle aussi important qu'inconnu, pour le moment. Mais n'anticipons pas sur les événements.

---

8. **botellín** : *canette,* petite bouteille.
9. néologisme à partir de **exhibir** signifiant *qui peut s'exhiber.*
10. **una propuesta** : *une proposition.* **Proponer** : *proposer.*
11. **penco** : un *cheval chétif* et *malingre* ; *personne frustre.*
12. **las ojeras** : *les cernes.* James Dean ne s'est jamais remis du mariage de Pier Angeli. Elle pourrait être à l'origine de son accident-suicide. **Una persona ojerosa** : *une personne avec des cernes.*
13. Fille de fermiers de Caroline du Nord, son accent de terroir était très marqué. Rappelons qu'à l'époque aux USA on préférait les acteurs ayant un accent plutôt britannique.
14. voir annexes **rivales de Marilyn**.
15. **merecerse** : *mériter.* **No te lo mereces** : *tu ne le mérites pas.*
16. **llegó el momento** : *le moment est arrivé.* **Llegó el momento de decidirse** : *il est temps de se décider.*
17. *Sept ans de réflexion (The seven year itch)* de Billy Wilder a été traduit en espagnol par « *La tentation habite au-dessus* ». Le rapport qu'il y a entre ce film et l'idée d'habiter au-dessus s'éclaire par la suite lorsque le narrateur va nous décrire la nature de son travail sur elle.

¿Quién descubrió a Marilyn? ¿El que la disfrazó[1] de Marilyn Monroe a finales de los años cuarenta o el que le relajó[2] las varillas[3] del corsé para que pudiera ser lo más próximo a ella misma, en aquellas[4] comedias dedicadas a[5] la exaltación del cinismo erótico? Salvo en *Niágara* o en *The Misfits*, al comienzo y final de su estrellato[6], Marilyn nunca interpretó lo que convencionalmente se llamaban papeles dramáticos. El primero era convencional, pertenecía al modelo de la mujer perversa que lleva a la perdición[7] al hombre débil y ni siquiera Marilyn imponía en esta película su hegemonía erótica. El público se quedaba con[8] el erotismo doméstico de Jean Peters[9], Marilyn daba miedo[10] sexualmente y por lo tanto[11] moralmente. En toda moralidad hay una inhibición. En *The Misfist*, Marilyn interpretaba la parte final de su biografía, sin saberlo[12]. La Marilyn que ha quedado en la retina de los espectadores es la de *Los caballeros las prefieren rubias* o *Con faldas y a lo loco*. Su papel es el de la aparente tontuela[13] que finge no controlar su poder de seducción, pero que lo orienta en su propio provecho[14], aunque se imponga el final feliz[15] de que los hombres nunca son tan tontos ni tan perversos como[16] era de presumir[17]. Daba yo por entonces unos cursos apañados[18] por la CIA en la cátedra[19] Norton Elliot de Harvard, sobre el *Cine como falsificador de las conductas*.

---

1. **disfrazar** : *déguiser*. **Un disfraz** : *un déguisement*.
2. **relajar** : *desserrer*. Syn. : **aflojar**.
3. **varilla** : pièce étroite et longue composant la structure d'un *éventail*, d'un *parapluie*, jadis, faite en fanons de baleine.
4. le démonstratif **aquellas** éloigne ces films dans le temps. **Aquellos aviones de aquella época** : *ces avions-là de ces années-là*.
5. **dedicar(se) a** : *(se) consacrer à*. **Un libro dedicado a Marilyn** : *un livre consacré à Marilyn*. **Dedico las mañanas a escribir** : *je consacre les matinées à écrire*.
6. le suffixe **ato** renvoie parfois à une notion de temps, de période : **El Virreinato de Perú** : *La Vice-royauté du Pérou* ; **el decanato** : *le décanat* : durée de fonction du *doyen* (**decano**).
7. **llevar a la perdición** : *mener (pousser) à sa perte (perdition)*.
8. **quedarse con** : *adopter, préférer*. Syn : **preferir**.
9. voir annexes **rivales de Marilyn**.
10. **dar miedo** : *faire peur*. Ce verbe **dar** se trouve souvent dans des expressions françaises utilisant le verbe *faire*. **Dar pena** : *faire de la peine* ; **dar un paseo** : *faire une promenade* ; **dar un paso en falso** : *faire un faux pas*, etc.
11. **por lo tanto** : *par conséquent, partant*.

Qui a découvert Marilyn ? Celui qui l'a déguisée en Marilyn Monroe à la fin des années quarante ou celui qui a desserré les baleines de son corset pour qu'elle soit le plus proche d'elle-même dans ces comédies consacrées à l'exaltation du cynisme érotique ? Sauf dans *Niagara* et *Les Désaxés*, au début et à la fin de son vedettariat, Marilyn n'a jamais interprété ce qu'on appelle par convention des rôles dramatiques. Le premier était conventionnel ; il collait avec le modèle de la femme perverse qui pousse l'homme faible à sa perdition, alors que dans ce film Marilyn n'imposait pas son hégémonie érotique. Le public préférait l'érotisme domestique de Jean Peters ; Marilyn faisait peur sexuellement et partant moralement. Toute moralité comporte une part d'inhibition. Dans *Les Désaxés*, Marilyn jouait sans le savoir la partie ultime de sa biographie. La Marilyn qui est restée à jamais dans la rétine des spectateurs est celle de *Les hommes préfèrent les blondes* ou de *Certains l'aiment chaud*. Son rôle est celui de cette prétendue petite sotte qui fait mine de ne pas maîtriser son pouvoir de séduction, mais qui l'oriente à son profit, même si s'impose à nous cette fin heureuse selon laquelle les hommes ne sont jamais aussi bêtes ni aussi pervers qu'on pourrait le croire. Je donnais à l'époque des cours arrangés par la CIA à la chaire Norton Elliot de Harvard, sur le thème *Le Cinéma : falsificateur des conduites*.

---

12. dans ce film elle joue le rôle d'une ravissante idiote malheureuse. Elle a une conception simpliste de la société. A-t-elle joué son propre rôle dans un film tiré d'une nouvelle écrite par son mari ?
13. le suffixe **uelo** ou **uela** s'emploie comme diminutif avec parfois une petite nuance péjorative. **Plazuela** : *petite place* ; **jovenzuelo** : *jeunot* ; **arroyuelo** : *petit ruisseau* (**arroyo**). Le **Venezuela** se fit appeler ainsi pour ressembler à une *Petite Venise*.
14. **en su propio provecho** : m. à m. *à son propre profit*.
15. **final feliz** : *fin heureuse* (*happy end*). Les films hollywoodiens de cette époque étaient en accord avec la morale bourgeoise. Même s'ils frisaient l'immoralité, la fin était toujours rassurante.
16. **tan tontos ni tan perversos** : m. à m. *ni si bêtes ni si pervers*. **La ciudad no es ni tan bonita ni tan acogedora como dices** : *la ville n'est ni aussi belle ni aussi accueillante que tu le dis*.
17. **presumir** signifie ici *soupçonner*, *deviner* (à l'avance). Ce verbe signifie plus souvent *se vanter*, *parader*. **Le gusta presumir con su nuevo coche** : *il aime se pavaner avec sa nouvelle voiture*. **Un hombre presumido** : *un homme prétentieux* (*crâneur, m'as-tu-vu ?*).
18. **apañar** : fam. *arranger*. Idée de *rapiécer*, de *manipuler* la vérité.
19. **cátedra** (du grec χάτεδρα) : *chaire de professeur* (**catedrático**).

Recuerdo que me las tuve[1] con Ana Freud, la hija de Sigmund, empeñada en[2] que el cine no había aportado[3] ningún tipo psicológico variante[4] a los que sí[5] había aportado la literatura. El inventario de personajes femeninos literarios salía de sus labios[6], vinculado[7] a la novela francesa o rusa del siglo XIX. "¿Qué tipo psicológico femenino ha aportado el cine?" "Marilyn Monroe", le contesté[8] yo, y los sesudos[9] participantes en el curso soltaron[10] una risotada[11], pensado que yo me había atrevido a lanzar una *boutade*[12] al rostro[13] de la heredera espiritual de Sigmund Freud. Les saqué[14] de su error inmediatamente y me resultó fácil hacerlo, no tanto asumirlo para ellos.

A la objeción principal de que Marilyn no era un tipo psicológico, sino una actriz, más o menos, destinada a dar soporte a diferentes tipos psicológicos o a uno sólo, les opuse la evidencia de los hechos, la tozudez[15] de las imágenes comprobables[16] en cualquier filmoteca y la de Harvard era bastante buena[17]. Demostré que había una coherencia entre la propuesta de un personaje, es decir, un tipo y la médium, es decir, la personalidad misma de Marilyn. Esa identificación era insegura hasta que Marilyn llega directamente a la comedia, pero ya era plena[18], por ejemplo, en *Con faldas y a lo loco* o en *Los caballeros las prefieren rubias*. La mujer que se sabe deseada lo aprovecha sin distanciar su papel. "¿Quiere decir, entonces – me dijo un becario[19] australiano –, que Marilyn Monroe no interpreta?"

---

1. Expression incomplète (**me las tuve que ver**) indiquant la confrontation. **Ayer me enfadé con él y se las tuvo que ver conmigo** : *hier je me suis fâché avec lui et il a eu affaire à moi*.
2. **empeñarse en** : *s'entêter, s'obstiner*. **Se empeña en volver** : *il s'entête à vouloir revenir*. **El empeño** : *l'acharnement, l'obstination*.
3. **aportar** s'emploie dans le sens d'*apporter* lorsque l'apport est symbolique ou immatériel : **los árabes nos aportaron muchos términos de la agricultura** : *les Arabes nous ont apporté beaucoup de termes d'agriculture*. **Las aportaciones** : *les apports*.
4. **variante**. Syn. : **diferente**.
5. Si une phrase négative est suivie d'une autre affirmative et qu'elles s'opposent, la deuxième peut commencer par **sí** pour souligner l'opposition. **Ayer no dormí; lo que sí hice es leer mucho** : *hier je n'ai pas dormi ; par contre j'ai beaucoup lu*.
6. **salir de los labios** : m. à m. *sortir des lèvres*.

Je me souviens avoir eu maille à partir avec Anna Freud, la fille de Sigmund, qui soutenait mordicus que le cinéma n'avait engendré, contrairement à la littérature, aucun type psychologique original. De sa bouche s'égrainait l'inventaire des personnages féminins liés au roman français ou russe du XIXᵉ siècle. « Quel type psychologique féminin le cinéma a-t-il apporté ? » « Marilyn Monroe », lui répondis-je, sur quoi les intellos qui participaient au cours, s'esclaffèrent, pensant que j'avais osé décocher une *boutade* en pleine face de l'héritière spirituelle de Sigmund Freud. Je les détrompai sur-le-champ, ce qui me fut plus aisé à faire qu'à eux d'assumer.

À l'objection majeure selon laquelle Marilyn n'était pas un type psychologique, mais plutôt une actrice plus ou moins destinée à incarner divers types psychologiques, voire un seul, j'opposai l'évidence des faits, l'obstination des images, vérifiables dans n'importe quelle cinémathèque, et celle de Harvard était assez bien fournie. Je fis la démonstration qu'il y avait cohérence entre l'idée d'un personnage, c'est-à-dire d'un type, et le médium, c'est-à-dire la personnalité même de Marilyn. Une telle identification était incertaine avant que Marilyn n'aborde directement la comédie, mais elle était déjà parfaite dans *Certains l'aiment chaud*, par exemple, ou dans *Les hommes préfèrent les blondes*. La femme qui se sait désirée en tire profit en ne prenant pas de recul par rapport à son personnage. « Vous voulez donc dire – me demanda un stagiaire australien – que Marilyn Monroe ne joue pas ? »

---

7. **vincular** : *lier, relier*. Syn. : **enlazar, relacionar**. **El vínculo** : *le lien*. Il s'agit de liens symboliques ou figurés.
8. **contestar** (faux ami) : *répondre*. Syn. : **responder**.
9. **sesudo** : qui a beaucoup de *cerveau* (**seso**). Le suffixe **udo** ou **uda** dénote une qualité exagérée ; parfois péjoratif : **nariguda** : femme au *gros nez* (**nariz**) ; **cabezudo** : *grosse tête* (**cabeza**) ; **cornudos** : *grosses cornes* (**cuernos**), *cocus*.
10. **soltar**: litt. *lâcher*.
11. **risotada** : *éclat de rire*. Syn. : **carcajada**. Le suffixe **ada** peut signifier *coup de* : **una cornada** (*un coup de corne* ; **una lanzada** : *un coup de lance*). Ici l'éclat de rire est perçu comme une arme.
12. voir note 6 page 38.
13. voir note 7 page 62.
14. voir note 10 page 27.
15. **tozudez** : *entêtement, obstination*. **Tozudo** : *entêté, têtu*.
16. **comprobable** : *vérifiable*. **Comprobación** : *vérification*.
17. **bastante buena** : litt. *assez bonne*; *d'une assez bonne qualité*.
18. **pleno, plena** : *plein, pleine*. Peut s'utiliser comme ici pour rendre l'idée de *parfaite, absolue*.
19. **becario** : *boursier* ; ici *stagiaire*. **Beca** : *bourse* (d'études).

Exactamente, Marilyn no interpreta, vive a través de una gesticulación que traduce su psicología auténtica y que el director se limita a orientar en función de un guión. Y no se trata de convertir[1], como en el caso de Gary Cooper[2], a una percha[3] humana en tipo psicológico fijo, sino de dejar suelta[4] una actitud ante los demás y ante sí misma, ésa fue la clave[5] que hizo posible[6] el esplendor de Marilyn Monroe.

He aquí la tragedia. Advertí. Marilyn se suicidará en cuanto[7] se dé cuenta de que no puede ironizar el deseo de los demás o porque no la deseen, problema que se le planteará[8] en la vejez, o porque la carnalicen[9] definitivamente como una cuarentona[10] cachonda[11] que lleva el cerebro entre las piernas. Se produjo un clamor en el aula[12] y el rector magnífico me expulsó primero de Harvard y luego quiso que me expulsaran de Nueva Inglaterra, pero para entonces yo ya había marchado[13] a Hollywood dispuesto a convertir mi premonición en advertencia y oponer mi visión a lo irremediable. Hija de loca, nieta de loca[14], según han revelado biógrafos menos documentados que yo, Marilyn llegó a estar recluida en un manicomio, apenas unas semanas, porque envió un SOS a Joe di Maggio y acudió en su ayuda cuando ya no era su marido. A lo largo de[15] su vida tuvo dos impulsos constantes de realización personal, de afirmación; el uno frustrado y el otro tan ratificador[16] a corto plazo como destructor a la larga. El frustrado fue el de su maternidad.

---

1. **convertir** : *devenir*. C'est la solution la plus simple pour traduire *devenir* suivi d'un nom. **La ciudad se ha convertido en un infierno** : *la ville est devenue un enfer.*
2. Il semble que Gary Cooper n'ait jamais tourné avec Marilyn.
3. **percha** : *cintre, portemanteau*. S'emploie aussi pour parler de la prestance d'un homme bien fait comme un mannequin. **Mi primo siempre ha tenido una buena percha** : *mon cousin a toujours eu belle allure.*
4. **dejar suelto** est le contraire de **dejar atado** (*laisser attaché*), d'où l'idée de laisser libre. **Soltar** : *lâcher, relâcher.*
5. **la clave** : *la clé* (énigme, musique, architecture, etc.). Pour ouvrir une porte clé se dit **llave**. **Un llavero** : *un porte-clés*.
6. **hacer posible** : *rendre possible*.
7. **en cuanto** : *dès que*. Se construit avec le subjonctif alors qu'en français on trouve le futur. **Dímelo en cuanto lo sepas** : *dis-le moi dès que tu le sauras*. **En cuanto puedas** : *dès que tu pourras*.

Tout à fait ; Marilyn ne joue pas, elle vit au travers d'une gestuelle qui traduit sa vraie psychologie et que le réalisateur se borne à orienter en fonction du scénario. Et il ne s'agit pas, comme pour Gary Cooper, de changer un mannequin vivant en un type psychologique précis, mais de laisser libre cours à une attitude face aux autres et face à elle-même ; telle est la clé qui rendit possible le rayonnement de Marilyn Monroe.

Maintenant voilà la tragédie. J'avais prévenu. Marilyn se suicidera dès qu'elle s'apercevra qu'elle ne peut pas traiter à la légère le désir des autres ou qu'elle n'est plus désirée, problème qui se posera à elle lorsqu'elle sera vieille ; ou qu'on la figera définitivement dans un corps de quadra en chaleur au cerveau entre les cuisses. Il y eut une clameur dans l'amphithéâtre et Monsieur le Recteur m'expulsa, d'abord de Harvard, puis tenta de me faire expulser de la Nouvelle-Angleterre, mais à ce moment là j'étais déjà parti pour Hollywood, prêt à transformer ma prémonition en avertissement et à opposer ma vision à l'irréparable. Fille de folle, petite-fille de folle, comme l'ont révélé des biographes moins bien documentés que moi, Marilyn a même été internée dans un asile psychiatrique, quelques semaines à peine, parce qu'elle lança un SOS à Joe DiMaggio, qui vint à son secours alors qu'il n'était déjà plus son mari. Tout au long de sa vie elle eût deux élans constants vers un accomplissement personnel, et l'affirmation de soi ; l'un se brisa et le second fut tout aussi valorisant à court terme que destructeur à long terme. Son élan brisé fut sa maternité.

---

8. **plantear un problema** : *poser une question*. **Deberías plantearte el problema de otra manera** : *tu devrais te poser la question autrement*. **El planteamiento** : *l'énoncé* ; *la façon d'aborder une question*.
9. **carnalizar** : néologisme inventé par l'auteur qui signifierait quelque chose comme *figer* (statufier) dans sa *chair* (**carne**).
10. **cuarentón** : *quadragénaire*. **Cincuentón** : *quinquagénaire*, etc.
11. voir note 4 page 114.
12. **el aula** : *la salle* (de classe). Mot féminin qui demande l'emploi de l'article masculin (au sing.) pour des raisons phonétiques; au pluriel il récupère le féminin. **El aula espaciosa** (*la salle spacieuse*) ; **las aulas espaciosas** (*les salles spacieuses*). D'autres mots du même genre : **águila** (*aigle*) ; **alza** (*hausse*), **agua** ; *eau*.
13. **marcharse** : *s'en aller*. Syn. : **irse**, **escaparse**. Dans l'argot actuel on dit **abrirse** (*se barrer*).
14. Marilyn vécut dans la crainte de devenir folle comme elles. Après l'échec de placements malheureux elle atterrit chez *tante Grace*, une amie de sa mère, qui fut sa tutrice officielle.
15. **a lo largo de** : *le long de, tout au long de*.
16. **ratificador**: néologisme signifiant quelque chose comme *qui ratifie, qui valorise*. **Ratificar** : *ratifier, agréer*.

Marilyn tuvo tantos abortos[1] como[2] amantes conocidos y yo le he contado[3] veinte amantes notorios[4], más allá de[5] los que constan[6] en el censo oficial: su primer marido, Joe di Maggio[7], Miller, Sinatra, los dos Kennedy[8] y quizá alguien más del clan. Fue sumamente[9] vigilante de sus posibles preñados, primero por los temores lógicos en la adolescencia y luego por los de sus productores, deseosos de que nada arruinara la silueta de aquella poderosa pollita[10] de los huevos de oro[11]. Otros abortos, como el que tuvo de un posible hijo de Arthur Miller, fueron hechos biológicos imponderables que la sumieron[12] en un abatimiento que no le habían provocado los abortos voluntarios. De haber tenido[13] un hijo, Marilyn habría compensado el ansia de ratificación mediante la necesidad amorosa que no consiguió transmitirle ninguno de sus amantes, ni siquiera[14] ninguno de sus maridos. De hecho[15], todos los hombres que se acercaron a Marilyn sólo buscaban su fama[16] de mamona, algunos conseguían disfrazarlo de ternura pasajera, otros de literatura. Pero Marilyn se paseó por el cine[17] y por la vida con el estigma de mujer fácil. Y lo era.

Lo que sí[18] la ratificaba era ser fotografiada[19]. Todos los fotógrafos que han testimoniado sobre la relación entre Marilyn y la cámara de fotografiar o de filmar han hablado de un enamoramiento mutuo. Eve Arnold[20], una de sus mejores biógrafo-fotógrafo, se admira de cómo Marilyn puede salir de la depresión más profunda con sólo que la convoque el objetivo de una cámara.

---

1. ce mot en espagnol peut, comme en français, faire allusion aussi bien aux avortements naturels que provoqués.
2. **tantos (as)... como** : *autant de... que.* **Tantos libros como niños** : *autant de livres que d'enfants.*
3. **contar** : *compter, calculer.*
4. Outre ceux qui sont mentionnés plus bas, on parle d'Yves Montand, Marlon Brando, Elia Kazan, Sammy Davis Junior, Howard Hughes, etc.
5. **más allá** : *au-delà.* **Más allá de la playa** : *Au-delà de la plage.*
6. **constar** : *figurer.* **Lo que usted dice no consta en nuestro contrato** : *ce que vous dites ne figure pas dans notre contrat.*
7. Le narrateur ne mentionne pas Robert Slatzer, probable deuxième mari de Marilyn (selon lui).
8. John et Bob, Président et ministre des USA à l'époque.
9. **sumamente** : *très.* Syn. : **muy**.
10. **pollita** : *petite poule.*
11. Marilyn fut une mine d'or pour ses producteurs.

Marilyn eut autant d'avortements qu'on lui connaît d'amants ; et j'ai moi-même dénombré vingt amants notoires, au-delà de ceux qui figurent dans le décompte officiel : son premier mari, Joe DiMaggio, Miller, Sinatra, les deux Kennedy et peut-être un autre membre du clan. Elle surveilla de très près ses possibles grossesses, d'abord par une crainte bien naturelle chez une adolescente, ensuite par celle de ses producteurs, désireux que ne vînt abîmer la silhouette de cette superbe poulette aux œufs d'or. D'autres avortements, comme celui d'un éventuel enfant d'Arthur Miller, furent des réalités biologiques impondérables qui la plongèrent dans un abattement qu'elle n'avait pas connu lors de ses avortements volontaires. Si elle avait eu un enfant, Marilyn aurait compensé sa soif de valorisation par un besoin d'amour qu'aucun de ses amants, ni même de ses maris, ne sût lui offrir. En réalité, tous les hommes qui ont approché Marilyn ne la recherchaient que pour sa réputation de tailleuse de pipes ; certains réussirent à maquiller cela en tendresse passagère, d'autres en littérature. En fait, Marilyn est passée dans le monde du cinéma et dans la vie, marquée du signe de la femme facile. Et elle l'était.

En revanche, ce qui la valorisait, c'était qu'on la photographie. Tous les photographes qui ont apporté un témoignage sur le rapport existant entre Marilyn et l'objectif de l'appareil photo ou de la caméra ont parlé d'un amour mutuel. Eve Arnold, l'une de ses meilleures biographe-photographes, s'émerveille de la façon dont Marilyn peut sortir de la dépression la plus profonde grâce à un simple rendez-vous avec l'objectif.

---

12. **sumir** : *plonger, enfoncer.* Syn. : **hundirse, sumergirse**.
13. **de + infinitif**, structure qui exprime le conditionnel. Plus simple que **Si + imp. du subj. De ir (Si fuera) a Barcelona visitaría ese museo** : *si j'allais à Barcelone je visiterais ce musée*. Il faut néanmois que le sujet soit identifié sans ambiguïté, ou le préciser après l'infinitif.
14. **ni siquiera** : *même pas, pas même.* **Ni siquiera me miró** : *il ne m'a même pas regardé.*
15. **de hecho** : *en realité.* Syn. : **en realidad, realmente**.
16. **la fama** : *la réputation.* Syn. : **la reputación**.
17. ici **el cine** a le sens général de « le monde du cinéma ».
18. voir note 5 page 126.
19. Avec un participe passé on emploie **ser** pour la voix passive (explicite ou non). **Las pirámides fueron construidas por los mayas** : *les pyramides furent construites par les Mayas*. Dans les autres cas (résultat) on emploie **estar**. **Está terminado** : *c'est fini.* **Las puertas están cerradas** : *les portes sont fermées.*
20. voir annexes **photographes de Marilyn**.

¿Narcisismo? Evidentemente, pero también ratificación. Cada fotografía es una afirmación de su identidad, cuestionada[1] por todo el mundo. Las "actrices" la menospreciaban[2] porque la consideraban una soplapollas[3], en el doble sentido de la palabra, los actores querían llevársela al huerto[4], los directores la necesitaban[5] para que sus películas fueran taquilleras[6] y hasta un director tan preclaro[7] y poco mojigato[8] como Huston[9] no escondía su disgusto por el exhibicionismo de la Monroe, que no desperdiciaba ocasión para quedarse en pelotas[10] ante las cámaras[11]. Lo interpretaban como un deseo de ninfomanía dirigida a todos los públicos de la tierra, como la búsqueda de una inmensa cama redonda[12] con todos los espectadores del mundo. Y era así y no era así[13]. A la Monroe no le importaba repartir el sexo que le facilitara la carrera porque así la habían educado[14], pero cuando se convertía en imagen misma del sexo para millones de espectadores lo hacía de una manera generosa, entregada[15], dándoles lo mejor de sí misma, buscando transmitir el placer generalizado de su ofrenda. Pero siempre buscó al hombre que se juntara[16] con ella para tener hijos y le daba igual que fuera un joven portorriqueño al que cazaba en una de sus noches de correrías locas o el mismísimo Presidente de los Estados Unidos, del que esperó se divorciara[17] de Jackie para hacerla primera dama y cuando vio que no lo conseguía de Jack, se creyó las promesas de Bob, que iba de segundón en todo. Y aquí es donde intervengo yo.

---

1. **cuestionar** : *mettre en cause.* Syn. : **poner en duda**.
2. **menospreciar** : *mépriser.* **El menosprecio** : *le mépris*.
3. **soplapollas** (arg.) *idiot(e).* **Un soplapollas** : *un crétin.* Ce mot argotique est formé de **soplar** (*souffler*) et **polla** (*bite*). D'où le double sens grivois dont il est question dans la phrase suivante.
4. **llevársela al huerto** : m. à m. *l'emmener dans le potager.* Indique la volonté d'un homme d'isoler une femme dans une intention sexuelle. Voir aussi note 9 page 95.
5. **necesitar** : *avoir besoin* (**necesidad**). Syn. : **precisar**.
6. **la taquilla** : *le guichet, la caisse* et par extension, *la recette*. **Un espectáculo taquillero** est un *spectacle* où les gens font la queue devant *la caisse* et qui par conséquent *fait recette*.
7. **preclaro** (peu usité) : *célèbre, illustre et digne de respect*.
8. **mojigato** : *bigot* mais aussi *tartufe*.
9. Il est le réalisateur du film *Les Désaxés*.
10. **quedarse en pelotas** : expression très familière équivalente à *se mettre à poil*. **Dejar en pelota** : *laisser (quelqu'un) à poil*.

Narcissisme ? Bien évidemment, mais aussi valorisation. Chaque photographie est une affirmation de son identité, que tout le monde mettait en cause. Les « actrices », la méprisaient, la prenant pour une petite grue dans les deux sens du terme ; les acteurs voulaient la basculer dans une meule de foin, les réalisateurs avaient besoin d'elle pour leurs films remplissent les salles, et même un célèbre réalisateur comme Huston, pourtant si peu bigot, ne cachait pas son aversion pour l'exhibitionnisme de Monroe, qui ne perdait pas une occasion de se mettre à poil devant les objectifs. Ils y voyaient le désir d'une nymphomanie destinée à tous les publics de la planète, comme la quête d'un immense kit qu'elle partagerait avec tous les spectateurs du monde. C'était à la fois ça et pas ça. Monroe se moquait pas mal de prodiguer du sexe si cela pouvait aider sa carrière, parce qu'on l'avait élevée comme ça, mais une fois devenue l'image même du sexe pour des millions de spectateurs, elle le faisait avec générosité, s'abandonnait, leur donnait le meilleur d'elle-même, cherchant à transmettre le plaisir généralisé de son offrande.

Mais elle a toujours cherché l'homme qui s'unirait à elle pour avoir des enfants, et peu lui importait que ce fût un jeune Portoricain pêché lors d'une de ses folles équipées nocturnes ou le président des États-Unis lui-même, dont elle espéra qu'il divorce de Jackie pour en faire la première dame, mais lorsqu'elle s'aperçut qu'elle n'obtiendrait rien de Jack, elle crut aux promesses de Bob, qui jouait les deuxièmes rôles en tout. Et c'est là que je rentre en scène.

---

11. **cámara fotográfica** : *appareil photo* ; **cámara de cine** : *caméra* ; la difficulté de traduction vient de ce problème lexical résolu avec le mot *objectif*.
12. une **cama redonda** est un *lit dans lequel dorment plusieurs personnes*. Peut s'appliquer aussi à une *chambrée* ou à une *tente*. Idée de partage, voire plus si affinité…
13. **era así** : *c'était ainsi (comme ça)*. **No era así** : *ce n'était pas ainsi*.
14. **así la habían educado** : *c'est ainsi qu'on l'avait élevée, qu'elle avait été élevée*.
15. **entregarse** : *s'abandonner*. Syn. : **ponerse en sus manos**.
16. **juntarse** : *s'assembler, s'unir*. Il n'y a pas d'idée de mariage. Ce verbe s'utilise pour parler des couples non mariés. **Se han juntado** : *ils se sont « mis ensemble »*. La société actuelle a créé la notion de **pareja de hecho** (*couple de fait*) pour parler des *couples non mariés*.
17. **da igual** : *c'est pareil, c'est la même chose*.
18. le verbe **esperar** demande **que + subj**. Parfois la langue officielle ou commerciale fait l'élision du **que** : **Les ruego ø abrochen los cinturones** : *je vous prie d'attacher vos ceintures*.

Por aquel entonces[1] era miembro de la CIA[2] y tenía contactos con investigadores del FBI que seguían el rastro[3] de Marilyn como una cuestión[4] de seguridad nacional[5]. La seguían[6] no sólo por su relación con Miller, iniciada a comienzos de los cincuenta, cuando Miller era considerado un criptocomunista[7]. También la espiaban desde sus primeros ligues[8] con el joven senador Jack[9] Kennedy y el receloso y amariconado[10] Hoover[11], o el no menos receloso y cabronazo[12] Allan Dulles[13], consideraban que aquella chica tocaba demasiadas fibras sensibles y secretas de hombres clave en el equilibrio político de la nación. Cuando la vi tan abatida[14] después del rodaje de The Misfits, corrí a Hollywood, repito, para impedir lo irremediable. Y[15] lo irremediable nunca se impide.

Hora es ya que aclare[16] el porqué[17] de la seguridad de mis afirmaciones sobre los últimos años, días, horas, minutos de la vida de Marilyn Monroe. Poco podían suponer los mandos de la CIA que me encargaron la operación vigilancia de que llovía sobre mojado[18], y que facilitarme mi vocación de mirón en relación con Marilyn era hacerme a la vez feliz y desdichado.

---

1. **Por aquel entonces** : *à cette époque-là*. **Aquel** éloigne la période. La préposition **por** s'emploie pour désigner une époque. **Por Navidad iré a Madrid**. *À Noël j'irai à Madrid*.
2. Carvalho est censé avoir été contacté par la CIA lors de son séjour aux USA en tant qu'enseignant. Il y travailla pendant une petite dizaine d'années pendant lesquelles il bourlingua à travers la planète.
3. le *rastrum* latin est le *râteau* qui laisse des traces du travail du paysan sur le sol, d'où **seguir el rastro** : *suivre les traces* (du râteau).
4. **una cuestión** : *une question (affaire)*. **Una cuestión de vida o muerte** : *une question de vie ou de mort*. **Es cuestión de una semana** : *c'est l'affaire d'une semaine*.
5. la célébrité de Marilyn (son côté sulfureux), et ses rapports avec des personnages comme Frank Sinatra ou John Kennedy, au pire moment de la guerre froide, firent de la blonde explosive la cible de toutes les officines de renseignement des USA.
6. **seguir** : *suivre*. Ici idée de *filature*, d'enquête policière (**investigación**). Syn. : **investigar, averiguar**.
7. allusion directe au **MacCarthysme**, paranoïa institutionnelle initiée par le sénateur John MacCarthy qui en 1950 accusa la presse, Hollywood, voire même l'administration des USA, d'être noyautées par le communisme international. **Cripto** (du grec κρυπτός, occulte) Un *cryptocommuniste* cache ses opinions communistes aux yeux de la société.

À l'époque j'étais membre de la CIA et j'avais des contacts avec des enquêteurs du FBI qui surveillaient Marilyn comme une affaire de sécurité nationale. Ils ne la surveillaient pas seulement à cause de sa liaison avec Miller, qui avait commencé au début des années cinquante, lorsque Miller était soupçonné de cryptocommunisme. Ils l'espionnaient aussi depuis ses premiers flirts avec le jeune sénateur Jack Kennedy, et avec cette tantouse soupçonneuse d'Hoover ou le non moins soupçonneux salopard d'Allan Dulles ; ils estimaient que cette fille touchait trop de fibres sensibles et secrètes d'hommes-clé dans l'équilibre politique de la nation. Lorsque je la vis si déprimée après le tournage de Les Désaxés, je me précipitai à Hollywood, je le dis une fois encore, pour empêcher l'irréparable. Mais on n'empêche jamais l'irréparable.

Il est temps que j'explique pourquoi je suis si sûr de mes affirmations concernant les dernières années, journées, heures, minutes de la vie de Marilyn Monroe. Les responsables de la CIA qui m'avaient confié l'opération surveillance pouvaient difficilement se douter que ce n'était pas nouveau pour moi et que, encourager mon penchant de voyeur avec Marilyn comme objet, c'était me rendre à la fois heureux et malheureux.

---

8. **un ligue** (fam.) : *un flirt*. **Ligar** : *draguer*.
9. **John F. Kennedy** se faisait appeler *Jack* (diminutif de John).
10. le suffixe **ado** ou **ada** indique une ressemblance: **azafranado** : *qui ressemble au safran* (**azafrán**). **Maricón** (fam. et vulg.) : *pédé*. **Amariconado** : *aux allures homosexuelles*.
11. **J. E. Hoover** a été nommé directeur de la CIA après la mort de Kennedy. Il semble avoir été en grand désaccord avec lui. C'est lui qui valida la thèse du tireur isolé.
12. **cabrón** (fam. et vulg.) : *salopard*. Avec le suffixe augmentatif **azo** il devient un *grand salopard*. **Cabronada** : *vacherie (saloperie)*.
13. **Allen Welsh Dulles**, directeur de la CIA à l'époque Kennedy. Il fit partie de la commission d'enquête sur l'assassinat de celui-ci.
14. **abatida** : *abattue, déprimée*. Syn. : **deprimida**.
15. parfois la conjonction **y** signifie *mais*. **Quise salvarla de ahogarse, y yo no sé nadar** : *j'ai voulu la sauver de la noyade mais je ne sais pas nager*.
16. **aclarar** : *éclaircir*, ici *tirer au clair, expliquer*. Syn. : **esclarecer**.
17. **el porqué** (fam.) : *le pourquoi*. Syn. : **el motivo**.
18. **llover sobre mojado** : m. à m. *pleuvoir sur du mouillé*. On parle de quelque chose de connu, de familier. *C'est de l'histoire ancienne*.

De la misma manera que por entonces yo era guardaespaldas[1] de Kennedy porque mis orígenes[2] comunistas[3] me permitían seleccionar[4] e interpretar los contactos que los Kennedy tenían con poderes nacionales e internacionales, cuando me encargaron[5] el caso Monroe se trataba de utilizar mis conocimientos para detectar la sutileza[6] de la posible tela de araña que personas tan sospechosas como Miller, Don Murray[7] (había sido objetor de conciencia durante la guerra de Corea[8]) o los Kennedy tejían en torno de[9] Marilyn o si ella era la araña[10] que esperaba[11] devorarles. En vano yo insistía en tipificar[12] a los Kennedy, a Marilyn y a Miller de una manera "normal". No se lo creían, tanto Hoover como Dulles veían en todo este equipo una tenebrosa pandilla de la KGB[13] o infiltrada por la KGB. Yo creía[14], y creo, que los Kennedy eran simplemente unos pijos[15] insoportables, maleducados y prepotentes[16] a los que su papá y sus millones habían colocado en el escaparate de la política con mayúscula, que Miller reunía todas las potencias e impotencias[17] de un intelectual sí pero no y no pero sí, que Murray era un progre por la vía libre[18] y nada peligroso. Pero, ¿cómo justificarían el sueldo los servicios secretos si no estuvieran demostrando constantemente su propia necesidad?

Una etapa importante de mis tangenciales intervenciones en la vigilancia de Marilyn fue la que me llevó[19] a alquilar siempre los apartamentos situados por debajo[20] o por encima del suyo.

---

1. voir note 19 page 117.
2. **el origen** (*l'origine*) est de genre masculin : **los orígenes italianos de esa palabra** : *les origines italiennes de ce mot.*
3. voir le **petit monde de Carvalho**.
4. le verbe **permitir** (suivi d'un infinitif) s'emploie sans la préposition de. **Eso permite ø comprender** : *cela permet de comprendre.*
5. **encargar** : *commander.* Syn. : **encomendar**.
6. **la sutileza** : *la subtilité, la finesse.* **Sutil** : *subtil.*
7. **Don Murray** : acteur, réalisateur et producteur américain, partenaire de Marilyn dans *Arrêt d'autobus (Bus stop).*
8. voir note 7 page 134.
9. **en torno de** : *autour de.* Syn. : **alrededor de**.
10. le narrateur passe d'une métaphore à l'autre : de papillon Marilyn est devenue araignée.
11. **esperar** : peut signifier selon le contexte *attendre* ou *espérer*. Méfiez-vous !

Si à l'époque j'étais garde du corps de Kennedy parce que mon passé de communiste me permettait de trier et d'interpréter les contacts que les Kennedy entretenaient avec des pouvoirs nationaux et internationaux, lorsqu'on me confia le cas Monroe il s'agissait aussi d'utiliser mes compétences pour déceler les signes ténus d'une éventuelle toile d'araignée que des personnes aussi suspectes que Miller ou Don Murray (il avait été objecteur de conscience pendant la guerre de Corée), ou même les Kennedy, tissaient autour de Marilyn, ou bien si elle était elle-même l'araignée qui comptait les dévorer. Je m'obstinai en vain à ranger les Kennedy, Marilyn et Miller dans la catégorie des gens « normaux ». Ils n'en croyaient rien ; aussi bien Hoover que Dulles voyaient dans toute cette équipe une obscure bande du KGB ou infiltrée par le KGB. Moi, je croyais, et je crois toujours, que les Kennedy n'étaient rien d'autre que d'insupportables fils à papa, mal élevés et dominateurs que « papa », avec ses millions, avait placés dans la vitrine de la Politique avec une majuscule ; que Miller réunissait toutes les capacités et les incapacités d'un intellectuel, peut être bien que oui, peut être bien que non ; que Murray était un intello de gauche autonome et inoffensif. Mais, comment les services secrets justifieraient-ils leurs salaires s'ils ne faisaient pas constamment la preuve de leur utilité ?
Une étape importante de mes interventions tangentielles dans la surveillance de Marilyn fut d'être amené à toujours louer l'appartement en dessous ou au-dessus du sien.

---

12. **tipificar** : *standardiser, normaliser.*
13. Le KGB : **(КГБ)** *Komitet Gossoudarstvennoï Bezopasnosti (Comité pour la Sécurité de l'État)*. C'est le nom de l'organisme soviétique d'espionnage (et contre-espionnage). Notons qu'il est masculin en français et féminin en espagnol.
14. **yo creía** : *je croyais*. L'espagnol n'utilise presque jamais le pronom sujet devant les formes verbales car elles sont toujours significatives. Parmi les exceptions, celle-ci : la 1re p. et la 3e p. de l'imparfait sont semblables. **Pensaba** signifie *je pensais, il pensait, elle pensait* et *vous pensiez*. Il faut donc parfois préciser. De plus, **yo** sert aussi à insister et se traduit par *moi je*. **Yo no voy** : *moi, je n'y vais pas*.
15. **niños pijos** (arg.) forme récente pour parler des *fils à papa.*
16. **prepotente** : *surpuissant, ayant plus de pouvoirs qu'autrui.*
17. m. à m. *puissances et impuissances.*
18. **por la vía libre** : *free lance*, quelqu'un jouant ''perso''.
19. **llevar** : *mener, conduire*. **Su mala educación le llevó al crimen** : *sa mauvaise éducation le mena au crime.*
20. voir note 8 page 116.

No se trataba sólo del espionaje auditivo de sus relaciones de cara a[1] los objetivos de la CIA, sino de satisfacer una pequeña aberración auditiva[2] que con el tiempo he conseguido superar[3]. Yo sabía el estupor provocado por una grabación[4] en poder de[5] Dulles en la que de pronto[6], en plena[7] sesión de pose[8] fotográfica, Marilyn regüelda[9] y minutos después deja escapar una rotunda[10] ventosidad[11]. Sus íntimos sabían que Marilyn era así, y de la misma manera que nunca llevó ropa interior[12], a no ser que lo exigiera el guión, opinaba que los vientos corporales deben encontrar su cauce[13] y no convertirse en[14] dolorosas obsesiones interiorizadas. Era lo único gaseoso de sí misma que proyectaba fuera[15], y yo seguía día a día aquella exhibición de ruidos corporales junto a un repertorio restringido de sonidos: llamadas[16] telefónicas, llantos o risas que se acercaban a la histeria. En cuanto[17] al teléfono, Marilyn era el principal cliente de cualquier compañía telefónica, estuviera donde estuviera[18]. De su colección completa de amigos ortopédicos que le ayudaran a superar sus trescientas depresiones diarias extraía siempre el más adecuado, y casi siempre detrás de aquel soporte ortopédico había una mamada. Puedo asegurarlo porque Marilyn no tenía sentido del pudor y hablaba confiadamente cuando consideraba que el otro merecía su confianza. Sus ayudas ortopédicas femeninas eran, en cambio[19], personas que milagrosamente la habían ayudado a sobrevivir desinteresadamente.

---

1. **de cara a** : *face à, vis-à-vis de.* **Estudiar el problema de cara al mundo exterior** : *étudier le problème vis à vis du monde extérieur.*
2. **aberración auditiva** : *il se borne à écouter de loin.*
3. **superar** : *dépasser, surmonter.* Syn. : **vencer, dominar**.
4. **grabación** : *enregistrement.* **Grabar** : *enregistrer, graver* (CD).
5. **en poder de** : *dans les mains de, en possession de.* **En poder de la justicia** : *entre les mains de la justice.*
6. **de pronto** : *soudain, brusquement.* Syn. : **de repente**.
7. l'adjectif *plein, pleine* se traduit par **lleno, llena**. Dans l'expression *en plein, en pleine* on utilise **en pleno, en plena**. **En pleno verano** : *en plein été.* **En plenas vacaciones** : *en pleines vacances.*
8. **pose** vient du français *pose* et ne s'utilise qu'en peinture et en photo. On trouve aussi le verbe **posar** (*poser*).
9. du verbe **regoldar** (peu usité) : *roter.* Synonyme plus usité **eructar**. **Un regüeldo, un eructo** : *un rot.*

Il ne s'agissait pas seulement pour répondre aux objectifs de la CIA de l'espionnage sonore de ses relations, mais de satisfaire une petite obsession auditive que j'ai réussi à surmonter avec le temps. Je savais la stupeur qu'avait causée un enregistrement qui se trouve entre les mains de Dulles, où soudain, au beau milieu d'une séance de photos, Marilyn rote et, quelques minutes plus tard, laisse échapper un pet retentissant. Ses intimes savaient que Marilyn était comme ça, et de même qu'elle n'avait jamais porté de sous-vêtements – sauf si le scénario l'exigeait –, elle pensait que les vents corporels doivent trouver leur voie et ne pas devenir de douloureuses obsessions intériorisées. C'est la seule partie gazeuse d'elle-même qu'elle projetait à l'extérieur, et je suivais au jour le jour cette manifestation de bruits corporels accompagnés d'un répertoire sonore restreint : coups de téléphone, sanglots ou rires proches de l'hystérie. Pour ce qui est du téléphone, où qu'elle se trouvât, Marilyn était la meilleure cliente de n'importe quel opérateur téléphonique. Parmi sa collection complète d'amis orthopédiques l'aidant à surmonter ses trois cents dépressions quotidiennes, elle choisissait toujours le plus adéquat, et presque toujours ce soutien orthopédique se terminait par une pipe. Je peux le certifier, car Marilyn n'avait aucune pudeur et parlait en toute confiance dès lors qu'elle estimait que son interlocuteur méritait sa confiance. Ses soutiens orthopédiques féminins étaient, par contre, des personnes qui l'avaient miraculeusement aidée à survivre, de façon désintéressée.

---

10. **rotundo** : *sonore, catégorique.* **Una decisión rotunda** : *une décision sans appel.*
11. **ventosidad** (euph.), *vent.* **Un pedo** : *un pet.*
12. **la ropa** : *les vêtements.* **Ropa interior** : m. à m. *vêtements intérieurs* (d'en dessous), *sous-vêtements.* Syn.: **lencería**.
13. **el cauce** : *le lit* (d'une rivière), le *cours* normal d'une chose.
14. **convertirse en** : manière habituelle de rendre l'idée de *devenir* (avec un nom). **Después de la lluvia mi jardín se convirtió en una piscina** : *après la pluie mon jardin est devenu une piscine.*
15. **fuera** : *dehors, en dehors.* **Para fumar hay que ir fuera** : *pour fumer il faut aller dehors.*
16. **llamadas** : *appels.* **Llamar** : *appeler;* mais aussi *sonner* (à la porte), *téléphoner,* etc., selon le contexte.
17. **en cuanto a** : *quant à, pour ce qui est de, en ce qui concerne.* Syn. : **Con relación a, respecto a**.
18. un subjonctif répété deux fois avec un adverbe (**como, cuando como**, etc.) ou un pronom (**quien**) qui s'insère entre les deux formes rend l'idée de *quoi qu'il arrive* (**pase lo que pase**), *quel qu'il soit* (**sea quien sea**), *où qu'il se trouve* (**esté donde esté**), etc.
19. **en cambio** : *en revanche, par contre.* Syn. : **por el contrario**.

De los tres soportes intelectuales que tuvo a lo largo de[1] su breve vida[2], el más determinante no fue el de Miller, su marido, ni el de Truman Capote[3], un aparente amigo que de hecho la utilizó para escribir uno de sus cuentos[4] más brillantes[5]. El personaje que más influyó intelectualmente en ella fue un tal[6] Bob Slatzer[7], un periodista gordito[8] y mediocre al que conoció en plena juventud, con el que estuvo casada, en secreto y en México, un par[9] de semanas y que luego fue uno de los más reacios a asumir la muerte "natural" de la Monroe. De no haberse[10] desencadenado[11] los acontecimientos semanas después y no haberme visto yo envuelto en el asesinato de Kennedy[12], sin duda hubiera podido ser de gran ayuda al señor Slatzer para cimentar[13] su incredulidad, no digo ya para conseguir aclarar todos los puntos oscuros en la muerte y las primeras horas de postrimería[14] de Marilyn Monroe. Puedo dar fe de que Marilyn sabía que *Ulises* es una novela de Joyce y no una marca de bragueros para herniados, o que *Hojas de hierba* es un poema[15] de Walt Whitman y no un eufemismo ocultador[16] de la marihuana. Gracias a la influencia de Slatzer había leído a poetas como Cummings, Keats, Shelley y admiraba los personajes femeninos de Dostoievski, admiración lógica porque la propia[17] Marilyn hubiera podido posar literalmente para el gran epiléptico. Empeño[18] fracasado de su carrera de actriz fue interpretar[19] la Grushenka de *Crimen y castigo* en la versión cinematográfica dirigida por Richard Brooks, papel que finalmente fue para María Schell que le puso sonrisas y lágrimas.

---

1. **a lo largo de** : *le long de, pendant, durant* (**durante**).
2. née le 1ᵉʳ juin 1926, morte à 36 ans le 5 août 1962.
3. vois annexes **Truman Capote**.
4. **cuentos** : *contes.* Ici : *nouvelles.*
5. superlatif. Notez qu'en espagnol on ne répète pas l'article : **la novela más conocida del él** : *le roman le plus connu de lui.*
6. **un tal** : *un tel, un certain.* **El protagonista de la película es un tal Marlon** : *le protagoniste du film est un certain Marlon.*
7. **Robert Slatzer** est le personnage le plus sombre de l'entourage de Marilyn. Il prétend avoir été marié avec elle (quelques jours en 1952). Or, les amis de Marilyn ne le connaissaient pas. Ce journaliste fut le confident de Marilyn jusqu'à ses derniers moments. Il a écrit *Enquête sur une mort suspecte.* Il détient un célèbre carnet rouge, journal intime de Marilyn, qui contiendrait des révélations sur le clan Kennedy.
8. le diminutif donne ici à l'adjectif **gordo** (*gros*) une nuance à mi-chemin entre le péjoratif et l'appréciatif.

Des trois soutiens intellectuels qu'elle connût durant sa courte vie, le plus déterminant ne fut ni celui de Miller, son mari, ni celui de Truman Capote, apparemment un ami, qui s'en servit en réalité pour écrire l'une de ses nouvelles les plus brillantes. Le personnage qui, intellectuellement, eut le plus d'influence sur elle fut un certain Bob Slatzer, journaliste rondouillard et médiocre qu'elle avait connu dans sa jeunesse, avec qui elle était restée mariée secrètement durant deux semaines à peine au Mexique, et qui fut par la ensuite l'un des plus réticents à accepter la mort « naturelle » de Marilyn. Si les événements ne s'étaient pas précipités quelques semaines plus tard et si je ne m'étais pas moi-même trouvé mêlé à l'assassinat de Kennedy, j'aurais certainement pu être d'un grand secours à monsieur Slatzer pour étayer son incrédulité, voire même réussir à apporter un éclairage sur tous les points obscurs de la mort et des premières heures qui suivirent la fin de Marilyn Monroe. Je peux certifier que Marilyn savait qu'*Ulysse* est un roman de Joyce et non pas une marque de bandages herniaires, ou que *Les Feuilles d'herbe* est un recueil de poèmes de Walt Whitman et non un euphémisme pour désigner la marijuana. Grâce à l'influence de Slatzer, elle avait lu des poètes comme Cummings, Keats, Shelley et admirait les personnages féminins de Dostoïevski, admiration logique puisque Marilyn elle-même aurait pu poser, littéralement parlant, pour ce grand épileptique. L'un des rêves frustrés de sa carrière d'actrice fut de ne pas jouer le rôle de Grushenka dans la version cinématographique de *Crime et Châtiment* réalisée par Richard Brooks, rôle qui échut finalement à Maria Schell, laquelle y mit des sourires et des larmes.

---

9. **un par** : litt. *une paire (deux)*. **Un par de maletas** : *deux valises*. Pour les personnes il existe **una pareja**. **Una pareja de policías** : *deux policiers*.
10. **de + infinitif** : conditionnel. **De no venir tú**... *si tu ne viens pas*.
11. **desencadenarse** : *se déchaîner*. **Cadena** : *chaîne*.
12. le premier volume de la série Carvalho est **Yo maté a Kennedy**.
13. **cimentar**: *poser les fondations* (**cimientos**), *consolider avec du ciment* (**cimiento**).
14. **postrimería**: *fin de la vie*.
15. traduit par *recueil de poèmes* : il ne s'agit pas d'un simple poème.
16. **ocultador** : *qui cache*. **Ocultar** : *cacher*. Syn. : **esconder**.
17. **propio** : *lui-même*. **El propio director** : *le directeur lui-même*.
18. **empeño** : *effort constant*. **Empeñarse** : *insister, s'entêter*.
19. **fracasado** : *échoué, qui échoue*. **Fracasar** : *échouer*.
20. **Interpretar** : *jouer (rôle)*. **Interpretación** : *jeu (rôle)*.

La Schell era el arco iris[1], sin duda Marilyn habría aportado la inocencia ambigua que el personaje requiere y ella íntimamente lo sabía.

Que hubiera leído los libros que comentaba o que tenía en las estanterías[2], eso es pura suposición porque nadie está dispuesto a testificar[3] en ese sentido. Leía tomos cúbicos[4] dedicados a[5] cuestiones religiosas y psicológicas porque era hija y nieta, no lo olvidemos, de dos locas fanatizadas por religiones tangenciales. Que tenía una inteligencia natural es evidente[6] a través de respuestas[7] geniales que estuvo en condiciones de emitir casi desde la adolescencia, respuestas geniales y reveladoras de su conciencia de clase, es decir[8], de su conciencia de pedazo de carne[9] armónica[10] y deseada. Aporto[11] como prueba la respuesta que dio a quien le preguntó qué[12] edad tenía cuando tuvo sus primeras relaciones sexuales: "Siete años", contestó[13]. Y como el pelmazo[14] de turno insistiera en el tema preguntándole: "¿Y él?", Marilyn respondió: "¡Oh! ¡Era mucho más joven!" Esta inteligencia natural no le fue reconocida en su medio[15] profesional y sus compañeros ironizaban sobre sus ínfulas "intelectuales", incluso[16] en las bromas típicas y mercenarias que los actores interpretan más que improvisan durante la concesión de los Oscars. En las grabaciones que yo hice en los períodos en que fui su vecino, me consta[17] que hay sonidos que traducen evidentemente la lectura: hojas que se pasan, el golpe de un libro al cerrarse o al dejarlo caer al suelo.

---

1. **el arco iris** : *l'arc-en-ciel*.
2. **las estanterías** : *les étagères*. Ici, de la bibliothèque. Allusion aux personnes possédant des bibliothèques imposantes jamais consultées.
3. **testificar** : *témoigner*. **Testigo** : *témoin* d'un *procès* (**juicio**).
4. *en forme de cube*. Idée de lourdeur. Au Pays Basque **la cúbica** est la grosse pierre cubique (150 kg.) soulevée dans les épreuves de force.
5. **dedicado a** : *consacré à*. On parle de **dedicación exclusiva** pour le travail à *plein temps* (la personne s'y consacre exclusivement).
6. **es evidente** : *c'est évident*. Syn. : **es indudable**.
7. **las respuestas** : *les réponses*. Syn. : **las contestaciones**. **Responder** : *répondre*. Syn. : **contestar** (faux ami).
8. **es decir** : *c'est à dire*. Syn. : **o sea**.
9. **carne** : *viande* mais aussi *chair*. Beaucoup de jeux de mots avec ces deux sens. Notons aussi que **Carnaval** est issu de ce mot (du latin *caro, carnis*) car c'était la dernière opportunité

Schell était l'arc-en-ciel ; sans doute Marilyn aurait-elle apporté l'innocence ambiguë requise par le personnage et, au fond d'elle même, elle le savait.
Qu'elle ait lu les livres dont elle parlait ou qu'elle possédait dans sa bibliothèque, c'est là pure supposition car personne n'est prêt à l'attester. Elle lisait des gros pavés traitant de questions religieuses et psychologiques parce qu'elle était – ne l'oublions pas – fille et petite-fille de deux folles fanatisées par des religions tangentielles. Qu'elle fût dotée d'une intelligence naturelle, cela transparait dans les réparties géniales qu'elle fut en mesure de produire quasiment depuis l'adolescence, réparties géniales et révélatrices de sa conscience de classe, c'est-à-dire de la conscience d'être un morceau de chair harmonieuse et convoitée. J'en veux pour preuve la réponse qu'elle fit à quelqu'un qui lui demandait à quel âge elle avait eu sa première expérience sexuelle : « Sept ans », répondit-elle. Et comme le casse-pieds de service revenait sur la question en demandant : « Et lui ? », Marilyn répliqua: « Oh ! Il était bien plus jeune ! » Cette intelligence naturelle ne fut pas reconnue par son entourage professionnel et ses collègues ironisaient, sur ses prétentions « intellectuelles », même à l'occasion des plaisanteries classiques et rétribuées que les acteurs jouent plus qu'ils n'improvisent, lors de la remise des Oscars. Dans les enregistrements que j'ai faits pendant les périodes où j'étais son voisin, je peux certifier qu'il y a des sons qui prouvent de façon évidente qu'elle lisait : des pages que l'on tourne, le bruit d'un livre qu'on ferme ou qui tombe à terre.

---

pour les chrétiens de manger de la viande avant la période de jeûne du Carême (entre mardi gras et Pâques).
10. **armónica** : *harmonieuse*. Tous les mots de la famille *harmonie*, *harmoniser* perdent le *h* : **armonía, armonizar**.
11. **aportar** peut signifier *fournir, apporter* dans un sens figuré. Syn. : **proporcionar**. **En nuestro proyecto Paco aportó sus conocimientos informáticos** : *dans notre projet Paco a apporté ses connaissances en matière informatique*.
12. Tous les interrogatifs en espagnol portent un accent écrit, même si l'interrogation est indirecte. **¿Dónde está?** : *Où est il ?* **Dime dónde está** : *dis-moi où il se trouve*.
13. Notez la différence d'écriture entre les deux langues pour les espaces et la ponctuation. Selon *La Gramática de la Lengua Española* et le *Libro de estilo de El País* les signes de ponctuation ne sont pas précédés d'espaces et les guillemets se rendent par des « anglais simples » ('') ou doubles ("") et non pas par des « guillemets français » (« »).
14. **pelma** ou **pelmazo** (fam.) : *enquiquineur, casse-pieds*.
15. **el medio** : *le milieu, le domaine*. Syn.: **el ámbito**.
16. **incluso** : *même* (y compris).
17. **constar** (v. intr) : *être certain (sûr)*. **Me consta que no es él** : *je suis sûr que ce n'est pas lui*.

A veces[1] comenta lecturas por[2] teléfono, casi siempre con Miller, Slatzer, pero cuando intenta[3] comentarlas con el "abogado" que resultó ser[4] Bob Kennedy, el entonces[5] ministro de Justicia se la sacaba de encima[6] con comentarios tan desagradables como éste: "Bonita, con lo miope que eres[7], no te estropees[8] más la vista."

Demasiada[9] indulgencia ha merecido aquel[10] enano macabro[11] llamado Truman Capote que en *Música para camaleones*[12], publicado en Nueva York en 1980, incluye una supuesta entrevista con Marilyn Monroe titulada "Una adorable criatura". El retrato es tan fidedigno[13] como implacable, mucho más fidedigno e implacable que el de Norman Mailer[14], y es que[15], desde su espíritu homosexual, Capote está en condiciones de meterse auténticamente dentro del alma equívoca de Marilyn. Para empezar sitúa el encuentro en el momento en que Marilyn llega tarde a las exequias[16] fúnebres de una amiga fundamental como Constance Collier[17], fundamental lo sería, pero no impide que Marilyn llegue tarde y más preocupada por[18] su aspecto físico que por la desaparición de la amiga. Tan preocupada que cuando acaba el oficio, invita a Capote a que no abandonen el templo para que los fotógrafos no la capten con la facha[19] que, según ella, compone.

CAPOTE. – Marilyn, por favor, hay un montón de fotógrafos ahí.

MARILYN. – Una fotografía con esta facha.

---

1. **a veces** : *parfois*. Syn. : **en ocasiones, de vez en cuando**.
2. **por** s'emploie pour parler du moyen employé. **Lo he sabido por tu madre** : *je l'ai appris par ta mère*.
3. **intentar** : *essayer*. Syn. : **tratar, probar**.
4. **resultar ser** : expression signifiant *s'avérer*. **El criminal resultó ser el marido** : *le criminel s'avéra être le mari*.
5. **entonces** : *alors*. S'utilise dans les deux sens français. **Entonces, ¿qué hacemos?** : *Alors, qu'est-ce qu'on fait ?* **Yo era entonces estudiante** : *j'étais alors étudiant*.
6. **sacarse de encima** : expression familière pour *se débarrasser*. Syn. : **quitarse de encima**.
7. **con lo + adj. + ser** : *adj. comme + être*. **Con lo guapo que es** : *beau comme il est*. **Con lo bobas que son** : *idiotes comme elles sont*.
8. **estropear** : *abîmer, gâcher*. **El agua ha estropeado la pintura de la habitación** : *l'eau a abîmé la peinture de la chambre*.
9. **demasiado** s'accorde avec ce qui suit. **Demasiado ruido** : *trop de bruit*. **Demasiadas rosas** : *trop de roses*.

Elle commente parfois des lectures au téléphone, presque toujours avec Miller ou Slatzer, mais quand elle essaie de les commenter avec l'« avocat », - qui s'avéra être Bob Kennedy, alors ministre de la Justice – celui-ci s'en débarrassait avec des commentaires très déplaisants du genre : « Ma jolie, t'es déjà assez myope comme ça, faut pas t'abimer la vue davantage. »
On a été trop indulgent avec ce sinistre nain nommé Truman Capote, qui dans *Musique pour caméléons*, publié à New York en 1980, inclut un entretien imaginaire avec Marilyn Monroe intitulé « Une enfant radieuse ». Le portrait est tout aussi authentique qu'implacable, bien plus authentique et implacable que celui que fit Norman Mailer, parce que, de par sa mentalité homosexuelle, Capote peut s'insinuer avec justesse dans l'âme équivoque de Marilyn. Pour commencer, il situe cette rencontre au moment où Marilyn arrive en retard aux funérailles d'une amie essentielle comme Constance Collier ; toute essentielle qu'elle fût cela n'empêcha pas Marilyn, plus soucieuse de son aspect physique que de la disparition de son amie, d'arriver en retard. Si soucieuse aussi, que l'office terminé, elle demande à Capote de ne pas sortir du temple, pour que les photographes ne la prennent pas avec cette allure-là, du moins d'après elle.
CAPOTE. – Je t'en prie. Il y a un tas de photographes en bas.
MARILYN. – Et je ne veux surtout pas qu'ils me prennent dans cette tenue.

---

10. ce démonstratif (**aquel**) nous éloigne de la scène qui du coup se passe pour nous à un temps très reculé.
11. encore une fois le narrateur décrit de façon impitoyable chaque personnage ayant approché Marilyn.
12. *Music for chameleons*. Traduit de l'anglais par Henri Robillot (Gallimard, 1982). Capote y qualifie Marilyn Monroe de *radieuse enfant* (*a beautiful child*). L'extrait qui suit à cheval entre cette page et la suivante est le texte exact de la version française. Capote est censé y avoir retranscrit des conversations de la vie de tous les jours. Dans l'une d'elles Marilyn lui avoue avoir couché avec Errol Flynn...
13. **fidedigno** : du latin *fides* (*foi*) et *dignus* (*digne*): *digne de foi*.
14. **Norman Mailler** : biographe de Marilyn, prix Pulitzer, légion d'honneur, commandant des arts et lettres, grand militant de la politique anti Bush.
15. **y es que** (langue usuelle) : *parce que*.
16. **exequias** (rare) : *funérailles*. Syn.: **funeral, honras fúnebres**.
17. **Constance Collier** (Laura Constance HARDIE, 1878-1955) actrice anglaise. Elle travailla pour Hitchcock dans *La corde*.
18. **precuparse por**: *se soucier*. **Preocupado**: *préoccupé*.
19. **facha** (fam) : *l'allure, la dégaine*. ¡**Qué facha!** : *quelle allure !*

CAPOTE. – No te lo reprocho.
MARILYN. – Has dicho que estaba muy bien.
CAPOTE. – Y es cierto, para interpretar… la novia de Drácula[1].
MARILYN. – Ya te estás riendo de mí.
CAPOTE. – ¿Tengo yo pinta de reírme?
MARILYN. – Te estás riendo por dentro. Y ésa es la peor risa. (*Frunciendo el ceño[2], mordisqueando[3] la uña[4] del pulgar.*) En realidad podría haberme maquillado. Toda esa gente lleva maquillaje[5].
CAPOTE. – Yo también. A paletadas[6].
MARILYN. – Lo digo en serio. Es el pelo[7]. Necesito un tinte. Yo no he tenido tiempo de secármelo[8]. Todo ha sido tan inesperado, la muerte de la señora Collier y demás. ¿Ves? (*Levantó un poco el pañuelo, mostrando una franja[9] oscura[10] en la raya[11] del pelo.*)
CAPOTE. – Pobre inocente de mí. Siempre he creído que eras rubia natural.
MARILYN. – Lo soy. Pero nadie es *así* de natural. Y, de paso[12], que te jodan[13].

Capote es un maestro en el retrato de la inestabilidad de la conducta, en la banalidad trágica de los sentimientos, porque se conoce a sí mismo y traslada la duda de sí mismo a la duda del comportamiento ajeno[14]. Era idóneo[15], el más idóneo para dejar un retrato sobre la inseguridad de la Monroe, una inseguridad que ante personas propicias como Capote podía convertirse en juego, en ironía compartida. Pero esa inseguridad ante halcones como los Kennedy quedaba al pairo[16], en pelota, auténticamente en pelota, criminalmente en pelota. No. No la mataron ni sus amigos ni sus enemigos. Pero entre todos la ayudaron a quitarse la vida y después no hicieron por ella otra cosa que ponerle unas bragas.

---

1. admirez la liberté de traduction qui aboutit à ces deux phrases à partir du même texte anglais.
2. **fruncir el ceño** : *froncer les sourcils*. Le **ceño** est l'espace existant entre les sourcils. Syn. : **el entrecejo**.
3. **mordisquear** : *mordiller*. **El mordisco** : *la morsure*. **Morder** : *mordre*.
4. **una uña** : *un ongle*. Attention au genre.
5. **maquillaje** : *maquillage*. Beaucoup de mots de ce genre ont été empruntés au français en modifiant la terminaison *age* en **aje**. **Chantaje, peaje, bricolaje, camuflaje, espionaje, garaje**, etc.

CAPOTE. – Je comprends ça.
MARILYN. – Tu as dit que j'étais très bien.
CAPOTE. – C'est vrai. Tu es parfaite... pour jouer la Fiancée de Frankenstein.
MARILYN. – Maintenant tu te paies ma tête.
CAPOTE. – Est-ce que j'ai l'air de rire ?
MARILYN. – Tu ris en dedans. Et c'est le pire des rires. *(Fronçant les sourcils, se mordillant l'ongle du pouce.)* En fait, j'aurais pu me maquiller. Je vois qu'ils le sont tous ici, les autres.
CAPOTE. – Comme moi. À la truelle.
MARILYN. – Non mais, sérieusement. C'est à cause de mes cheveux. J'ai besoin d'une teinture. Et je n'ai pas eu le temps de m'en occuper. C'était si inattendu – que Miss Collier meure comme ça. Tu comprends ? *(Elle souleva discrètement son écharpe pour me montrer une trace sombre à la ligne de séparation de ses cheveux.)*
CAPOTE. – Pauvre innocent que je suis. Moi qui t'ai toujours crue une vraie blonde cent pour cent.
MARILYN. – Je suis une vraie blonde. Mais personne ne l'est *naturellement* comme ça. Et d'ailleurs, je t'emmerde.
Capote est un maître du portrait de l'instabilité du comportement, de la banalité tragique des sentiments, parce qu'il se connaît lui-même et transpose dans le comportement des autres le doute qu'il a de lui-même. C'était le plus indiqué, le plus indiqué pour brosser le portrait de l'insécurité de Marilyn, insécurité qui, devant des personnes adéquates comme Capote, pouvait se transformer en jeu, en ironie complice. Mais cette même insécurité face à des faucons comme les Kennedy, tombait à plat, et laissait à poil, vraiment à poil, criminellement à poil. Non. Ce ne sont ni ses amis ni ses ennemis qui l'ont tuée. Mais tous autant qu'ils étaient l'ont aidée à s'ôter la vie et ensuite n'ont rien fait d'autre pour elle que lui passer une culotte.

---

6. **una paletada** : *une pelletée*. La *truelle* se dit **paleta**.
7. **el pelo** peut signifier *les cheveux* (en général) ou *le poil*.
8. **secármelo** : litt. *me le sécher*. Idée de mise en plis.
9. **una franja** : *une frange, une bande*.
10. **oscura** : *sombre, foncée*. Marilyn serait-elle une fausse blonde ?
11. **la raya** : ici *la raie*. C'est là qu'on voit la couleur des racines.
12. **de paso** : *en passant*.
13. phrase très familière du genre *va te faire foutre*. **Joder** : *baiser*.
14. **ajeno**: *d'autrui*. **Los bienes ajenos** : *les biens d'autrui*.
15. **idóneo** : *idéale, idoine*. Syn. : **ideal, adecuado**.
16. dans **al pairo** un bateau attend le vent *toutes voiles dehors*.

Cuando yo maté a Kennedy[1], en 1963[2], y fui inmediatamente detenido[3] y recluido en este manicomio, supongo que situado en una localidad indeterminada de la provincia de Zaragoza[4] (Spain)[5], fue con el acuerdo de una amplia conspiración[6] en la que figuraban las cabezas visibles e invisibles de los servicios secretos y una serie de poderes políticos y económicos convencidos[7] de que Kennedy era un agente de la KGB[8], reclutado por el espionaje soviético durante la guerra civil española[9]. En su primer momento me convencieron[10] de que lo más sensato era desaparecer durante un par de años, hasta que los publicistas[11] liaran la madeja[12] del crimen de Kennedy y nadie pudiera desliarla[13] nunca más[14]. Luego aumentaron otras excusas para prolongar mi encierro, excusas que yo[15] nunca asumí de buen grado y desde el principio dije que a mí no se me recluía por haber matado a Kennedy, sino por[16] todo lo que sabía sobre el último día de Marilyn que han tratado de explicar diferentes autores, sin el lujo de detalles que yo podría aportar. Mis contactos con antiguos amigos de la KGB de Tarazona[17] me han permitido seguir al día toda la literatura marilynesca aparecida sobre todo a partir de 1970, tras la desaparición de los dos Kennedy que intervinieron tan definitivamente en la autodestrucción de Norma Jean[18]. Mailer vislumbra[19] la complejidad del asunto y Anthony Summers[20] va más allá en una aproximación menos literaria, pero más documentada, e insinúa lo que ya todo el mundo afirma, pero lo insinúa por escrito.

---

1. voir note 9 page 158.
2. le 22 novembre à Dallas, le président J.F. Kennedy fut assassiné.
3. **detener** : *arrêter* (sens policier). Ne parle-t-on pas en français de *détention* (**detención**) ?
4. Saragosse est une ville pionnière en matière de création de centres d'internement pour malades psychiatriques. Le premier date de 1425. Le peintre **Goya** y aurait probablement séjourné en 1777 lors d'une grave dépression. En tout cas son propre cousin et sa tante (côté maternel) y ont été internés en 1773.
5. première incongruité avec le personnage de Carvalho. Le lecteur se demande : qui parle réellement ?
6. discours très clairement paranoïaque.
7. **convencido** : *convaincu, persuadé*.
8. voir annexes **KGB**.
9. 18 juillet 1936-1er avril 1939. Le communisme soviétique prit une part importante à cette guerre fratricide.

Lorsque j'ai tué Kennedy, en 1963 on m'a aussitôt arrêté puis interné dans cet asile psychiatrique – situé, je crois, dans une localité indéterminée de la province de Saragosse (Spain) – c'était en fait une entente, une vaste conspiration dans laquelle figuraient les têtes visibles et invisibles des services secrets et d'un ensemble de pouvoirs politiques et économiques persuadés que Kennedy était un agent du KGB, recruté par l'espionnage soviétique pendant la guerre civile espagnole. Dans un premier temps, on m'a persuadé que le plus judicieux était de disparaître deux ans environ, le temps que les hommes de la communication nouent l'écheveau de l'assassinat de Kennedy pour que plus jamais personne ne puisse le démêler. Ensuite ils ajoutèrent d'autres prétextes pour prolonger mon internement, prétextes que je n'ai jamais admis de bon gré ; et dès le début j'ai dit que je n'étais pas interné pour avoir tué Kennedy, mais à cause de tout ce que je savais sur le dernier jour de vie de Marilyn, que divers auteurs ont essayé d'expliquer, sans le luxe de détails que moi j'aurais pu apporter. Mes contacts avec d'anciens camarades du KGB de Tarazona m'ont permis de me tenir à jour de toute la littérature marilynienne, parue surtout à partir de 1970, après la disparition des deux Kennedy qui avaient joué un rôle si définitif dans l'autodestruction de Norma Jean. Mailer entrevoit la complexité de l'affaire et Anthony Summers va beaucoup plus loin dans une approche moins littéraire mais plus documentée, et insinue ce que tout le monde affirme déjà, mais il l'insinue par écrit.

---

10. **convencer** : *convaincre, persuader.* Syn. : **persuadir**.
11. **un publicista** : *un publicitaire.* Ici *les hommes de communication.*
12. **liar la madeja** : m. à m. *attacher l'écheveau.* Idée de *tisser la toile,* d'échafauder, de *bâtir un canevas.*
13. **liar** : *attacher;* **desliar:** *détacher, défaire les nœuds.*
14. Théorie du complot classique dans cette affaire complexe.
15. Pronom sujet rare en espagnol qui ne s'emploie que pour insister. On pourrait traduire par *moi je* comme on l'a fait plus loin lorsque cette tournure est reprise (**yo podría aportar**).
16. **por** : ici *à cause de.*
17. **Tarazona** : Ville d'Aragon située dans la province de Saragosse profondément meurtrie durant la guerre civile. Les *camarades* du narrateur sont donc dans cette région.
18. **Norma Jean** : Marilyn fut baptisée Norma Jean Baker.
19. **vislumbrar** : *apercevoir, entrevoir.* Syn. : **entrever**.
20. **Anthony Summers**, *Les vies secrètes de Marilyn Monroe*, Presses de la Renaissance, Paris, 1986.

Marilyn Monroe murió en compañía de un cuarteto[1] de personas entre las cuales[2] al menos dos eran del clan Kennedy[3].
Yo puedo afirmarlo. Esas dos personas eran Peter Lawford[4] y Robert Kennedy[5], las otras dos una putitas de ocasión[6] que ambos[7] hombres habían reclutado para montar una orgía en torno de la decaída[8] Marilyn. En el transcurso de la orgía, yo la examinaba desde una prudente distancia, escondido tras las pitas[9] del Not Swiss Motel, Marilyn estalló y recriminó a Robert Kennedy cómo había sido puteada[10] por toda la familia, cómo la estaban puteando allí mismo colocándola[11] a la altura de aquellas *call girls*. No fueron amabilidades lo que salieron por la boca de los dos hombres, según quedó grabado en una cinta[12] magnetofónica que en su día[13] entregué a Allan Dulles y que me consta solía[14] escuchar con frecuencia Lyndon B. Johnson[15] cuando asumió la presidencia de los Estados Unidos. Entre otras lindezas le dijeron cosas que Marilyn sobre todo aquella noche no quería recordar, que ella misma era una *call girl* y que sólo había utilizado el teléfono para avisar[16] de que le abrieran las sábanas o las piernas. Lawford fue más cruel y le recordó que ella misma lo había confesado al periodista Weatherby: "¿Sabe usted de quién he dependido yo siempre? No de los extraños[17], ni de los amigos. ¡Del teléfono! Ése es mi mejor amigo. Me gusta llamar a los amigos, sobre todo por la noche[18], cuando no puedo dormir. Tengo la ilusión[19] de que al día siguiente vamos a levantarnos juntos para ir de compras[20] al *drugstore*."

---

1. **cuarteto** ne s'utilise que dans le domaine poétique (strophe à quatre vers) ou musical (ensemble de quatre musiciens).
2. la traduction de *dont* en espagnol n'est pas aisée devant une notion de quantité. J'ai cinq cousins dont deux blonds: **Tengo cinco primos entre los cuales dos rubios**.
3. la famille Kennedy a souvent été nommée ainsi.
4. Acteur et producteur britannique (1923-1984). Le FBI a des preuves d'orgies organisées chez lui pour Sinatra (avec Nathalie Wood). C'est lui qui aurait eut l'idée du célèbre *Happy birthday mister president* chanté par Marilyn à Kennedy pour son anniversaire. Dans la version officielle, Marilyn avait rendez-vous chez lui le 5 août 1962. Elle ne s'y est pas rendue pour éviter de rencontrer Robert Kennedy.
5. Benjamin de la famille Kennedy (l'une des plus grandes fortunes des USA). Les deux frères, amants de Marilyn, sont morts assassinés.

Marilyn Monroe est morte entourée d'un quatuor de personnes, dont deux au moins étaient du clan Kennedy.
Moi, je peux l'affirmer. Ces deux personnes étaient Peter Lawford et Robert Kennedy ; les deux autres, de petites putes de circonstance, que les deux hommes avaient recrutées pour organiser une orgie autour d'une Marilyn déprimée. Au cours de l'orgie – je l'observais à une distance prudente, caché derrière les agaves du *Not Swiss Motel* - Marilyn explosa et tança Robert Kennedy sur la façon dont toute sa famille l'avait entubée, tout comme on l'entubait, là maintenant, en la rabaissant au niveau de ces *call-girls*. Ce ne furent pas des gentillesses qui sortirent de la bouche des deux hommes, comme en témoigne l'enregistrement sur bande magnétique que j'ai remis à l'époque à Allan Dulles et qu'écoutait souvent, je le sais de source sure, Lyndon B. Johnson, lorsqu'il entra en fonction à la présidence des États-Unis. Entre autres amabilités, ils lui dirent des choses que Marilyn, surtout cette nuit-là, ne voulait pas se rappeler : qu'elle-même était une *call-girl* et qu'elle n'avait utilisé le téléphone que pour demander qu'on vienne lui ouvrir le lit ou les cuisses. Lawford fut le plus cruel et lui rappela qu'elle-même l'avait avoué au journaliste Weatherby : « Vous savez de qui j'ai toujours dépendu ? Ni d'inconnus, ni d'amis. Du téléphone ! Voilà mon meilleur ami. J'aime appeler les amis, surtout le soir quand je n'arrive pas à dormir. Je rêve que le lendemain nous allons nous réveiller ensemble pour aller faire des courses au *drugstore*. »

---

6. **de ocasión** : *occasionnelles*. Syn. : **de lance**.
7. **ambos** : *les deux*. **Ambos países** : *les deux pays*.
8. **la decaída Marilyn** : *la Marilyn déchue (déprimée)*.
9. L'*agave* est une plante grasse cultivée au Mexique pour ses fibres extraites des feuilles. Avec son fruit on fabrique le *mezcal*.
10. **putear** (fam. et vulg.) indique aussi bien l'idée de la *prostitution* pratiquée par une femme que la notion de *porter préjudice*.
11. **colocar** : *placer, situer*. Syn. : **poner, ubicar**.
12. **cinta** : *ruban*, ici *bande*.
13. **en su día** : *à l'époque*. Syn. : **oportunamente**. S'emploie lorsque la date exacte n'a pas d'importance et qu'on ne veut pas la chercher.
14. **soler** : *avoir l'habitude*. **Suelo cenar tarde** : *d'habitude je dîne tôt*.
15. président des USA après l'assassinat de Kennedy.
16. **avisar** : *avertir, prévenir*. Ici, *annoncer, faire savoir*.
17. **extraños** : *étrangers, inconnus*. **Extrañarse** : *s'étonner*. **Me extraña mucho** : *je suis très étonné*.
18.- voir note 13 page 77.
19.- **ilusión** : ici *l'espoir*. Syn. : **el anhelo, la esperanza, el afán**.
20.- **ir de compras** : *aller faire des courses*. **Ir de paseo** : *aller se promener*. **Ir de viaje** : *partir en voyage*.

Y a partir de aquí le dijeron toda clase de groserías[1] sobre lo que iban a hacer: primero en la cama y luego, al día siguiente[2], cuando fueran de compras al *drugstore*. Marilyn tuvo un ataque[3] de desesperación y les acusó de estar martirizándola últimamente[4], valiéndose[5] de voces femeninas que la estaban telefoneando y la amenazaban con toda clase de salvajadas[6] si no dejaba de mantener relaciones con Bob Kennedy: "¡Maldita, zorra![7]" "¡Deja[8] a Bob o un ratón se te comerá[9] lo que queda de tu corazón podrido!" No le hicieron caso, Marilyn se encerró en el escusado[10] del motel y se tomó un frasco[11] de pastillas de Nembutal[12]. Según su psiquiatra, el doctor Greenson[13], el cadáver se descubrió al día siguiente, en la habitación de la casa de Marilyn[14], tumbado sobre la cama, semidesnudo, con el teléfono en una investigación a la que nadie hizo demasiado caso[15] (salvo los que le amenazaron de muerte, repetidamente, por teléfono). Marilyn entró en coma en plena juerga[16], sus compañeros se asustaron, llamaron a un médico, la llevaron en helicóptero a un hospital, allí murió y a partir de aquí empieza la escenificación de la operación "salvamento de Bob y su cuñado", es decir, salvamento de la familia Kennedy. Es cierto[17]. Y lo es porque en el momento en que los médicos confirman que Marilyn ha muerto, yo, que he seguido las peripecias paso a paso en estrecho contacto con Allan Dulles, irrumpo[18] en la habitación del hospital ante el pasmo de Bob, que me tenía considerable manía: "¡Carvalho, qué haces tú aquí!"

---

1. **groserías** : *obscénités, grossièretés.*
2. **el día siguiente** : *le jour suivant, le lendemain.*
3. **un ataque** : *une attaque (crise).* **Un ataque de corazón** : *une crise cardiaque.* **Un ataque de tos** : *une quinte de toux.*
4. **útimamente** : *dernièrement.* Les adverbes en **-mente** conservent l'accent écrit de l'adjectif dont ils sont issus : **fácil** – **fácilmente** ; **útil** – **útilmente**. Ils ne prennent pas d'accent supplémentaire : **aproximada** – **aproximadamente**.
5. **valerse de** : *se servir, user de.* **Tendré que valerme de muletas para andar** : *je devrai me servir de béquilles pour marcher.*
6. **una salvajada** est une action propre à un sauvage (**salvaje**). **Hacer salvajadas** : *commettre des atrocités, des « sauvageries ».*
7. **zorra** : *femelle du renard.* S'utilise pour désigner de façon très péjorative, mais non vulgaire, la *prostituée*.
8. **dejar** a ici une sens de cesser les relations (*quitter*). **Mi marido me ha dejado por otra**: *mon mari m'a quittée pour une autre.*

Et à partir de ce moment-là, ils lui ont sorti tout un tas d'obscénités sur ce qu'ils allaient faire : au lit d'abord, et ensuite le lendemain, quand ils iraient faire les courses au *drugstore*. Marilyn fut prise d'une crise de désespoir et les accusa de la martyriser ces derniers temps, au moyen de voix de femmes qui l'appelaient au téléphone et la menaçaient de toutes sortes d'atrocités si elle ne mettait pas fin à ses relations avec Bob Kennedy : « Garce, traînée ! » « Fiche la paix à Bob ou un rat bouffera ce qui reste de ton cœur pourri ! » Ils n'ont pas prêté attention à ce qu'elle disait ; Marilyn s'enferma dans les toilettes du motel et avala une boîte de pilules de Nembutal. D'après son psychiatre, le docteur Greenson, on a découvert le corps le lendemain, dans la chambre de la maison de Marilyn, étendu sur le lit, à moitié nu et avec le téléphone, lors d'une enquête à laquelle nul ne prêta trop attention (sauf ceux qui l'avaient menacée de mort à plusieurs reprises par téléphone). Marilyn était tombée dans le coma en pleine nouba, ses compagnons prirent peur et appelèrent un médecin ; ils la transportèrent à l'hôpital en hélicoptère ; elle y décéda, et là commence la mise en scène de l'opération « sauver Bob et son beau-frère », autrement dit, sauver la famille Kennedy. C'est véridique. Et ceci, parce que, au moment où les médecins attestent que Marilyn est morte, moi, qui ai suivi pas à pas les péripéties en relation étroite avec Allan Dulles, je fais irruption dans la chambre de l'hôpital, devant un Bob stupéfait, qui m'avait sérieusement pris en grippe: « Carvalho, qu'est-ce que tu fous là? »

---

9. voir note 15 page 31.
10. terme peu usité pour *cabinet de toilette*. Syn. : **retrete, aseo**.
11. *flacon* : conditionnement classique des médicaments aux USA.
12. **Nembutal** ® (Pentobarbital sodique) : Barbiturique utilisé pour le traitement de l'insomnie et l'anxiété.
13. **Ralph Greenson** (Romeo Samuel Greenschpoon) (1911-1979). Il était le psychanalyste de toutes les vedettes d'Hollywood.
14. Marilyn vivait à Los Ángeles dans le quartier de Brentwood 12305 5th Helena Drive. C'est là que son corps fut découvert.
15. **hacer caso** : prêter attention. **No le hacía caso nadie** : *personne ne faisait attention à lui.*
16. **una juerga** (fam.) : *une foire, une bringue*. **Mañana nos vamos de juerga** : *demain on va aller faire la noce (la fête).*
17. **es cierto** : *c'est vrai, authentique*. Syn. : **indudable, verídico**.
18. **irrumpir** : *faire irruption*. **La policía irrumpió en su casa a las seis** : *la police fit irruption chez lui à six heures.*
19. **el pasmo** : *l'étonnement, la stupéfaction*. **Pasmado** : *stupéfait*. Les mots de la famille *se pâmer* et *pâmoison* sont de la même origine.
20. **tener manía** : *prendre en grippe, ne pas pouvoir voir quelqu'un.*

Le comunico que Dulles lo sabe todo[1] y aún se queda más pálido, porque los dos se odiaban[2] e incluso a veces intercambiaban pescozones[3] y zancadillas[4] por los pasillos de la Casa Blanca. "De lo que se trata – le dije – es de sacarle de este atolladero[5], no de hundirle[6]." Yo ya lo tenía todo dispuesto[7]. Metimos el cuerpo de Marilyn en una furgoneta de la limpieza[8], habitual en el barrio donde vivía la estrella[9], y depositamos[10] el cuerpo en su cama según fue encontrado al día siguiente[11]. En el momento de la despedida[12], el cínico de Lawford sugirió que le pusiéramos bragas porque tal vez el descubrimiento[13] del cadáver totalmente desnudo no sería bien acogido por la opinión pública. Yo le corté[14] por las buenas[15]. Las bragas le producían alergia en la piel, lo tenía muy dicho[16]. Bob me dio la razón y no se habló más. Para hacer la autopsia se escogió al doctor Noguchi[17], un pintoresco forense[18] fácil de convencer[19] que pasará a la historia por haber hecho la chapuza[20] de autopsia a Marilyn y por haber realizado otras autopsias no menos imperecederas: Sharon Tate, William Holden, Natalie Wood, John Belushi[21]. Atención al dato. En 1968 fue Noguchi quien examinó la cabeza destrozada de Bob Kennedy[22]. Desde el comienzo, todo el mundo, incluida la CIA y la familia Kennedy, se esforzó más en[23] ocultar que en desvelar. Y es que había elementos oscuros y oscurecedores, como si todo hubiera sido urdido demasiado rápido[24].

---

1. **lo sabe todo** : *il sait tout, il est au courant de tout.* **No me mientas, lo sé todo** : *ne me mens pas, je sais tout.*
2. **odiar** : *haïr* ; **odiarse** : *se haïr.* **El odio** : *la haine.*
3. **pescozón**: *coup sur la nuque (calotte).* **El pescuezo** : *le cou.* **Torcer el pescuezo a una persona**: *tordre le cou à quelqu'un.*
4. **zancadilla** : *croc-en-jambe, croche-pied.* **Zancada** : *enjambée.* **Dar grandes zancadas** : *faire de grandes enjambées.*
5. **sacar del atolladero** : *sortir du pétrin, tirer d'embarras.* **Estar en un atolladero** : *être dans le pétrin, dans une mauvaise passe.* **El atolladero** : *le bourbier.*
6. **hundir** : *enfoncer, couler* (dans l'eau). **El barco se hundió** : *le bateau a coulé.* **El hundimiento del Titanic** : *le naufrage du Titanic.*
7. **dispuesto** : *prêt, prévu.* **Lo tengo dispuesto** : *j'ai tout prévu.*
8. **la limpieza** : *le nettoyage.* Indique ici le *blanchisseur.*
9. **la estrella** : *l'étoile* ; ici *la star* (cinéma). **Las estrellas de la canción** : *les stars (vedettes) de la chanson.*
10. **depositar** : *poser, déposer, entreposer.* **Depositar el pedido** : *entreposer la commande.*

Je l'informe que Dulles est au courant de tout et il blêmit davantage, parce que ces deux là se détestaient et allaient même jusqu'à échanger des beignes ou des croche-pieds dans les couloirs de la Maison-Blanche. « Il s'agit – lui dis-je – de vous tirer de ce pétrin, pas de vous enfoncer. » J'avais tout arrangé. Nous avons placé le corps de Marilyn dans la camionnette du blanchisseur, habituelle dans le quartier où vivait la star, et avons déposé le corps sur le lit tel qu'il fut découvert le lendemain. Au moment de partir, ce cynique de Lawford a suggéré qu'on lui mette une culotte parce que la découverte du corps complètement nu ne serait peut-être pas bien accueillie par l'opinion publique. Je l'ai coupé net. Les culottes lui provoquaient une allergie cutanée, elle l'avait maintes fois répété. Bob m'a donné raison et on en est resté là.

Pour l'autopsie c'est le docteur Noguchi qui fut choisi, médecin légiste pittoresque, facile à convaincre, qui passera à la postérité pour avoir bricolé l'autopsie de Marilyn et pour avoir procédé à d'autres autopsies non moins impérissables : Sharon Tate, William Holden, Natalie Wood, John Belushi. Notez bien ce détail. En 1968, ce fut Noguchi qui examina la tête éclatée de Bob Kennedy. Depuis le début, tout le monde, y compris la CIA et la famille Kennedy, s'est davantage appliqué à cacher qu'à dévoiler. Car il y avait des éléments obscurs et obscurcissants, comme si tout avait été trop vite ourdi.

---

11. il va sans dire que la version officielle est très différente !
12. **la despedida**: *l'adieu*. **Despedirse**: *dire au-revoir*.
13. **el descubrimiento** : *la découverte*. Syn.: **el hallazgo**.
14. **cortar** peut avoir comme ici le sens *d'interrompre*. **Nos han cortado** : *nous avons été coupés*. **Prefiero cortar nuestras relaciones** : *je préfère interrompre nos relations*.
15. **por las buenas** peut signifier *de bon gré* (par opposition à **por las malas** : *de force*). Le narrateur a préféré ne pas employer la force.
16. **tener muy dicho** : avoir dit quelque chose à *maintes reprises*.
17. Le docteur Thomas Noguchi a pratiqué l'autopsie n° 81128.
18. Ce tout nouveau médecin légiste fut choisi pour faire l'autopsie de Marilyn Monroe. Par la suite il devint « le légiste des stars ».
19. Il aurait été choisi « à la place de » car la mort de Marilyn était devenue une affaire d'état à cause de ses relations avec les Kennedy.
20. **una chapuza** (fam. et péj.): *un bricolage, un travail mal fait*.
21 et 22. authentique !
23. **esforzarse en** : *se donner du mal, s'efforcer*.
24. Une nouvelle fois la théorie du complot s'empare du narrateur. Tout a été fait pour faire croire au suicide et blanchir les coupables.

Si lo sabré yo[1]. En el momento en que desaparecí[2], convocado urgentemente por Dulles, ya decidido de una vez por todas a entrar[3] como un caballo siciliano[4] en el mundo de los Kennedy, los que rodeaban[5] a Marilyn empezaron a vestirla. Le pusieron bragas, sujetador, un vestido para el entierro, la maquillaron (ella había pedido que la maquillaran cuando muriera) tratando de[6] conservar la imagen muñecoide[7] y que nada quedara de la desnudez del asesinato cometido de pensamiento, palabra, obra y omisión[8] por decenas de personas que querían olvidar todo lo que le debían, aunque sólo fuera una *fellatio*. Yo era un mandado[9], aparentemente, pero mi fascinación por la Monroe[10], no sexual, insisto, me llevó a considerar aquel impacto como uno de esos momentos afortunados en que profesión y vida conciertan para llevarte[11] a una décima de segundo[12] de la plenitud. Marilyn ya descansaba. Había burlado la locura que se había apoderado de su madre y de su abuela y había dejado muertos para siempre a todos los que habían creído que la podrían destruir y en el futuro sólo existirían en función de la relación que tuvieron con ella.

No pudo sobrevivir a la conjura y me temo[13] que yo tampoco pueda. Les envío portadas de las diferentes revistas que utilizaron a Marilyn como reclamo[14], definitiva prueba de una larga dedicación de coleccionista, y les advierto que una de ellas, perdida en uno de los cuatro lotes que les envío, está obtenida por mí mismo del rostro de Marilyn muerta sobre la litera en aquel hospital al que la llevaron sus indirectos matarifes[15].

---

1. Expression du genre *j'en sais quelque chose, j'en connais un rayon*.
2. **desaparecer** : *disparaître*. Un espion disparaît toujours…
3. **entrar** : *entrer*. Ici *foncer*.
4. **como un caballo siciliano** est une expression qui nous vient du jeu d'échecs et que l'on pourrait traduire par *entrer en trombe et par surprise*. **Caballo** est le nom du *cavalier*. Il y a un « coup » dit *sicilien* dans lequel la surprise de l'attaque du cavalier est décisive.
5. **rodear** : *entourer*. L'entourage : **los íntimos, los allegados.** Le mot **rodeo** vient du fait que les vachers *encerclent* (**rodean**) le veau pour l'attraper et le marquer au fer.
6. **tratar de** : *essayer, tenter*. Syn. : **intentar, probar.**
7. le suffixe **oide** (*oïde* en français) donne l'idée de *en forme de, qui ressemble à* : **ovoide** : *ovoïde* (en forme d'œuf : **huevo**).

Et là je sais de quoi je parle. Au moment où j'ai quitté la scène, convoqué de toute urgence par Dulles, lequel était décidé une fois pour toutes à foncer comme le cavalier sicilien dans l'univers des Kennedy, les personnes autour de Marilyn ont entrepris de l'habiller. Ils lui ont passé et culotte, et soutien-gorge et une robe pour l'enterrement, l'ont maquillée (elle avait demandé qu'on la maquille quand elle mourrait) tentant de lui conserver son image de poupée et de ne rien garder de la nudité du meurtre commis en pensées, paroles, actes et omissions par des dizaines de personnes désireuses d'oublier tout ce qu'elles lui devaient, ne fût-ce qu'une fellation. Moi, en apparence, je faisais ce qu'on me disait de faire, mais ma fascination pour Marilyn, non sexuelle j'insiste, m'a amené à considérer ce choc comme l'un de ces moments heureux où métier et vie s'accordent pour vous amener à deux doigts de la plénitude. Marilyn reposait enfin. Elle avait fait un pied de nez à la folie qui s'était emparée de sa mère et de sa grand-mère, et avait pour toujours laissé pour morts tous ceux qui avaient cru pouvoir la détruire et qui n'existeraient désormais qu'en fonction de la relation qu'ils avaient eue avec elle.

Elle ne put survivre au complot et je crains que je ne le puisse pas davantage. Je vous adresse des couvertures de divers magazines qui ont utilisé Marilyn pour leur publicité, preuve absolue d'une longue constance de collectionneur ; mais je vous préviens que l'une d'elles, parmi toutes celles des quatre lots que je vous adresse, est une photo que j'ai faite moi-même du visage de Marilyn morte sur la civière de cet hôpital où l'avaient conduite ceux qui l'ont indirectement tuée.

---

8. série de mots classique pour un catholique de l'époque qui va se confesser et qui doit méditer s'il a péché en pensée, parole, etc.
9. **un mandado** : *un exécutant*, quelqu'un qui obéit. **Mandar** : *commander, ordonner*.
10. il est usuel d'ajouter l'article devant les vedettes ou les stars comme en français chez les divas : *la Callas*. **La Penélope Cruz**.
11. cette forme de tutoiement renvoie à une généralité et se traduit en français par *vous*. **En esa región te reciben muy bien** : *dans cette région on vous reçoit très bien*.
12. **a una décima de segundo** : *à un dixième de seconde*.
13. **temer** : *craindre*. **Me temo que no vuelva** : *je crains qu'elle ne revienne pas*.
14. comme en français, **reclamo** (*réclame*) vient du vocabulaire cynégétique: *appeau, leurre*. Syn. : **señuelo**.
15. **matarife** : *tueur d'abattoir, boucher* (**carnicero**).

Sometan[1] la fotografía a un examen de expertos y cuando descubran su escondida verdad[2], con ella descubrirán la mía y accederán a la petición[3] de salida de esta llamada[4] casa de reposo, que no es otra cosa que un manicomio. Entre otras reivindicaciones, además de[5] la de pelear[6] por mi verdadera relación con Marilyn, tengo la de recuperar mi propia personalidad[7]. Ocho años después de iniciarse esta reclusión[8], uno de mis contactos de la KGB de Tarazona me advirtió de que acaba de publicarse una falsa novela titulada *Yo maté a Kennedy*[9], en la que un falso Pepe Carvalho se atribuía hechos[10] y actuaciones que eran míos, del verdadero Pepe Carvalho. La novela estaba escrita por uno de los hombres más tenebrosos del servicio de espionaje soviético en España, según yo ya sabía entonces[11] y según la Virgen María le informó[12] a Fernando Arrabal[13] poco antes de ganar el premio Nadal[14]. La extraña conspiración que me ha metido en esta camisa de fuerza reúne complejidades que marearían[15] las células grises de los cerebros más analíticos. Como dato[16] aporto mi última conversación con el inspector de policía que vino a verme, con unos aires de rutina, de pasar de todo[17], de molestia personal incluso por tener que venir desde Zaragoza, que ya me quitaron las ganas de conversar desde el comienzo.

---

1. À l'impératif, les personnes qui ne relèvent pas du tutoiement (2ᵉ du sing. et du pl.) sont toujours empruntées au subjonctif. Ainsi **sometan** signifie *soumettez* ou *que vous soumettiez*. C'est comme si, au lieu de donner un ordre, l'espagnol émettait un souhait. **Vayamos** signifie *allons* et *que nous allions*.
2. **su escondida verdad** : *sa vérité cachée*. **Esconder** : *cacher*.
3. Le mot **petición** (*demande*) vient du verbe **pedir** (*demander*). Attention ! : **pedida** signifie *demande en mariage*.
4. expression dépréciative pour rendre l'idée de *prétendue* (« c'est pourtant ainsi qu'on l'appelle »). **Este llamado hotel** : *ce soi-disant hôtel*. **Sus llamados cuadros** : *vos tableaux, entre guillemets*.
5. **además de** : *outre, en plus*. Syn. : **aparte de**.
6. **pelear** : *se battre, combattre*. Syn. : **luchar**. **Una pelea** : *une bagarre, un combat*. **Pelea de gallos** : *combat de coqs*.
7. Qui est ce personnage ? Le narrateur est-il vraiment Carvalho ?
8. **reclusión** : *enfermement, internement*. Syn. : **encierro**.
9. premier roman de la **série Carvalho**. Voir annexes.
10. **hechos** : *des faits*. Du verbe **hacer** (*faire*). **Los hechos datan del año pasado** : *les faits remontent à l'année dernière*.
11. m. à m. : *d'après ce que je savais déjà à l'époque*.

Soumettez cette photo à un examen d'experts et lorsque vous en découvrirez la vérité cachée, vous découvrirez la mienne par la même occasion et vous accepterez ma demande de sortie de cette prétendue maison de repos, qui n'est rien d'autre qu'un asile psychiatrique. Entre autres requêtes, outre mon combat pour la reconnaissance de mes vrais rapports avec Marilyn, se trouve celle de la récupération de ma propre identité. Huit ans après le début de cet internement, un de mes contacts du KGB de Tarazona m'a indiqué qu'on venait de publier un faux roman intitulé *J'ai tué Kennedy*, dans lequel un faux Pepe Carvalho s'attribuait des faits, des actions qui étaient les miens, ceux du vrai Pepe Carvalho. Ce roman était écrit par l'un des hommes les plus obscurs du service d'espionnage soviétique en Espagne d'après mes informations de l'époque et d'après ce que la Sainte Vierge avait annoncé à Fernando Arrabal peu avant qu'il gagne le Prix Nadal. L'étrange complot qui m'a conduit dans cette camisole de force comprend des éléments si complexes qu'ils donneraient le vertige aux cellules grises des cerveaux les plus rationnels. Je vous apporte pour preuve ma dernière conversation avec l'inspecteur de police venu me voir, avec ses airs de routine, de quelqu'un qui s'en fiche, voire même de quelqu'un personnellement irrité d'avoir été obligé de venir de Saragosse, qui m'ont, dès le début, enlevé toute envie de parler.

---

12. le narrateur commence à déraper. Il est moins crédible à partir de ce point où il est question d'une annonce faite par la Vierge Marie.
13. dramaturge et cinéaste espagnol inclassable, provocateur et controversé. Ses œuvres pleines de dérision ont une portée politique et sociale assez claire. Il prétend avoir eu une apparition de la Vierge à l'âge de 17 ans. Ses paradoxes se résument probablement à ceci : illustre pataphysicien, il est aussi chevalier de la Légion d'Honneur.
14. **Premio Nadal** : grand prix de littérature créé en 1944. Fernando Arrabal l'a obtenu en 1982 avec *La torre herida por el rayo*.
15. le verbe **marear** vient du mot **mar** (*la mer*) : *donner le mal de mer*. À la forme pronominale il signifie *avoir le vertige* ou, *être écœuré*. **No soporto el autobús ; siempre me mareo** : *je ne supporte pas l'autocar ; j'ai toujours mal au cœur.*
16. **dato** : *donnée, renseignement*. **No tengo suficientes datos** : *je n'ai pas assez d'informations*. **La base de datos** : *la base de données.*
17. **pasar** : verbe très usuel dans le monde moderne. L'usage actuel vient du jeu de cartes où l'*on passe* quand on n'a pas de jeu (**paso** : *je passe*). A partir de là on dit **paso de política ou de religión** pour dire *je me fiche de la religion ou de la politique*. Les **pasotas** sont les jeunes qui « *passent* » de tout (cf. « bof » génération).

No sólo ponía en duda[1] todas mis vivencias[2] en Estados Unidos[3], el contacto aberrante, otros no me interesaban, con una Marilyn distante, así en su imagen como[4] en sus sonidos[5]. El truculento[6] funcionario llegó a[7] poner en duda que yo fuera Pepe Carvalho.
– A ver[8]. ¿De dónde es usted?
– De Tauste[9], Huesca[10].
Le contesté en un momento de descuido y para él ya no tuve nada más que decir[11].

---

1. **poner en duda** : *mettre en doute*. **La duda** : *le doute*, mais aussi *l'hésitation*. **Dudar** : *hésiter*.
2. **las vivencias** : *le vécu, l'expérience*.
3. en espagnol on préfère nommer le pays ainsi (**Estados Unidos**), alors que très souvent en français on trouve *l'Amérique*. **América** est utilisé pour désigner le continent américain. **Estados Unidos** s'abrège en **EE. UU**. Comme tous les autres sigles venant d'un pluriel on double la lettre : **Comisiones Obreras** (nom d'un syndicat) s'abrège en **CC.OO**.
4. **así... como** : *aussi (bien) ... que*. **Me gustó mucho esa obra así en su versión literaria como en su versión cinematográfica**: *j'ai beaucoup aimé cette œuvre aussi bien dans sa version littéraire que dans sa version cinématographique*.
5. allusion à son espionnage sonore (voir page 136 et 138).

Non seulement il mettait en doute toutes mes expériences américaines, mes rapports aberrants – les autres ne m'intéressant pas – avec une Marilyn aussi éloignée par l'image que par le son. Il a même mis en doute, ce sinistre fonctionnaire, que j'étais Pepe Carvalho.
– Voyons. Vous êtes d'où ?
– De Tauste, dans la province de Huesca.
Je lui répondis dans un moment d'inattention, et désormais pour lui je n'avais plus rien à dire.

---

6. mot pris dans son acception latine *truculentus* (*cruel, farouche*).
7. **llegar a** s'emploie comme l'expression française *avoir même + participe passé*. **Llegó a insultarme** : *il m'a même insulté*.
8. **A ver** (expression) : *voyons*. Pour s'adresser à quelqu'un avant de lui poser une question. **A ver : ¿cómo te llamas?** : *Voyons, comment t'appelles-tu ?*
9. C'est le détail qui discrédite le narrateur : **Tauste** est une petite ville située à 42 km. de la capitale de la province (Saragosse), et non de Huesca comme il dit. De plus le véritable Carvalho est censé être né à Barcelone : voir **le petit monde de Carvalho**.
10. En Espagne la plupart des provinces portent le même nom que celui de la capitale. Ainsi **Toledo** peut signifier la *ville de Tolède* ou la *province de Tolède*. Méfiez-vous !
11. notez le **que** à la place du *à* français. **Tengo muchas cosas que hacer** : *j'ai beaucoup de choses à faire*.

LE PETIT MONDE DE CARVALHO

Pepe Carvalho est un détective privé entouré d'une petite *famille* bien particulière : un ex-taulard et ex-pickpocket court sur pattes, son *assistant* ; une petite pute, sa *régulière* ; et un cireur de chaussures facho et xénophobe, son *indic*. Montalbán les présente parfois comme des *déchets humains* vivant dans le Barrio Chino (quartier *chaud*) de Barcelone, près du port.

• **José Carvalho Tourón**, est censé être né en juin 1937, rue de la Botella à Barcelona. Ce fils d'immigrés galiciens républicains est maigre, grand, brun et s'habille chez des tailleurs de renom. Le père, Evaristo, était membre du syndicat socialiste UGT, puis membre de la police secrète pendant la guerre civile. Sa mère, Ofelia, était couturière. Dans sa famille on trouve des gens d'extrême droite (grand père maternel) et des anarchistes (grand oncle). Il grandit dans le Barrio Chino et fait ses études chez les Sœurs de Saint Vincent de Paul. Un jour, alors qu'il était encore enfant, son père l'emmène au restaurant, le célèbre *Leopoldo*, et le voilà passionné à jamais de gastronomie. Il fera des études supérieures à la Faculté de Lettres. Très vite il milite dans les sphères antifranquistes, d'abord au sein du FLP (voir annexes), puis du PSUC (communiste). Dans ce domaine, comme dans d'autres, les vies de Carvalho et de Montalbán se confondent. Il sera arrêté et restera 18 mois dans la prison **Modelo** de Barcelone où il rencontrera son futur *indic*, **Bromuro** (cf. page 164). Il se marie avec Muriel qui lui donne une petite fille, mais très vite ils se séparent. De nouveau arrêté, il passe encore 18 mois dans la prison de Lérida où il fait la connaissance de **Biscuter** (cf. page 165) qui deviendra plus tard son *assistant*.

Parti aux USA comme professeur d'espagnol, il devient membre de la CIA et garde du corps de Marilyn. Il prétend avoir participé à l'assassinat de Kennedy. Dans les années 60 la CIA l'envoie partout dans le monde. Il se vante même d'avoir participé au coup d'état contre Salvador Allende (11/09/73)…

Au début des années 70 il rentre en Espagne et s'installe sur la colline de Vallvidriera (Barcelone). Il commence son nouveau travail de détective privé en ouvrant un bureau sur la Rambla de Santa Mónica, à deux pas du Barrio Chino. C'est à cette époque qu'il commence à brûler ses livres, activité purificatrice vis-à-vis de ces œuvres *qui ne lui ont*

pas appris ce qu'est la vie. La même année, il rencontre **Charo** (cf. ci-dessous), sa compagne. En 1988 Bromuro meurt. En 1990 Charo le quitte.
Carvalho est un homme faible, cynique, ayant le sens de l'ironie et de la dérision. Il est égoïste et dénué de scrupules. Il est incapable d'exprimer ses sentiments et ne supporte quelqu'un à ses côtés que lors d'un bon repas ou d'un rapide coït. Parfois il pleure. Mais tout seul. Il est néanmoins prêt à ressentir de la compassion envers le petit monde d'éclopés de la vie qui l'entourent et qu'il traîne avec lui :

- **Rosario García López** (**Charo**) : fille d'immigrants de Murcie, c'est une prostituée d'âge mûr (**una puta madura**) travaillant en free-lance (**una puta cara de teléfono** : *une prostituée chère qui travaille au téléphone*). Elle devient la compagne de Carvalho (sans cohabiter) à son retour des USA en 1970. Elle sait être là aussi dans les coups durs et sera même présente à l'enterrement de Bromuro au cimetière de Monjuich.
Les vingt années de sa relation avec Carvalho furent émaillées de week-ends à Valvidriera, de dîners dans les meilleurs restaurants de la vile, même d'un voyage à Paris au printemps 90 (grande déception de Charo car elle y avait mis tous ses espoirs). Elle lui disait souvent « je t'aime », mais lui répondait invariablement « tant pis pour toi ! » (**¡allá tú!**). Car il éprouvait pour elle plus de la compassion (à cause de son *métier*) que de l'amour.
Mais Carvalho ne fut jamais son *mac*.
Lasse des faux rapports qu'elle avait avec lui, déçue et jalouse, elle quitte Barcelone (automne 90) pour prendre en gérance un petit hôtel en Andorre. Elle n'a jamais compris Pepe (son **Pepiño**), ni dans son obsession pour la gastronomie ni dans sa lubie de brûler des livres qu'elle trouve sacrilège (tout en ignorant ce qu'ils contiennent).

Charo est une midinette qui rêve de finir sa vie avec Pepe. Elle lui fait des scènes ; trop, à la hauteur de ses espoirs et de ses déceptions. Or, lui, a autre chose à faire que d'écouter ses jérémiades. Il éprouve pour elle avant tout cet appétit animal du mâle ibérique (**macho**) capable d'apprécier son côté *professionnel*, puis de la compassion, et pour finir de l'ennui. Comme dans un vieux couple…

Pourtant ils ont bien failli finir leur vie ensemble : Carvalho lui propose un jour d'aller s'installer chez lui à Vallvidriera, mais elle refuse. C'est la seule fois où Carvalho envisagea de former un couple avec elle. Mais, à quoi bon ?

Pour avoir un enfant ? Son père lui disait tout le temps qu'on ne pouvait jamais dédommager suffisamment un enfant d'avoir fait la « *saloperie* » (**putada**) de l'avoir mis au monde… Son mariage avec elle fut toujours remis au lendemain, même s'il considérait qu'elle était *comme sa femme*. Et précisément, comme elle était comme sa femme, dès que l'occasion se présentait, il la trompait avec les femmes rencontrées lors de ses nombreuses enquêtes. Fidélité et infidélité ne font pas partie du vocabulaire de notre privé.

• **Francisco Melgar (Bromuro)** est un personnage pittoresque mais obscur qui, déjà à l'époque où Carvalho fait sa connaissance, étonne, voire détonne. L'histoire de son époque lui a infligé sans aucune concession des cicatrices de toutes sortes. Ce cireur de chaussures est un éclopé de la vie, facho, grande gueule, xénophobe, ex-légionnaire et fier de l'être. Son monde est derrière lui mais il arpente fièrement les rues avec son nécessaire à cirer. Un vrai paradoxe à lui tout seul.

Il fit partie de la **División Azul** (*Einheit spanischer Freiwilliger*), volontaires Espagnols participant à l'offensive allemande sur le front russe de 1941 à 1943, légère contrepartie espagnole à l'aide nazie apportée dans la guerre civile de 1936-39[1].

Il fit la connaissance de Carvalho à la Prison **Modelo** de Barcelone au début des années 60. Au retour de Carvalho des USA Bromuro devient son indic. Contre de l'argent. "**Abre bien los ojos y te hago rico**" (« *Ouvre bien les yeux et tu seras riche grâce à moi* ») lui disait Carvalho. Son métier rend son activité aisée car quand il cire les chaussures il disparaît sous les pieds des gens qui l'oublient et continuent à parler sans prêter attention à sa présence.

Son sobriquet vient de son obsession sexuelle. « *Une nuit j'ai réussi à tirer six coups, Pepiño* » ("**Una noche eché seis polvos, Pepiño**") disait-il à Carvalho pour se vanter de ses exploits. Mais depuis l'installation du régime franquiste son côté paranoïaque lui fait suspecter des choses incroyables : "**nos meten bromuro en el pan y en el agua para que no empalmemos, para que no vayamos por ahí jodiendo como locos**" (« *on nous met du bromure dans le pain et dans l'eau pour qu'on ne bande pas, pour qu'on n'aille pas baiser partout comme des malades* »).

---

[1] Le célèbre bombardement de **Guernika** (peint par Picasso dans le tableau du même nom) est l'œuvre de la Légion Condor allemande.

Cet hypocondriaque se plaignait toujours de sa santé. **"Estoy hecho una mierda, Pepiño"** *(« Je suis une loque, Pepiño »)* Il mourut, à soixante six ans, un matin d'octobre 88, anémié – mais plus probablement d'une cirrhose de gros rouge – dans le propre lit de Carvalho. L'auteur n'avait certainement plus besoin du personnage ...

Détail émouvant, au moment de sa mort, Carvalho eut pitié de lui et cueillit dans le jardin cinq roses pour les lui offrir. Ces cinq roses sont une allusion à celles du **Cara al sol**, hymne phalangiste qu'il avait tant chanté dans sa jeunesse fasciste. Cadeau du gauchiste Carvalho !

Désormais notre détective aura parfois recours à un autre indic nommé... Mohamed. Les temps changent.

• José Plegamans Betriu (Biscuter)

Ce nain difforme et laid est le *secrétaire* de Carvalho. Montalbán le décrit comme **"Un feto rubio y nervioso condenado a la calvicie"** (« *un fœtus blond et nerveux condamné à la calvitie* »). Il est petit, maigrichon et chétif... comme une Biscooter[2]. Cet ovni sur roues que fut le Biscuter dans les années 50-60 était très populaire. Le sobriquet de ce personnage vient de sa ressemblance avec quelque chose de petit et ridicule.

Biscuter, ex voleur de voitures qui aime faire la cuisine, est l'homme à tout faire du détective. Il n'était rien avant de le rencontrer au début des années 60 à la prison de Lérida où Carvalho se trouvait détenu en tant que « rouge ». Lorsque celui-ci revint s'installer à Barcelone (années 70) ils se sont retrouvés par hasard. Sans emploi, Biscuter, pickpocket cherchant *fortune*, errait dans les rues de Barcelone. Carvalho lui propose de s'occuper de son bureau où il pourra dormir (ce sera son seul domicile en 20 ans) et lui faire de temps en temps une **tortilla de patatas** (omelette Parmentier) en souvenir du temps de la prison de Lérida où il confectionnait déjà ce plat si espagnol pour les quatre prisonniers politiques.

Apprenti Watson mais aussi confident et cuisinier, la vie de Biscuter commence à avoir un sens aux côtés de Carvalho de qui il apprend la bonne cuisine. Pour le ravitaillement il va au vieux marché de la Boquería dans le Barrio Chino, à deux pas du bureau

---

[2] Voir encadré p. 166.

En 1920, le pionnier de l'aviation Gabriel Voisin, dessina une voiturette qu'il améliora en 1949 et présenta au Salon de l'Automobile de Paris sous le nom de **Biscooter**. C'était une voiture en aluminium à deux places avec un moteur à deux temps de 125 cc sans marche arrière qu'il fallait démarrer à la main comme un hors bord. La patente fut achetée par une maison espagnole qui la produisit sous le nom de Biscuter. Les blagues à propos de cette voiture minuscule (2,5 m. de longueur et 1,3 de hauteur) aux petites roues de scooter et qui ne dépassait pas 75 km./h étaient nombreuses. Sur la photo ci-dessous : présentation de la Biscuter n°1000 au Général Franco (années 50).

LES « COUSINS » DE MONTALBAN-CARVALHO

- La symbiose Montalbán-Carvalho peut nous faire penser au couple Léo Malet-Nestor Burma. Le personnage Burma est, comme Carvalho, issu des milieux extrêmes (anarchiste *végétalien*) et assisté par un brigand et une jolie secrétaire.
- Un autre cousin est l'inspecteur Miguel Lluigi de la Jefatura Superior de Policía créé par Charles Exbrayat pour le roman *Vous souvenez-vous de Paco ?* (Prix du Roman d'Aventures en 1958). Comme Carvalho, il opère dans le Barrio Chino de Barcelone. Son « Biscuter » serait Paco, petit malfrat que l'inspecteur fait travailler pour lui dans une affaire d'infiltration du monde de la pègre.
- À noter également le personnage de *Salvo Montalbano*[1] créé par l'écrivain italien Andrea Camillieri qui, comme Carvalho est un policier près du peuple aux méthodes peu orthodoxes, a une fiancée invisible et décrit des plats de sa cuisine sicilienne.

---

[1] Véritable clin d'œil !

Voici par ordre de publication tous les ouvrages en espagnol de

La série Carvalho

1. *Yo maté a Kennedy*, 1972, Planeta.
2. *Tatuaje*, 1974, Batlló.
3. *La soledad del manager*, 1977, Planeta.
4. *Los mares del Sur*, 1979, Planeta. .
5. *Asesinato en el Comité Central*, 1981, Planeta.
6. *Los pájaros de Bangkok*, 1983, Planeta.
7. *La rosa de Alejandría*, 1984, Planeta.
8. *Historias de fantasmas*, 1991, Planeta.
9. *Historias de padres e hijos*, 1987, Planeta.
10. *Tres historias de amor*, 1987, Planeta.
11. *Historias de política ficción*, 1987, Planeta.
12. *Asesinato en Prado del Rey y otras historias sórdidas*, 1987, Planeta.
13. *El Balneario*, 1986, Planeta.
14. *El delantero centro fue asesinado al atardecer*, 1988, Planeta.
15. *Las recetas de Carvalho,* 1989 Planeta
16. *El laberinto griego*, 1991, Planeta.
17. *Sabotaje olímpico*, 1993, Planeta.
18. *El hermano pequeño*, 1994, Planeta.
19. *Roldán, ni vivo ni muerto*, 1994, Planeta.
20. *El premio*, 1996, Planeta.
21. *Quinteto de Buenos Aires*, 1997, Planeta.
22. *El hombre de mi vida*, 2000, Planeta.

Il y a aussi un récit inédit publié dans El País en 1997: *La muchacha que pudo ser Emmanuelle.*

Certains de ces ouvrages sont traduits en français mais ils ne sont pas tous disponibles.

Les quatre nouvelles du présent ouvrage sont extraites du numéro 18 (**El hermano pequeño**).

Annexes

– **III Révolution industrielle** On considère première révolution industrielle celle du XIXe. La deuxième irait jusqu'en 1914. La troisième commencerait après 1945 avec des innovations comme l'énergie nucléaire, la robotique, l'espace, les télécommunications, l'informatique, la biotechnologie, etc.

– **Alfabeto de Brossa** : Poète catalan spécialiste des installations-poèmes. Ce poème visuel *transitable* se compose de grandes lettres de l'alphabet dressées ou *décomposées* dans un jardinet. La phrase suivante peut nous faire penser que Montalbán n'apprécie pas ce genre de poésie urbaine *piège à gogos*.

– **Año 1992** : En 1992 l'Espagne commémorait le cinquième centenaire de la Découverte de l'Amérique (1492). A cette occasion elle organisa trois évènements de premier ordre : Les Jeux Olympiques de Barcelone, l'Exposition Universelle de Séville et, pour couronner le tout, Madrid fut choisie comme Capitale Culturelle de l'Europe. Ces trois évènements concomitants firent du pays la cible de tous les regards de la planète et lui ont donné une place parmi les puissances avec lesquelles il faudrait désormais compter.

– **Arthur Miller** : Auteur dramatique. Il épouse Marilyn en juin 1956 (mariage civil). Le 1er juillet eut lieu une cérémonie juive traditionnelle, Marilyn s'étant convertie au Judaïsme. Avec ce mariage Marilyn s'éloigne de la côte ouest et part vers New York. Elle fréquente *l'actors studio* et rêve de devenir actrice dramatique abandonnant le rôle de la *ravissante idiote* où on l'avait cantonnée jusque-là. Après une grossesse extra-utérine elle sombra dans la dépression et dut être internée dans un hôpital psychiatrique.

Par deux fois elle essaie de se suicider (barbituriques). Le couple se détériore et divorce le 20 janvier 1961. Marilyn retourne à Los Angeles et son rêve *intellectuel* s'achève…

– ASU agrupación socialista universitaria (et non *asociación*, comme l'écrit Montalbán) Syndicat d'étudiants aujourd'hui au sein du PSOE. Il était à l'époque plus au moins parallèle au FLP.

– Atascaburras : plat typique de la région de La Mancha (Albacete, Cuenca). D'après la légende le plat est né un jour où il avait beaucoup neigé. Des bergers n'avaient pas grand chose comme ingrédients pour préparer le dîner de **Nochebuena** (veille de Noël). Ils ne disposaient que de pommes de terre et de quelques miettes de morue. Ils les mélangèrent en ajoutant de l'huile et de l'ail. Le tout prit du volume. Ils mangèrent jusqu'à satiété. L'un d'eux aurait dit **« esto atasca hasta las burras »** « *ceci bourrerait même les ânesses* ». D'où le nom. Il s'agit en fait d'une sorte d'aïoli à base de pommes de terre et de morue, un cousin éloigné de la brandade.

– *Aurea mediocritas* : *La médiocrité qu'apporte l'or. Horace à Lucinius*, Odes II, 10. « Quiconque choisit la règle d'or du juste milieu se préserve, pour sa sécurité, du misérable toit délabré et, dans sa modération, du palais trop envié ». Principe de vie qui invite à vivre dans une position modeste mais paisible. C'est un peu le contraire du principe de Peter qui prétend que dans une hiérarchie, chaque employé tend à s'élever jusqu'à son niveau d'incompétence.

– AVE. Alta Velocidad Española. Train rapide espagnol conçu pour circuler sur site propre (petit frère du TGV français). La première ligne fut la liaison Séville-Madrid, inaugurée pour l'Exposition

Universelle de 1992 (Séville). C'est paradoxalement le seul train espagnol à écartement européen. Les trains espagnols circulent sur des voies à 1,668 m. alors qu'en Europe l'écartement est de 1,435 m., ce qui ne facilite pas les échanges ferroviaires Espagne-France. La décision d'adopter l'écartement européen est à l'origine d'un immense chantier en cours qui va moderniser tout le réseau ferroviaire dans une Espagne qui souffrait de graves insuffisances en matière de communications dues en partie à son relief très montagneux.

– Ayete (los 40). En 1967 Franco a 75 ans et prépare l'avenir de l'Espagne qu'il a bâtie. Lors de son séjour d'été à Ayete (province du Guipúzcoa, au Pays Basque) il décide de nommer personnellement <u>à vie</u> au Conseil National du Mouvement (**Consejo Nacional del Movimiento**) les quarante personnes qu'il jugeait les plus capables pour pérenniser son régime. Ces "*primi inter pares*" avaient la pleine confiance du dictateur et devaient veiller au maintien des *Principes Fondamentaux du Régime* (**Pincipios Fundamentales del Régimen**). Son dernier président, déjà dans la transition après la mort de Franco, fut Adolfo Suárez. Il saura démanteler de l'intérieur toute la machine franquiste pour préparer l'Espagne à son destin actuel de nation démocratique.

– Barcelone est l'une des plus anciennes villes d'Europe. D'après la légende elle fut fondée par Hercule. Plus sérieusement elle semble avoir été un camp carthaginois lors des guerres puniques au III s. a. J.-C. Le général Amilcar Barca lui aurait donné son nom.

Viennent ensuite des occupations successives de Romains, Goths, puis Arabes. Les rois francs s'en emparent puis c'est le tour des Aragonais. Du XIIIe au XVe elle devient l'un des ports de commerce les plus importants dans la moitié ouest de la Méditerranée. Mais la découverte de l'Amérique va porter un coup fatal à l'hégémonie navale de Barcelone car l'Espagne se tourne vers l'ouest. Séville lui ravit la place de premier port espagnol. La suite est un chapelet d'événements où les options de la Catalogne tendent à la dresser contre le reste de la Péninsule : la révolte d'*Els segadors* en 1640, le soutien de l'Archiduc Charles contre le futur Philippe V (petit fils de Louis XIV) lors de la Guerre de Succession (1700-1715), etc. La renaissance de la ville et sa transformation viendront avec l'industrie textile à partir du XVIIIe s. Avec cette richesse se construit au milieu du XIXe l'**Eixample** (*l'élargissement*) aux avenues orthogonales dignes d'une ville moderne européenne. L'architecte Gaudi y édifiera ses meilleures œuvres. Suivent des évènements dramatiques comme **La semana Trágica** (1906), la guerre civile et la période d'endormissement durant la dictature de Franco (1939-1975). D'après Montalbán la chrysalide-papillon endormie durant la période franquiste se rénove en profondeur à l'occasion des J.O. de 1992 qui ont fait de Barcelone la ville qu'elle est actuellement.

– Barricades d'Alger : du 24 au 31 janvier 1960. Emeutes sanglantes (fusillades qui firent 25 morts et 140 blessés) durant lesquelles des partisans de l'Algérie Française protestaient contre l'éviction du général Massu de son poste de Commandant général d'Alger. Son leader principal (outre Lagaillarde, Biaggi, Ronda et Susini) était un cafetier poujadiste d'extrême droite, **Joseph Ortiz**, alias Joey, d'origine espagnole. Il fonda en 1958 le Front National Français (milice) et fut condamné à mort, par contumace, puis amnistié pour des attentats sanglants de l'OAS.

– **Barrio Chino** : ce quartier appelé *Quartier Chinois*, n'était pas le *Chinatown* que son nom tend à faire croire. Jadis en Espagne le **barrio chino** désignait un *quartier chaud*. A Barcelone, ce quartier populaire et insalubre, près du vieux port, était très vivant ; il drainait aussi tous les marginaux de la ville. Dans la rue d'Avignon (aujourd'hui *Aninyó*) il y avait un bordel célèbre dont les pensionnaires sont les modèles portraiturées dans le célèbre tableau de Picasso *Les demoiselles d'Avignon*, premier tableau cubiste. Un audacieux plan d'urbanisme récent a totalement transformé ce quartier – rebaptisé Raval – qui accueille désormais des centres d'art et offre des ressources culturelles importantes (galeries d'art et boutiques *design* novatrices).

– **Barrio Gótico** (*Quartier gothique*) : c'est la partie la plus ancienne de la vieille ville de Barcelone. On y voit les vestiges de l'ancienne ville romaine, des anciennes murailles du IVe s. mais aussi des monuments très intéressants construits entre le XIIIe et le XVe s. : Cathédrale, Palais (dont le plus connu est celui de la *Généralité*, siège du gouvernement autonome), et toute une série de musées ; celui qui se trouve sur cette place de San Felipe Neri est dédié à la chaussure : une poulaine qui aurait appartenu à Christophe Colomb y est exposée.

– **Bécquer, Gustavo Adolfo** : (1836-1870) poète romantique. Orphelin très jeune. Tuberculeux dès 21 ans. Il vit du journalisme et mène une vie de bohème. C'est un poète lyrique, intimiste et sobre, simple et sans ornement. Il écrivit **Cartas desde mi celda, Leyendas**. Ses **Rimas** ont été pendant des décennies la référence des vers les plus romantiques, imités par tout jeune homme voulant séduire sa belle.

– **Carco (Francis)** est l'un des illustres écrivains français à écrire sur Barcelone avec René Bizet, Henry de Montherlant, Pierre Mac Orlan ou Joseph Kessel. Carco dans *Printemps d'Espagne* décrit le *Barrio Chino*, ses bordels et ses dancings (**La Criolla**) très *exotiques*, un peu à la manière orientaliste, comme il avait déjà décrit Montmartre ou Pigalle.
– **Cartagena** : *Carthagène*. Ville côtière de la Méditerranée, ancienne capitale carthaginoise et aujourd'hui très grand port commercial et industriel. La grand-mère paternelle de Carvalho, **Francisca** (**Paca**) y est née.
– **Cava** Jadis les Espagnols nommaient **champán** le vin mousseux fabriqué en Espagne selon la méthode champenoise. L'appellation *Champagne* étant réservée à un certain vin mousseux français, l'Espagne a adopté depuis 1972 *l'appellation contrôlée* (**denominación de origen**) **cava**. Bien que **cava** soit un mot catalan, la zone actuelle de protection de l'appellation comprend 160 municipalités dans 7 régions espagnoles. Parmi les marques les plus prestigieuses, le Gramona est une véritable légende. Ses crus vieillissent entre 18 mois et 4 ans. A Noël on boit encore une boisson dite **Sidra Champán,** un cidre riche en bulles qui contente beaucoup d'Espagnols : conditionné comme le Cava, il est bien moins cher.
– **CEOE** : **Confederación Española de Organizaciones Empresariales** (*Confédération Espagnole d'Organisations Entrepreneuriales*) : institution qui représente le patronat espagnol. Elle fut fondée en 1977 dans le but de regrouper les trois associations patronales apparues après la mort de Franco. Environ un million d'entreprises sont affiliées dans des associations de base (2000 environ) qui sont ensuite regroupées en confédération nationale. Par

exemple la CEPYME représente les intérêts spécifiques aux PME-PMI (**PYMES**). Le cynisme de Montalbán nous fait imaginer la démarche de certains fils à papa qui ont d'abord fait joujou avec le marxisme pour mieux en démonter les mécanismes (syndicaux, p. ex.) après avoir accédé à la direction des entreprises…

– Cerón, Julio (né en 1928) diplomate catholique fondateur du FLP, plus communément appelé « **Felipe** », groupuscule antifranquiste et anticommuniste qui chercha le rapprochement des marxistes et des chrétiens (inspiré des idées du *Mouvement de Libération Populaire* de Georges Suffert) dans une Espagne qui se cherchait un futur qui n'aurait pas le même destin que celui d'avant 36. Le 23 décembre 1959 il fut condamné à huit ans de prison lors d'un **Consejo de Guerra Sumarísimo** : (*Conseil de Guerre « de la plus haute importance »*) par le Conseil Suprême de Justice Militaire. Lui et ses camarades étaient accusés d'avoir « transporté et diffusé des tracts incitant les travailleurs à faire grève ». Une fois libre, Julio Cerón traduisit des ouvrages sur le Concile Vatican II et des œuvres de Teilhard de Chardin, si prisé à l'époque par l'intelligentsia de gauche espagnole. A l'époque il a joué un rôle politique de premier ordre, or il n'a pas eu le même destin que d'autres hommes politiques espagnols actuels (Semprun, Maragall, Sartorius, Arija, Serra, etc.,) qui ont gravité autour de lui.

– Cesta de Navidad : Il est de coutume dans les entreprises espagnoles d'offrir une **cesta de Navidad** (*panier de Noël*) en guise de remerciement. Il est composé de denrées propices aux festins de cette période de l'année : jambon, vin, *cava*, conserves fines et l'incontournable **turrón**.

– **Concienciación** : L'Espagne mène beaucoup de campagnes dites de **concienciación** (prise de conscience des individus sur des problèmes de société) consciente, à tort parfois, d'avoir pris du retard dans certains domaines du fait de l'isolement dû à 40 années de franquisme. La période de Noël est propice à ce type d'élans de solidarité citoyenne.

– **Cover girl** : En 1945 Marilyn travaille pour l'armée ; David Conover, photographe militaire qui devait faire un reportage sur les femmes participant à l'effort de guerre, la repère et lui fait une première série de photos. Elle fait la couverture du magazine Fank et très vite elle apparaît dans une trentaine de magazines de *pin-ups*. En 1949 elle pose pour Tom Kelly. Ces célèbres photos de calendrier sur un fond de velours rouge seront choisies pour le premier numéro de *Playboy* (décembre 1953) dont elle faisait la couverture. Le mythe érotique Marilyn naissait.

– **Émigration** : L'Espagne a toujours été un pays d'émigration. Tout d'abord en Amérique comme pays colonisateur puis au XIXe comme individus qui fuyaient la pauvreté (émigrés économiques), toujours outre Atlantique mais aussi éparpillés dans tout le bassin méditerranéen (Afrique du Nord spécialement).

L'émigration politique a été la conséquence des convulsions historiques de l'Espagne dès le XIXe s. En 1936, à la fin de la guerre civile, en 15 jours pas moins de 440 000 Espagnols se sont pressés à la frontière française. Ils ont participé à la Résistance et à l'armée de la France Libre.

L'autre grande vague d'émigration économique se produit après les années 50. De 1960 à 1963, 460 425 Espagnols émigrèrent en Europe. Cette manne d'apport financier en devises étrangères envoyée par les émigrés fut considérable pour l'économie espagnole. Pour se donner une idée, en 1965 le montant de ces virements postaux fut supérieur au montant du capital social de tout le secteur bancaire privé espagnol.

– **Escorial** : Ce Palais-Monastère-Panthéon, Patrimoine de l'Humanité de l'Unesco, fut le centre de la vie politique et religieuse de l'époque Habsbourg (XVIe et XVIIe s.), la période de splendeur impériale espagnole. Il est donc le symbole du pouvoir absolu et du centralisme. Les Espagnols l'appellent « la huitième merveille du monde ». L'adjectif **escurialense** s'applique aussi aux ouvrages de la bibliothèque du Palais, la plus ancienne d'Espagne, contenant des manuscrits et incunables de la plus haute valeur.

– **Escudella i carn d'olla** (litt. *Ecuelle et viande de marmite*) sorte de potée ou de pot-au feu de Catalogne typique des fêtes de fin d'année.

– **FLP** : *Le Front de Libération Populaire* (**Frente de Liberación Popular**) naquit vers 1956 en opposition au franquisme mais dans une optique catholique. Son nom est inspiré du FLN algérien. Il se situait à gauche du PC espagnol. Parmi ses militants les plus connus se trouve Montalbán. Certains, passés au PSOE deviendront ministres. Il fut l'un des catalyseurs des inquiétudes de certains jeunes de l'époque qui ne s'identifiaient pas au régime en place. En 1959, son principal leader **Julio Cerón,** et 16 autres accusés furent jugés ; leur avocat était le non moins célèbre José María Gil Robles.

– **FUE (Federación Universitaria Escolar)** : mouvement estudiantin créé, entre autres, par Carmen Caamaño pour défendre la liberté d'apprendre et d'enseigner et combattre la dictature de

Primo de Rivera. La FUE continua son parcours pendant la dictature dans la clandestinité. A l'époque de ce récit il s'opposait au seul syndicat d'étudiants autorisé, le SEU.

– García Lorca, Federico (1898-1936) : poète maudit s'il en fut, immense auteur, poète et dramaturge. Personne n'a, comme lui, pénétré l'âme féminine andalouse, voire tout simplement féminine (**Yerma**, **La casa de Bernarda Alba**). Ses livres de poèmes (**Libro de poemas, Poema del cante jondo, Poeta en Nueva York**) sont très célèbres. Le grand paradoxe de l'époque dont parle Montalbán est que Lorca est très admiré par une grande partie de la population, alors qu'il sent le souffre de par son passé : son homosexualité et ses prises de positions plus proches du Front Populaire (**Frente Popular**) que de la droite, qui prendra le pouvoir après la guerre civile, ont provoqué des attitudes de rejet aboutissant à son assassinat (19 août 1936) au tout début de la guerre civile.

– Gaudí : architecte espagnol (1852-1926), le plus important représentant du **modernismo** (*art nouveau*). Lors de la remise de son diplôme ses professeurs ont déclaré qu'ils venaient de décerner un diplôme à un fou ou à un génie. « C'est le temps qui nous le dira ». Bon nombre de ses œuvres se trouvent à Barcelone. La plus connue est le temple de **La Sagrada Familia**, encore en construction. Une visite de Barcelone est aussi un parcours de son œuvre dans la ville prospère, riche et dominatrice, de l'entre deux siècles.

– Genet (Jean) situe une partie de son ouvrage sulfureux *Le journal d'un voleur* dans la Barcelone qu'il vécut de façon très singulière avec des activités hors la loi comme le rappelle Montalbán dans cette nouvelle.

– **Gómez Llorente, Luís** : actuellement député. Il débuta sa carrière politique au sein de l'ASU, puis il s'inscrit au PSOE (Parti Socialiste espagnol). Le Président Zapatero avoue avoir été mordu par le virus de la politique lors d'un meeting de Llorente dont il a dit qu'il est un *historique* oublié du parti ("un histórico olvidado del partido "). Il joua un rôle capital durant les années 60-70 dans les contacts entre les personnes ayant participé activement à la Transition (dîners, rencontres, etc.) vers la démocratie.

– **Gramona**, établissement pionnier dans le domaine du **Cava** (voir ce mot) espagnol. Ses crus sont parmi les plus aboutis avec une longue maturation (jusqu'à 10 ans) en bouteille. Parmi les autres marques prestigieuses de **Cava** catalan se trouve **Canals & Nubiola** rendue célèbre par sa publicité radiophonique.

– **Joe DiMaggio,** né Giuseppe Paolo DiMaggio (1914-1999) : célébrissime joueur de baseball américain ; il réussit des exploits jamais égalés depuis au point d'avoir été chanté par Simon et Garfunkel dans la chanson *Mrs. Robinson*. Il joua 16 saisons avec les Yankees de New York. A son époque c'était l'homme le plus célèbre des USA, même avant George Washington. Troisième mari de Marylin (si on compte le discutable mariage avec Robert Slatzer) durant seulement quelques mois (janvier 1954-septembre 1955). Il était très jaloux (il la battait). Il ne supportait pas les robes osées que portait Marylin ; les célèbres photos de sa femme sur la bouche de métro pour *Sept ans de réflexion* provoquèrent sa fureur.

– **Juan Ramón Jiménez** (1881-1958) : Prix Nobel de Littérature en 1956. Poète admirable, créateur d'une poésie très pure avec une sonorité incomparable. Son recueil de poésie en prose **Platero y yo** *(Platero et moi)* est un bijou de fraîcheur et de beauté. Il est aussi l'auteur d'une réflexion orthographique de la langue espagnole tendant à rendre son écriture définitivement phonétique : il écrivait **antolojía, jeneral, esquisito** et **yerba** à la place de **antología, general, exquisito** et **hierba**.

– KGB Комитет Государственной Безопасности (Komitet Gosudárstvennoi Bezopásnosti: *Comité pour la Sécurité de l'Etat*): Nom du service d'intelligence soviétique entre 1953 et 1991. Son domaine de compétence est semblable à celui de la CIA américaine.

– Knockando Gran Reserva : Référence au Whisky *Knockando Master Reserve 21 years*, célèbre *single malt* de la distillerie créée en 1898 par John Thomson sur la rivière Spey. Il est mis en bouteille en versions millésimées. Semble être une référence pour Montalbán-Carvalho.

– Industrie textile : Si depuis le Moyen Age la région catalane était déjà connue pour ses tissages (laine, lin) c'est au XIXe s. que son industrie textile va être l'un des moteurs économiques de l'Espagne. En 1830 des **indianos** (riches Espagnols ayant fait fortune en Amérique et revenant vivre en Espagne) comme Joan Güell, avec de riches cultivateurs, ont développé le textile en s'inspirant du modèle anglais. La politique de protection douanière de 1841 et 1849 a favorisé les intérêts de l'industrie textile catalane. La guerre de sécession aux USA fit monter en flèche les prix du coton ce qui favorisa encore plus la laine catalane. On visite à Barcelone un Musée du Textile et du Costume avec des pièces très intéressantes. De nos jours l'industrie textile subit une crise sévère due aux importations massives de textile asiatique qui risque de porter un coup mortel à tout le secteur. Heureusement la Catalogne a d'autres atouts car elle est la première région touristique du pays.

– La Odisea : ce restaurant existe réellement. Le cuisinier **Antonio Ferrer** qui avait son établissement à Barcelone a déménagé avec l'arrivée des Jeux Olympiques de 1992. Dans la présentation du restaurant sur le site Internet http://www.odissea-emporda.com/french/homefrench.htm et même dans les menus, on peut remarquer que Carvalho et Montalbán (deux personnages toujours imbriqués et complémentaires [Cf **mise en abyme**]) occupent une place importante.

– León Felipe (1884-1968), ce fils de notables de province devint pharmacien puis baroudeur (Mexique, Guinée). Il milita pendant la guerre civile dans le camp républicain et devint au Mexique l'attaché culturel de la République espagnole, seule instance reconnue dans ce pays après l'arrivée de Franco. Traducteur de Walt Whitman, ce poète a un style à part dans les courants littéraires. Il chante la justice et la liberté à pleins poumons.

– Machado, Antonio (1975-1939) A ne pas confondre avec son frère Manuel. Ce jeune Andalou, professeur de français, fut muté dans une des villes les plus froides de Castille. Il saura comme personne chanter les paysages et les villages austères (**Campos de Castilla**) de cette région. Fervent partisan de la République, il fuit en France lorsque la guerre va finir et mourra à Collioure – où il est enterré –, épuisé, malade et désenchanté. Ses poèmes sont parmi les plus beaux de la langue espagnole. Ses écrits anti-franquistes se lisaient dans les arrière-boutiques des librairies **progres** (*intellos de gauche*) durant le franquisme.

– **Mandiargues** (**André Pieyre de**) : Dans *La marge* (Prix Goncourt) nous pouvons suivre tout le cheminement des personnages dans les rues sordides qu'il décrit, représentatives selon lui du franquisme de 1968.

– **Mayeútica** : la *maïeutique* (du grec μαιευτικός « expert en accouchements ») était la méthode socratique à caractère intuitif qui se basait sur la *dialectique* (opposée à la *didalectique*) et qui supposait que la vérité est quelque part latente (*cachée en soi*) dans l'esprit de chaque individu. Le dialogue suffit pour arriver à la connaissance. Le maître n'inculque aucune vérité chez le disciple mais *soutire* la sienne de son esprit qui n'est jamais une *boîte vide*. La parole et la raison sont intimement liées. Parfois aujourd'hui ce terme englobe des techniques de questionnement visant à permettre à une personne la formulation en mots de ce qu'elle a du mal à exprimer, accepter, ou ressentir.

– **Miguel Hernández (1910-1942)**. Ce fils de berger, autodidacte, devint l'un des plus grands poètes espagnols. Il s'engage aux côtés des Républicains lors de la guerre civile. Il sera arrêté dans sa fuite vers l'exil et mourra en prison. Il a su écrire les plus belles pages sur ces trois terribles *absences* que sont la mort, la guerre et la prison. (**El rayo que no cesa, Perito en lunas**). Son émouvant poème **Nanas de la cebolla**, chanté par Joan Manuel Serrat, était à l'époque une référence pour beaucoup d'intellectuels.

– **Mise en abyme** : dans les nouvelles de ce recueil il y a souvent brassage de personnages, confusion de personnes. Le narrateur est parfois Montalbán, parfois Carvalho (avec une surprise en poupées russes dans la dernière nouvelle). Dans les ouvrages de Carvalho, Montalbán aime se rappeler ses expériences personnelles et les met en scène. C'est Carvalho qui parle de Montalbán ou l'inverse. Quelquefois on ne sait pas qui parle de qui. Cette mise en abyme est présente dans les recettes de cuisine qui tantôt sont l'œuvre de Carvalho, tantôt de Montalbán. Nombre de brochures touristiques sur Barcelone – le site même du restaurant mentionné dans la première nouvelle – confondent le personnage Carvalho et l'auteur Montalbán. La symbiose est parfois étonnante.

– **Movida** : Phénomène complexe et durable qui exprime le changement de culture, de références et de valeurs. Il apparut à Madrid à la fin des années 70. C'était la liberté de pensée et de mœurs, un monde en ébullition. Le monde de la politique de la mode, de la photo, de la chanson etc., furent chamboulés. Des noms comme Agatha de la Prada, Alaska, Bigas Luna ou Almodóvar y sont associés.

– **Nacional sindicalismo** : Les **JONS** (**Juntas de Ofensiva Nacional-Sindicalista**) est un courant révolutionnaire et de pensée opposé autant au marxisme qu'au capitalisme, courants qu'il combat férocement. Il est né au début des années 1930. Politiquement parlant il s'inspire du *fascisme* mussolinien. En économie ce mouvement prône le *corporatisme* : il est basé sur l'idée de la centralisation économique (entreprises, syndicats, chambres de métiers, etc.) pour une meilleure efficacité économique (planifiée). Il s'agit de dépasser la lutte des classes par une meilleure justice sociale, le travail étant le moyen de réalisation individuelle et collective. Il fusionna avec la Phalange de José Antonio Primo de Rivera, fils du dictateur, pour donner le ferment idéologique qui manquait à l'insurrection armée de 1936 qui aboutit à la guerre civile. Avant la dictature, dans ce même état d'esprit se fondèrent des syndicats dont le SEU (**Sindicato Español Universitario**) par exemple. Pendant la dictature le *national-syndicalisme* (dont la parenté lexicale avec le *national-socialisme* nazi n'échappe à personne) fut le seul courant idéologique officiel. On le désignait sous le nom de **Movimiento**.

– Nochebuena : En Espagne le 24 décembre, veille de Noël (**Navidad**) est très fêté. Selon la tradition religieuse catholique, c'est un jour de jeûne (on doit manger frugalement) et d'abstinence (on ne doit pas manger de viande). Le poisson est le roi de ce dîner de réveillon (morue, dorade, colin, etc.).

– Olimpiadas : Allusion aux années d'effervescence des préparatifs des Jeux Olympiques de 1992, dont les travaux ont bouleversé la ville de Barcelone.

– Operación Foca : Il s'agit de manœuvres navales qui eurent lieu durant l'été 1961 (et non en 1960 comme l'écrit l'auteur). Montalbán était journaliste et travaillait plus particulièrement pour *Solidaridad Nacional*. Le directeur de ce journal (le phalangiste Luys Santa Marina qui pourrait être celui dont il parle au début de cette nouvelle) l'envoya couvrir ces manœuvres militaires en *punition* de ses récentes *activités communistes*. Il fit en tout 9 reportages commémoratifs. Il s'agissait de fêter dignement les 25 années depuis le soulèvement franquiste (**Alzamiento**). Les manœuvres se passaient aux Baléares. Les troupes prenaient Alcudia, village déjà connu par les français car c'est là que 11 ans auparavant Gérard Blitz avait inauguré son premier *village* du Club Méditerranée. Dans ces articles il n'est pas tout acquis au régime ; il sut porter quelques piques savoureuses, même si sa marge de manœuvre était ténue.

– **Photographes de Marilyn** : **Avedon** photographe de Vogue et Life très *glamour*, il est mort en novembre 2004. **Cecil Beaton,** né à Londres en 1904 ; célèbre photographe et *designer*, il mourut en janvier 1980. **Philippe Halsman** (1906-1979). **Tom Kelley** réalisa l'été 1949 les photos les plus connues de Marilyn pour un calendrier (elle y est totalement nue de profil sur un fond rouge). **William Read Woodfield** est un scénariste, photographe et producteur américain (1928-2001). **Eve Arnold**, photographe chez Magnum, puis Life et Sunday Times. Elle photographie la star au sommet de sa carrière. **Lawrence Schiller**, producteur, réalisateur, scénariste américain, a pris des photos lors du tournage du dernier film *Something's got to give*. **Arnold Newman** (1918 - 2006), portraitiste d'hommes politiques ou d'artistes, aimant représenter son modèle dans son environnement.

– **PSUC** : **Partit Socialista Unificat de Catalunya** (Parti Socialiste Unifié de Catalogne). Fondé le 23 juillet 1936 (début de la guerre civile), il fut un parti de gouvernement au sein de la *Généralité* (Gouvernement autonome catalan). Durant le franquisme il était pratiquement le seul parti d'opposition en Catalogne. Au retour de la démocratie il était la troisième force politique mais il déclina jusqu'à disparaître au profit d'autres partis non marxistes. Bien entendu (voir **mise en abyme**) si Carvalho est censé y avoir participé c'est que Montalbán en faisait partie ; après avoir milité au FLP il adhéra au PSUC en 1961, étant même membre du comité central.

– **República** : Avant l'arrivée de Franco, l'Espagne a été une République à partir du 14 avril 1931. Dans **República vencida** Montalbán fait allusion au père de Carvalho, Evaristo, cadre du syndicat socialiste UGT avant la guerre, puis de la police secrète pendant la guerre, devenu manutentionnaire après la guerre. Splendeur et décadence.

– Rivales de Marilyn. **Jane Russell,** actrice américaine née en 1921. C'était la *pin-up* brune préférée des G.I.'s durant la guerre. Elle incarne la *brune* aux côtés de Marilyn dans *Les hommes préfèrent les blondes*. **Pier Angeli**, (1932-1971) : sœur jumelle d'une autre actrice, Marisa Pavan, toutes deux nées en Sardaigne. Elle a partagé sa vie professionnelle d'actrice de cinéma entre l'Italie et les Etats-Unis. **Ava Gardner** (1922-1990) devient un symbole du sex-appeal grâce à ses rôles dans *Les Tueurs* (1944), ou *Pandora* (1951). Les Espagnols la connaissent surtout grâce au film *Mogambo* en 1953 dont la censure franquiste, pour occulter une histoire d'adultère, fit une histoire… proche de l'inceste. Elle devint célèbre aussi de par sa liaison avec le matador Luís Miguel Dominguín. **Jean Peters** (1926-2000) fut à 22 ans *Miss* Ohio dont le prix était un voyage à Hollywood. Engagée par la Twentieth Century Fox, ce fut une actrice très prolifique. Elle tourna deux films avec Marilyn : *Rendez-moi ma femme* (*As young as you feel* de Harmon Jones) et *Niagara* de Henry Hathaway.

– Tito : Joseph Broz (1892-1980). Leader croate qui sut faire l'union de la Yougoslavie après la Deuxième Guerre Mondiale (avec le destin ultérieur que l'on connaît). Il organisa à Paris un comité de recrutement pour les Brigades Internationales en faveur de la République espagnole durant la Guerre Civile. Il organisa la résistance armée en Yougoslavie face aux nazis de 1940-45. A la fin de la guerre il sut se démarquer du stalinisme et créer un courant qui plus tard s'appellera le *non* *alignement* condamnant l'intervention de l'URSS en Hongrie, Tchécoslovaquie et Afghanistan. On ne sait quel crédit accorder à ce que raconte le personnage de cette nouvelle qui affirme que Tito subventionnait des groupuscules politiques comme le FLP.

— **Truman Capote**, (Truman Streckfus Persons 1924-1984), romancier américain très controversé à cause de sa vie dissolue (sexe, alcool, etc). Il est l'auteur, entre autres, du script du film *Breakfast at Tiffany's (Diamants sur canapé)*, comédie de Blake Edwards interprétée par Audrey Hepburn, (même si Capote aurait préféré Marilyn). Il a également écrit un livre avec des photos intitulé *Marylin Monroe Photographies* (1945-1962).

— **Vuelta de la tortilla** : m. à m. *le tour (le retournement) de l'omelette*. C'est l'expression utilisée par les Espagnols pour le *renversement de la situation*, le retour à une Espagne démocratique. Pendant le franquisme tout le monde savait (ou espérait) que les choses allaient changer, se *retourner*. En fait il n'y a pas eu de chasse aux sorcières (les victimes ne sont pas devenues des bourreaux) et les franquistes n'ont pas été molestés ; mais il est vrai que, parmi les hommes politiques présents dans le panorama quotidien, bon nombre ont fait de la prison ou ont été sanctionnés avant la mort de Franco (1975) pour *activités subversives*. Il aurait été simple (mais fastidieux) de donner des noms…

Index

ablatif absolu, 95
acabar de, 26
acecho, 117
acercamiento, 63
acercarse, 71
aclarar, 135
acontecimientos, 57
acudir, 43, 99
adelantarse, 39
además, 158
adoquín, 60
afueras, 78
agave, 151
aguamarina, 70
ajado, 57
amasar, 114
ámbito, 57
aquelarre, 57
adueñarse, 121
adverbes (deux), 33
adverbes de lieu 16, 47, 59
afecto, 92
aficionado, 101
agradecer, 52
ahorro, 20
ajeno, 147
al + infinitif. 95
algo, 53
alinearse, 92
aliviar, 31
almacén, 13
almuerzo, 41
Althuser 14
amar, 65
ambos, 119, 150
anchas, 46
ancho, 72
andanza, 44
anea, 25
ánimo, 100
ante, 15
anuncio, 12
añicos, 23
apañar, 125
apearse, 23
apellido, 70
aportar, 52, 126, 143
aquel, 78
armónica, 142
Arrabal, 159
arrepentirse, 120
arrojar, 107
arruga, 112
asco, 30, 97
asomar, 115

asomarse, 60
asombrar, 51
asustar, 73
ataque, 152
ataviado, 69
atender, 16, 79
atolladero, 154
atreverse, 94, 120
augmentatifs, 22
aula, **129**
avergonzarse, 64
avisar, 151
azotea, 50

bajo, 20
beau, 76
beca, 127
Biscuter, 165
Boquería, 165
botellín, 122
brindar, 35
butifarra, 21
Bromuro, 164
Brothers (Marx), 114
busca, 105

caballo, 156
cabrón, 135
cachonda, 114
cada vez, 92
caducar, 102
Caja de Ahorros, 102
calzado, 34
caer, **107**
Camus, 82
captar, 118
cara, 138
carecer, 15, 80
carne, 142
carpeta, 102
Carvalho, 162
casarse, 115
cátedra, 17
cauce, 139
cazuela, 53
celos, 39
censure, 89
ceño, 146
certeza, 92
chalet, 39
chapuza, 155
charnego, 21
Charo, 163
CIA, 162
cierto, 153
cimientos, 141

cinta, 151
clave, 92, 128
Cobi, 59
cocido, 32
coger, 61
colcha, 112
colocar, 151
Colomb, 59
como si, 20
comprobar, 96
como si, 61
Companys, 58
compañero, 81
comparatifs, 21, 72
comprobar, 80, 127
comprometido, 82
compromiso, 17
concordance des temps, 102
concurrencia, 84
conditionnel, 59, 103, 141
conjonction **y**, 28
conseguir, 27, 50
considerar, 106
consonnes doubles, 94
constar, 130, 143
contar, 130
contestar, 127
conveniente, 89
convertir, 128, 139
cortar, 155
Corte Inglés, 24
cortina, 113
convencido, 148
cualquiera, 82
cuando, 107
cuanto, 110, 128
cuanto antes, 85
cuarentón, 129
cuarteto, 150
cuento, 140
cuestión, 134
cubrecama, 112
cuestionar, 132
culo, 115
cuña, 15
cursillo, 73

dar, 60, 80, 83, 94, 124
darse cuenta 12, 48
dato, 159
datif d'intérêt, 31
de hecho, 131
de + infinitif, 131
dejar, 152
 demás (los), 105

demasiado, 144
démonstratifs, 38, 56, 74, 88, 124, 144
denunciar, 102
depositar, 154
depósito, 100
desafecto, 92
desaparecer, 156
desconfianza, 28
descubrimiento, 155
desde, 22
desnudez, 106
despacho, 21, 46
despedir, 41, 117, 155
despegar, 61
despejar, 54
destacar, 70
destiempo (a), 55
destino, 39, 79, 99
detener, 148
detenerse, 43, 62
devenir, 96
difuminar, 95
disfrazarse, 58, 124
disfrutar, 65
disgusto, 54
disimulo, 63
disparar, 42
dispuesto, 154
División Azul, 164
documentación, 99
Don Quichotte, 48
dont, 150
duda, 160

echar, 84, 93
echarse a, 35, 62
empeñado, 82
empeñarse, 126
empeño, 141
empeorar, 55
encabezar, 77
encajar, 118
encierro, 30, 158
enfrascarse, 49
engrudo, 33
enseguida, 44
enseñar, 79
ensueño, 70
entonces, 144
entorno, 23
entrar, 48
entre, 55
entregado, 70
épitaphe de Marilyn, 121
equivocarse, 91
escabeche, 19
escaso, 79
escenario, 44
esconder, 158
Escorial (El), 75
esforzarse, 155
esperar, 136

esquina, 68
espíritu, 85
estaciones, 45
estantería, 141
estar, 43, 110
estrella, 154
estrenar, 72
estropear, 144
exequias, 145
expediente, 19, 102
extraño, 151

facha, 145
fama, 131
feo, 30
fidedigno, 145
Fiesta del Libro, 48
Fingir, 120
FLP, 162
fracasar, 115, 141
fractions, 96
Francis (mule), 118
franja, 147
franquismo, 164
fuera, 78, 139

galicismos, 16, 38
Garbo (Greta), 113
gesticulaciones, 61
Gobernador, 97
golfo, 119
gorila, 117
gozar, 65
Goya, 148
grabar, 138
gracia, 42
granel (a) 13
grosería, 152
guardaespaldas, 117
Guernika, 164
Guerre civile, 148
guisar, 52
guillemets, 143

h (lettre) 89
habano, 29
haber de, 26, 103
hace, 112
hacer caso, 99
hallar, 41, 99
hay quien, 96
Hayworth (Rita), 117
hechos, 158
homonymes, 122
hundir, 154
hurgar, 27

idóneo, 147
ilusión, 151
impératif, 157
incluir, 103
inclusa, 31
incluso, 143

infinitif, 97
ingreso, 91
interrogatifs, 143
investigar, 100
intentar, 144
interpretar, 141
ir, 151
irrumpir, 153

Javier Mariscal, 59
joder, 28, 147
Johnny Stompanato, 112
jubilado, 60
juerga, 153

KGB, 137

laboral, 72
liar, 149
liarse, 105
liderar, 77
Lifar (Serge), 61
ligar, 104, 134
limpieza, 154
limpio, 33
luces, 119
llamado, 158
llamar, 24, 139
llegar, 161
lleno, 138
llevar, 42, 71, 132, 137
lo + adj., 42, 86

macerar, 64, 113
MacCarthysme, 134
macho, 163, 118
madrugada, 103
mai 68, 104
mandar, 157
manía, 153
manifestación, 111
mano, 17
manosear, 27, 70
maquillaje, 146
marcharse, 104, 129
marear, 159
Mariscal, 59
más allá, 130
matarife, 157
mechero, 28
medio, 143
menospreciar, 132
meterse, 23, 30
Mendes France, 40
mente, 85
merecer, 123
mientras, 87
mirada, 42
mismísimo, 91
Modelo (prisión), 162, 164
mojigato, 132
mono, 69